Et le Bien dans tout ça ?

DU MÊME AUTEUR

Axel Kahn, *Société et révolution biologique: pour une éthique de la responsabilité*, INRA Éditions, 1996.

Axel Kahn, *La Médecine du XXIe siècle: des gènes et des hommes*, Bayard, 1996.

Axel Kahn, *Copies conformes: le clonage en question*, Nil, 1998.

Axel Kahn, *Et l'homme dans tout ça? Plaidoyer pour un humanisme moderne*, Nil, 2000.

Albert Jacquard et Axel Kahn, *L'avenir n'est pas écrit*, Bayard, 2001.

Axel Kahn, *Raisonnable et humain*, Nil, 2004.

Axel Kahn et Dominique Lecourt, *Bioéthique et liberté*, PUF, coll. « Quadrige/Essais », 2004.

Axel Kahn et Fabrice Papillon, *Le Secret de la salamandre: la médecine en quête d'immortalité*, Nil, 2004.

Axel Kahn et Jean-François Kahn, *Comme deux frères*, Stock, 2006.

Axel Kahn, *L'Homme, ce roseau pensant*, Nil, 2007.

Axel Kahn, *L'Homme, le bien, le mal: une morale sans transcendance*, Stock, 2008.

Axel Kahn, *L'Ultime Liberté*, Plon, 2008.

Axel Kahn, *Un type bien ne fait pas cela*, Nil, 2010.

Axel Kahn et Luc Ferry, *Faut-il légaliser l'euthanasie ?*, Odile Jacob, 2010.

Axel Kahn et Valérie Pécresse, *Controverses: université, science et progrès*, Nil, 2011.

(suite à la fin)

Axel Kahn

Et le Bien dans tout ça ?

Stock

P. 253 : Paul Éluard, « Le cimetière des fous »,
in *Le lit la table*, recueilli dans *Œuvres complètes I*
© Éditions Gallimard

Couverture : Coco Bel Œil

Photographie de couverture : © Julien Falsimagne/
Éditions Stock

ISBN : 978-2-2340-9138-2

À tous mes enfants et petits-enfants,
par le sang et par le cœur.
À toutes les personnes fragiles.
C'est-à-dire à toutes et à tous.

Atmosphère, l'âme d'un homme
Août 2020

Quelle année que 2020 ! Toute ronde, symétrique, sympathique, elle promettait beaucoup. Deux fois vingt ans, vin vint, vingt vins… la vendange était prometteuse. De fait, elle s'annonce prometteuse, en Champagne au moins. Inoubliable, c'est certain. Sympathique, résolument non. Le virus Sars-CoV-2 a commencé de se répandre en Europe dès le début de l'année, les observations de Covid-19 à se multiplier fin février, le confinement généralisé de trois mois a été décrété en mars. Président national de la Ligue contre le cancer, je n'ai pourtant jamais cessé de me rendre tous les matins, à pied, dans mon bureau du siège fédéral de cette très grande association. Les millions de personnes atteintes de cancer ont été particulièrement affectées par la pandémie, délaissées, terrorisées, il y a tant eu à faire. La ligue a été à la hauteur, il fallait un capitaine aux commandes du navire amiral, j'y étais.

Dès le confinement levé, je me suis précipité dans la forêt de Mussy-sur-Seine, le fief de ma famille où j'occupe la demeure de mes arrière-grands-parents. Ma jument survivante, Hélène, y coule une retraite paisible, âgée de vingt-cinq ans. Depuis trois mois, l'univers de béton m'étouffait, je rêvais de la douceur du nez d'Hélène quand j'y dépose un baiser, cette manière qu'elle a alors de plisser la peau, et d'agiter ses nasaux. Son baiser à elle, ses yeux dans mes yeux, ses oreilles tendues en avant. Les nivéoles avaient fleuri dans les bois, fin février et début mars, suivies à profusion des jonquilles, puis des narcisses. Leur image s'était inscrite avec netteté en mon esprit, je ne les avais pas vues, mon ravissement à leur éclosion était, lui, demeuré au stade du désir. J'espérais encore le muguet odorant, les asperges des bois éperdues de lumière, les ancolies à l'élégance discrète, les orchis tachetées, pourpres, pyramidales à l'invraisemblable beauté ; et aussi peut-être ces merveilles inouïes de biomimétisme, les ophrys bourdons, guêpes, abeilles… Quand je suis arrivé, le muguet fanait mais les asperges étaient là, impatientes de caresser le soleil, et toutes les orchidées sauvages. Les chemins ombragés mais clairs était bordés, parfois envahis, d'ancolies. Entre les arbres de la forêt, des tapis de pervenches bleuissaient. J'ai fait alors avec ma compagne de grandes promenades, souvent de trente kilomètres et plus, dans le paysage vallonné de ces confins de la Champagne et de la Bourgogne. Ensemble, nous rivalisions dans la reconnaissance des fleurs de printemps. Les chasseurs avaient raccroché leurs fusils aux râteliers, les bêtes étaient de sortie, plus nombreuses que jamais. Ah, le plaisir du petit derrière blanc des chevreuils bondissants, des jeux surveillés des marcassins si drôles dans leurs livrées rayées ! Et puis, comme je l'espérais, Hélène m'a rendu mes baisers.

J'ai pu aussi, fin juin, parcourir plusieurs des plus beaux itinéraires Denecourt-Colinet de la forêt de Fontainebleau. Jamais je ne m'en lasse. Comme chaque année, mes vacances, connectées aux obligations de la Ligue (le cancer ne fait pas de pause !), se sont déroulées du 14 juillet à début août à Mussy transpirant dans sa bure d'un été torride. Pourtant, ma passion de la marche ne saurait fondre totalement sous l'ardeur du soleil, nous avons beaucoup marché, monté et descendu des pentes raides. Par défi, j'ai même tenu à refaire, le 31 juillet, un circuit de trente-huit kilomètres, exigeant par cette chaleur. C'est que nous avions le projet d'aller « crapahuter » autour du 15 août en Haute-Loire-Ardèche. J'étais heureux de faire découvrir à ma compagne les monts Meygal, Mézenc et Gerbier de Jonc, dans les traces de ma diagonale pédestre de la France en 2014. Puis de retrouver la vallée des vaudois à Freissinières-Dormillouse. J'y ai tant de souvenirs depuis trente-quatre ans ! Il convenait de s'entraîner.

Depuis deux mois, j'avais développé une douleur dans l'épaule gauche, irradiant dans le bras jusqu'aux doigts. Après l'avoir méprisée, je me suis résolu à demander à mon fils, professeur et praticien hospitalier en médecine interne, d'y regarder de plus près. Dès le 4 août, nous savions. La maladie que je combats avec acharnement en tant que président de la

Ligue ne s'était pas avouée vaincue, elle m'attendait au tournant, lançant une atteinte massive. En particulier sur mes vertèbres cervicales et dorsales, elle infiltrait les racines nerveuses, d'où les symptômes. Alors, en un claquement de doigt, tout change ! Les projets antérieurs sont tous à reconsidérer. Dans mon cas, la « consultation d'annonce », si importante et fréquemment dramatique dans l'histoire d'un cancer, a été réduite à sa plus simple expression et n'a nullement été dramatique. Cancérologue depuis cinquante ans, je connais bien l'adversaire, n'ai jamais nié qu'il soit redoutable, impitoyable. Les motifs de mon engagement à la Ligue sont liés à cette familiarité, à mon désir de m'impliquer davantage, au soir de ma vie, dans la coordination des défenses qui lui sont opposées, dans le soutien aux quelque 400 000 personnes qu'il agresse chaque année dans mon pays où naissent dans le même délai moins de 750 000 bébés. Les images du brigand à l'attaque ne me sont pas étrangères. Un bref passage dans la cavité de l'électro-aimant d'un appareil d'imagerie par résonance magnétique nucléaire, des clichés vite communiqués, l'affaire était entendue.

Voilà, le paysage de mon avenir s'est modifié. Je ne le connais pas avec précision mais il a peu à voir avec ce que j'avais envisagé auparavant. Il me faut m'adapter. J'ai souvent écrit que la mort était pour moi une compagne familière, rencontrée presque chaque jour dans mon métier de médecin avant que je ne m'en éloigne pour me consacrer à la recherche, comme si souvent dans ma famille. Seul médecin jusqu'à ma génération, il m'incombait de gérer les départs, au moins d'y réagir en première ligne. Et puis, j'aime la vie, passionnément. Je l'ai souvent comparée à une pièce qu'il incombait aussi bien à l'auteur qu'à son acteur principal, la même personne, de rendre riche et passionnante. D'en éviter l'insignifiance. Cependant, même en cas de succès, il convient que l'œuvre ne s'éternise pas au risque de devenir franchement ennuyeuse. Je savais être relativement proche du baisser de rideau ; un peu plus, un peu moins ne fait pas grande différence. Pourtant, il me faut, pour le jouer convenablement, imaginer les différents scénarios du dernier acte. Et me préparer à en emprunter le parcours dans les meilleures conditions.

Partant en mai 2014 de la Pointe du Raz pour marcher jusqu'à Menton, à la veille de basculer dans ma soixante-et-onzième année, j'ai écrit cette impression de m'engager conjointement dans un magnifique itinéraire géographique, et aussi dans un itinéraire de vie situé dans les parages de son terme[1]. Parvenu sur les hauteurs du Grand Mont, 1 400 mètres au-dessus de la baie de Menton, je me suis demandé si cette interruption brutale du sentier préfigurait celle à venir de mon existence. C'était certain, en fait. Eh bien ce dernier parcours, c'est le moment de l'entreprendre. Je le fais dans le même état d'esprit qu'à la Pointe du Raz, avec détermination et sans terreur aucune. Non pas avec gourmandise, bien entendu,

1. Axel Kahn, *Entre deux mers, Voyage au bout de soi* [Stock, 2015], Le Livre de poche, 2016.

au moins avec intérêt. Tout humain se retourne en son soir sur son parcours de vie, espérant ne pas en être trop déçu, voire affligé. J'ai demandé que l'on grave sur ma pierre tombale: « Sa devise était: fais ce que dois. Sa vie durant, il s'y est efforcé. » Je ne ferai pas mentir cette devise dans mes dernières prestations d'acteur de mon existence. Allons-y, par conséquent, avec courage, curiosité et dans le sens du devoir. Non pas pour complaire à un Dieu dont j'ai cessé de faire l'hypothèse il y a soixante ans, mais parce que je me décevrais tant, sinon !

Nos moyens de lutte contre la bête ne sont pas nuls, ils progressent. Dans mon cas, trois scénarios se présentent. Dans le premier, nous parvenons à faire reculer l'agresseur pour plusieurs années. Il gagnera, *in fine*, mais bien plus tard. Dans ce cas, ma situation n'est pas très différente, à la contrainte de se plier au traitement salvateur près, de celle de tout homme de soixante-seize ans. Le second scénario, moins probable, voit le cancer peu sensible à la stratégie développée contre lui. L'échéance promet alors d'être plus proche et le parcours plus difficile, douloureux. Enfin, compte tenu de la localisation des lésions, je disparais brutalement. C'est peu probable mais possible, il m'a fallu en urgence prendre les décisions nécessaires si cela se produisait. Cela est fait, je suis de ce point de vue serein.

Les deux premiers scénarios exigent plus de préparations, de décisions. C'est en cours. L'une d'entre elles concerne la mise en forme, ultime en ce qui me concerne, de ma pensée morale. Elle m'obsède depuis que j'ai quinze ans, plus peut-être. Elle éclaire à l'évidence mes positions sur les dilemmes éthiques, les événements du monde. La lutte contre la Covid, en 2020. Ne dois-je pas en proposer le fruit à tous ceux que cela pourrait intéresser ? Je ressens que je le dois, je tenterai par conséquent de le faire. Peut-être ne pourrai-je pas aller jusqu'au bout, mon éditeur avisera alors. Dans ce cas, d'avance, je vous prie de m'en excuser. L'écriture de cet ouvrage ne peut pas rester indifférente à ce que je vis. Vous l'exposer, lecteurs, si lecteurs il doit y avoir, m'apparaît loyal. Aussi ai-je écrit cette introduction décalée.

Axel Kahn, 14 août 2020

Addendum, juin 2021 :

J'ai eu en fait à affronter dès avril 2021 les premiers signes de rechute de mon cancer, d'aggravation si rapide qu'une évolution fatale à brève échéance est devenue très probable. J'ai tenu à en tenir une « chronique apaisée de la fin d'un itinéraire de vie » sur le blog de mon site internet personnel, auquel l'accès est libre : *axelkahn.fr/la-chronique-apaisee-de-la-fin-dun-itineraire-de-vie/*

Croyez, chers lecteurs, en mon réel dévouement.

Introduction

Fil d'Ariane

Lorsque beaucoup du ruban de la vie a déjà été déroulé, on se retourne parfois pour en juger l'aspect. J'en ai ressenti le besoin, non pas en quête d'une quelconque satisfaction – on n'en a jamais fait assez –, mais plutôt pour apprécier la cohérence de son existence. La mienne a été guidée par un fil d'Ariane que m'a laissé mon père, Jean Kahn : « Sois raisonnable et humain ! » m'a-t-il écrit avant de se donner la mort[1]. J'avais vingt-six ans. Ai-je bien suivi ce fil, confronté aux questions, situations, dilemmes, engagements et combats auxquels j'ai été mêlé ? En cette année 2020, j'ai encore eu à prendre position et à analyser la crise sanitaire de la Covid-19. En tant que président de la Ligue nationale contre le cancer, mobilisé pour la protection des personnes malades et

1. Axel Kahn, *Jean, un homme hors du temps* [Stock, 2017], Le Livre de poche, 2019.

bon spécialiste du sujet. Et aussi en tant que citoyen engagé et attentif, explorateur anxieux de la « voie bonne » en tout domaine : la politique, la violence, le progrès, les technologies, la vie humaine, les fragilités… La route a déjà été longue, semée d'embûches, comme toute existence, souvent contournée, presque un labyrinthe. Peut-être un Minotaure des temps modernes était-il aux aguets ? Cependant, j'avais, comme Thésée, mon fil d'Ariane. À moi aussi il a été confié par amour. L'ai-je toujours tenu et suivi ?

Les origines de la réflexion d'une vie

Élevé assez pieusement dans une famille majoritairement catholique, passé jeune par le scoutisme, la question de la B.-A. quotidienne a rythmé mon enfance. Élève pensionnaire à quinze ans du collège jésuite de Pontlevoy, près de Blois, l'obsession du mal associée à mes pulsions, à mes désirs et aux manifestations de mon corps d'adolescent m'a précipité à l'époque dans une crise mystique ponctuée d'auto-châtiments : des dizaines de chapelets, des rosaires, la nuit, à genoux sur le carrelage glacé de la chapelle en hiver. J'ai conté cet épisode dans mon livre autobiographique *Chemins*[1], de même que son issue radicale sous la forme d'une perte définitive de la foi. Rejetant tous ses dogmes, sa mythologie, je ne conservai guère que l'humanisme qu'il me fallait

1. Axel Kahn, *Chemins* [Stock, 2018], Le Livre de poche, 2020.

refonder en raison puisque ses racines chrétiennes ne le justifiaient plus. C'est là l'origine d'un itinéraire intellectuel qui, soixante ans plus tard, m'amène à consacrer un ouvrage au bien. Mon ardeur à tenter de le définir, à en questionner l'existence, au moins la possibilité qu'il détermine des conduites, a sans conteste été décuplée encore par l'injonction paternelle ultime : « Sois raisonnable et humain ! »

Être humain, selon la recommandation paternelle, peut-il être disjoint de la poursuite, à l'aide de la raison, du bien dans sa relation à l'autre ? Selon moi non, et ma réflexion au fil des décennies m'a conduit à limiter le sens du bien, son champ d'application, à la considération de la valeur de l'autre, de ses décisions et actions. À l'humanisme en somme[1]. Le bien et le mal, objets de la morale, sont devenus des mots désuets, d'un usage presque totalement limité aux prescriptions de la loi religieuse. C'est pourquoi, ne me référant plus à cette dernière, il m'a fallu tant d'années avant d'oser me les réapproprier. J'ai longtemps pensé qu'il s'agissait là de références relatives – à une culture, à une époque, à une croyance, voire à une opinion – et qu'il convenait de ne plus interroger que les pratiques, sans exiger d'elles de se réclamer de principes fondateurs explicites. Passait encore l'éthique, oubliée la morale. D'ailleurs, mon plus récent ouvrage s'intitule *L'Éthique dans tous ses*

1. Axel Kahn et Christian Godin, *L'Homme, le bien, le mal : une morale sans transcendance* [Stock, 2008], Hachette Littératures, 2009.

états[1] alors que son titre aurait pu être «La morale en action dans les choses de la vie». Il m'est peu à peu apparu absurde et sans espoir de qualifier la valeur des actions sans référence à la morale, plus statique – comme le sont les fondations d'un édifice à bâtir. La question de la légitimité éthique d'un choix et des conduites auxquelles il mène est celle de sa compatibilité avec des principes moraux, ou bien est insignifiante. Ce que l'on peut qualifier de mal ne peut être éthique. Et ce qui ne relève pas d'un jugement moral dépend plus d'une convenance que d'un dilemme éthique.

Osons le bien, en bref! En prenant cette injonction dans le sens usuel du mot. Et aussi dans une perspective d'inclusion dans une trajectoire de vie, dans les analyses, les décisions et les projets. Je sais combien il est difficile d'avouer cela, de l'écrire, sans être aussitôt accusé de complaisance, disqualifié en tant qu'adepte d'une bien-pensance étriquée, insincère et au total suspecte. Et pourtant, c'est là une préoccupation constante, une aspiration parfois désespérée, une souffrance de ne savoir m'y conformer. J'ai agi. Qu'en aurait dit Jean, mon père? Me suis-je montré raisonnable et humain? Suis-je parvenu à garder en vue l'objectif du bien? Ai-je suffisamment maintenu à distance les tentations du mal, c'est-à-dire l'abandon de tout souci de l'autre, de ses émotions, de ses besoins et de ses intérêts? De tous les autres, y compris ceux

1. Axel Kahn et Denis Lafay, *L'Éthique dans tous ses états*, Éditions de l'Aube, 2019.

qui ne sont pas encore nés ? Non pas parce que telles seraient les prescriptions de la loi, transcendante ou édictée par l'autorité, mais parce que c'est ainsi, c'est moi. Ma loi, mon devoir.

Cet ouvrage s'efforcera d'aborder divers sujets d'actualité, ceux qui apparaissent déterminants pour l'avenir, avec le parti pris d'une référence systématique au bien. Non sans avoir auparavant précisé ce que j'entends par ce mot et s'il a de la consistance dans un monde de l'immanence – je veux dire sans faire l'hypothèse d'une quelconque transcendance qui l'établirait en tant que principe de la loi.

1

Le bien, le mal, la morale, l'éthique

Les fondements moraux de l'éthique

L'éthique est une morale en action. Pour le dire avec Aristote, j'appelle éthique « la réflexion sur la vie bonne et les valeurs qui la fondent », quand elle débouche sur une action dont la légitimité et la qualité ne sont inscrites ni dans la loi, ni dans la pratique jurisprudentielle, ni dans un code de déontologie. Une autre façon de présenter cette spécificité est de l'assimiler à une tension entre différentes possibilités lorsqu'il n'existe aucune indication quant à la manière correcte d'agir, que le choix n'est pas évident et qu'il convient pourtant de trancher. Ces dilemmes sont en général soulevés par l'exigence de respecter les droits humains fondamentaux. Souvent, on se demande s'ils sont menacés par des pratiques dont il n'existe pas d'antécédent, par exemple, en ce qui concerne le Comité consultatif national d'éthique français, l'application de techniques innovantes dans le champ de la biologie et de la médecine. La réponse n'est jamais évidente, et une réponse éthique se doit de spécifier les valeurs morales qui la fondent. Car si je m'écrie « Osons bien ! », c'est que la morale est le phare qui éclaire l'action bonne. Il est dans l'air du temps de se cantonner à donner en exemple d'une démarche éthique la succession de telles actions, en couvrant d'un voile pudique ce qui les inspire. Ce livre cherche à déchirer le voile.

La question de l'existence de racines universelles à la réflexion éthique, c'est-à-dire en fait celle du caractère relatif ou fondé de la morale, est cruciale puisqu'elle pose celle de la signification d'un dialogue multiculturel et multiréférentiel, par exemple international, en ce domaine. En effet, si les références morales diffèrent totalement en fonction de l'histoire, des civilisations et de leurs composantes religieuses et philosophiques, comme la majorité des philosophes le pensent, il convient dans ce cas de renoncer à un tel dialogue par nature impossible puisque ses règles sont différentes selon les cultures ; seul le témoignage des positions irréductibles des uns et des autres peut alors être envisagé. La légitimité d'un consensus éthique et des lois de cet ordre adoptées par une instance démocratique (telle que le Parlement français), le cas échéant éclairée par un comité *ad hoc*, est aussi soulevée par ce débat. En effet, toute société est plurielle ; elle se compose de croyants et d'incroyants aux opinions et aux références variées. Beaucoup se réclament d'une sagesse et d'une morale propres à un courant religieux ou philosophique particulier. Or il est essentiel que tous ces citoyens d'opinions divergentes se retrouvent dans les lois de la République ou de tout autre système fondé sur la souveraineté populaire. Cela n'est possible qu'à la condition qu'existent en effet des valeurs fondant les principes éthiques communs à ceux qui croient au ciel et à ceux qui n'y croient pas, de différentes manières de surcroît.

Une conséquence prévisible de la relativité absolue de la morale est que le caractère bon ou mauvais de comportements rapportés dans des traditions et des textes très anciens, procédant d'une culture bien éloignée de la nôtre, devrait nous être totalement inintelligible. On peut dans cet esprit faire appel à un document aussi éloigné de notre époque et de ses valeurs que l'épopée de Gilgamesh, un texte datant de plus de quatre mille ans et reprenant des récits oraux encore plus anciens. Or on y apprend que la tyrannie et son corollaire, le droit de cuissage, sont mauvais, que la fidélité en amitié est bonne, que des femmes prostituées sont à ce point humaines qu'elles seront capables de « civiliser » la créature Enkidu après qu'elle a juste été façonnée et animée par les dieux pour défier le tyran Gilgamesh. Nous n'avons aucune difficulté à saisir la signification morale de ces actions : elle est celle que nous leur donnons nous-mêmes.

Reste à proposer ce qui pourrait constituer les fondements d'une morale universelle qui serait alors la référence commune à tout débat éthique. Il est simple pour moi de les identifier puisque j'ai beaucoup travaillé sur les récits concernant les « enfants sauvages » et que ce thème forme la trame de mon livre *Être humain, pleinement*[1]. Ces petits d'homme possèdent toutes les potentialités mentales codées par leurs gènes mais, élevés dans un groupe animal hors de toute société humaine, ils ne pourront jamais les faire prospérer. La condition *sine qua non* de la manifestation d'un psychisme proprement humain est qu'il se soit exercé dans l'intersubjectivité d'une société de semblables, au minimum dans l'échange entre deux individus qui « s'humaniseront l'un l'autre ». L'humanité ne se peut concevoir qu'au pluriel. J'ai coutume de comparer deux êtres séparés, s'ils sont les seuls sur un territoire, à des bûches dont le génome gouverne l'incandescence : séparées dans l'âtre, elles rougeoient mais ne flamboient pas, il faut pour cela les rapprocher ; c'est alors seulement, après qu'elles se sont embrasées l'une l'autre, que jaillit la flamme de leur commune humanité. Cette dépendance de chacun vis-à-vis d'autrui pour être une personne consciente d'elle-même et en possession de la richesse de sa vie mentale implique un sentiment de réciprocité, c'est-à-dire l'aptitude à ressentir l'autre comme pleinement humain, lui aussi. Sans lui, en effet, je ne serais pas moi ; sans moi, il ne serait pas lui. Il en découle l'aptitude à conférer à autrui la même valeur intrinsèque que l'on a le sentiment de posséder soi-même. Je propose que cette récipro-

1. Axel Kahn, *Être humain, pleinement* [Stock, 2016], Le Livre de poche, 2017.

cité, condition de l'accession de tout être à sa pleine humanité, constitue l'origine des bases communes à la pensée morale. Si cette racine partagée n'avait pas existé, il n'y aurait pas d'humanité.

Selon cette analyse, la définition du bien devient l'ensemble de ce qui prend en compte la valeur de l'autre alors que le mal est défini par ce qui la nie, qui attente à sa sécurité, à son épanouissement et à sa dignité. Le concept de dignité est en réalité d'une extrême complexité dont je m'efforce de rendre compte plus loin ; je l'entends ici seulement dans le sens de l'image que quiconque doit avoir de lui-même pour s'épanouir, irréductible à toute norme extérieure. Bien entendu, la condition pour parler de bien est que le mal existe, et inversement. L'un ou l'autre serait sans cela une composante de la nature des êtres telle que l'évolution l'aurait sélectionnée et en contradiction radicale avec toute revendication à l'autonomie. En d'autres termes, la possibilité du mal est le prix à payer par qui se revendique libre et demande à faire de ce qu'il maîtrise l'usage qu'il privilégie. Il s'ensuit que tout homme qui se pense libre possède la capacité d'agir dans le sens du bien ou du mal, ce qui établit la notion de responsabilité morale. Cette dernière découle en effet du sentiment d'un être se sentant libre qu'il aurait pu agir de façon différente de la manière dont il a agi. Et qu'il doit en conséquence assumer la responsabilité, en particulier morale, de ses choix et des actes qui en découlent. En ce sens, toute personne est aussi définie par ses actions. Il serait absurde de la qualifier de bonne si ses actes librement accomplis étaient, eux, indubitablement mauvais. Ce que nous sommes ne peut être apprécié sans référence à ce que nous faisons. La responsabilité est ce qui différencie le plus radicalement les humains des non-humains. Difficile de faire un procès aux seconds s'ils ont nui de quelque manière aux premiers. Ceux-ci, en revanche, responsables de leurs actes, peuvent être condamnés pour tout type de mauvais traitements sur leurs semblables et, de plus en plus, sur les autres animaux. Voire pour des dégradations de la nature s'il peut en résulter des conséquences dommageables pour les êtres sensibles, humains et animaux, d'aujourd'hui et de demain. J'y reviendrai.

Il est aisé de retrouver à partir du principe de réciprocité tous les constituants traditionnels de l'éthique. Puisque chaque personne a acquis, grâce à son contact avec les autres, la capacité de disposer de son libre arbitre et souhaite éviter qu'on lui nuise, il s'ensuit qu'il peut reconnaître le droit d'autrui à l'autonomie, comprendre l'intérêt de la bienveillance à son égard et éviter la malveillance envers lui. Quant au critère de justice, il découle directement de la relation réciproque. Pour moi, cette origine ontologique de la morale, fondement de la pensée et de l'action éthique, ne fait appel à aucune transcendance et se situe en amont de toute croyance et religion. Là, et là seulement, s'enracinent mes analyses touchant à la légitimité éthique et à la qualification morale de l'agir humain.

Incertitude et fragilité du bien

Fort bien, il est intéressant de définir le bien et le mal, de rappeler que ce sont là les références obligatoires d'une réflexion éthique consistante. Cependant, ces catégories sont-elles opérationnelles en tant qu'éléments d'un projet de vie, voire pour qualifier un être et son parcours ? Ou bien seulement des paramètres utiles pour apprécier la qualité de textes, de pratiques et d'actions, paramètres sinon inopérants en tant que principes déterminants de la volonté ? La personnalité de Jean Vanier et le scandale provoqué en mars 2020 par la révélation de ses turpitudes me permettent d'introduire cette question ardue, voire sans réponse.

L'archevêque Mgr Jean-Marie Lustiger, un ami, avait légué à son successeur à l'archevêché de Paris, Mgr André Vingt-Trois, le projet de remplacer les classiques sermons de carême à Notre-Dame de Paris par un dialogue entre un clerc – ou au moins une personnalité de l'Église – et un laïc. L'une des premières versions de l'exercice me fit donc dialoguer sur le thème de la « différence », en fait de la fragilité, avec Jean Vanier, fondateur de l'Arche. Ce Canadien était une immense figure du monde catholique, sa vie dévouée aux personnes handicapées. Il avait fondé en 1964 la communauté de l'Arche, dont la mission était « de faire connaître le don des personnes avec un handicap intellectuel et travailler ensemble à construire une société plus humaine ». La communauté est devenue en 2020 une fédération de 147 communautés dont le rayonnement est considérable.

La foi et l'engagement de Jean Vanier sont indissociables de la rencontre avec le père dominicain Thomas Philippe, auquel il resta fidèle durant sa vie. Docteur en philosophie de l'Institut catholique de Paris, Jean Vanier fut aussi le fondateur du mouvement Foi et Lumière qui accompagne les familles d'enfants avec déficience intellectuelle, et qui compte aujourd'hui près de 1 500 communautés dans 82 pays. Il était de fait l'une des lumières de l'Église. Beaucoup prévoyaient après sa mort en mai 2019 qu'il pourrait en être l'un des « bienheureux », voire être béatifié.

En ce carême 2006, le 4 mars, nous sommes Jean Vanier et moi dos au chœur de la cathédrale Notre-Dame de Paris, au centre de la nef centrale bondée. Des milliers de fidèles suivent l'échange sur le parvis, le soleil déjà bas fait face à la grande rosace, nous sommes nimbés de flammèches multicolores qui décorent le beau visage de mon coconférencier. Je parle, puis c'est son tour, avec sa voix douce et chaude. Je ne suis plus croyant mais quand même, quelle émotion que cet instant, ce lieu, cet homme ! Moi-même très engagé dans l'action en faveur des personnes handicapées, je considère Jean Vanier comme un modèle, une référence. Il incarne alors pour moi le désintéressement, l'engagement ; il fait le bien.

Et puis, le 22 février 2020, coup de tonnerre, effarement, incompréhension : la communauté de l'Arche rend les conclusions d'une longue enquête qui est vécue comme un cataclysme par tous les admirateurs du militant de la cause des enfants handicapés, dont je suis, par tous les fidèles qui voient dans Jean Vanier une lumière, un modèle, un guide, bientôt un saint. Comme avant lui son maître, le père Thomas, Jean Vanier a toute sa vie abusé de l'attente et de la confiance de femmes qui venaient chercher auprès de lui le réconfort, la « foi et la lumière ». François-Xavier Maigre, rédacteur en chef de *Pèlerin Magazine*, résume : « Le choc de ces révélations est double : contrairement à ce qu'il a toujours clamé, Jean Vanier a su dès les années 1950 que son père spirituel, le dominicain Thomas Philippe, avait été condamné par l'Église en raison de ses pratiques sexuelles, et de la mystique déviante qui les sous-tendait. Pire : il y a lui-même pris part, et perpétué, jusqu'à une période récente, ces relations d'emprise avec des femmes auxquelles il imposait des relations intimes, sous couvert de justifications mystiques. »

Nous sommes là dans la plus abjecte des sujétions de l'autre, de tromperie, d'abus de sa position, de dévoiement de la confiance, de perversion lubrique du mysticisme. Beaucoup de femmes – et d'hommes aussi, mon père par exemple – voient dans la communion sexuelle le signe du divin sur terre. Si bien qu'il est facile d'abuser la religieuse fidèle à ses vœux, la fidèle éblouie par l'aura spirituelle du grand homme, la femme en difficulté cherchant le réconfort de la parole du maître. Des gourous sectaires à des ribambelles de religieux et, maintenant, à Jean Vanier suivant le chemin sordide de son mentor, un florilège de cette horreur peut être écrit. «Je suis Jésus, tu es Marie», avançait Jean Vanier à l'une de ses victimes, blasphémateur au regard de la virginité supposée de la mère, et de plus incestueux! Lui, Jean Vanier, celui de Notre-Dame, des communautés de l'Arche!

La stupéfaction et l'indignation des pratiques de Jean Vanier passées, une hypothèse beaucoup plus perturbante encore se présente: pouvait-il en être autrement? Une vie immaculée a-t-elle jamais été vécue? Est-elle même possible? Non, bien entendu, même pour les chrétiens celles de Jésus et de Marie. Toutes et tous sont soumis leur vie durant à des besoins, à des envies, à des pulsions des plus humaines, c'est-à-dire aussi des plus animales. Ils y cèdent, irrésistiblement poussés par leur nature, ou bien les interrogent et font un choix qui exprime au moins un degré de liberté. Ce dernier implique, je l'ai dit, la considération première de son plaisir et de son intérêt, ou alors aussi ceux de l'autre en raison de la valeur qu'on lui reconnaît. La générosité, le sacrifice ne sont que des options, elles ne sont le bien qu'à cette condition. La mythologie religieuse en fait l'un de ses thèmes préférés, celui de la « tentation du mal », de la résistance des saints aux pièges du Malin, aux artifices des démons. Peu sûr de lui, Ulysse préférait se faire attacher au mât du navire et commandait à ses marins de se boucher les oreilles pour résister au chant des sirènes. Jean, mon père, parlait de ses « chiens » qu'il eût été sans espoir de vouloir toujours tenir en laisse. Si des statues avaient déjà été dressées à Jean Vanier, nul doute qu'elles sont ou seront déboulonnées. Comme toutes celles des figures esclavagistes de l'histoire, emportées par l'indignation de l'assassinat de l'homme noir George Floyd par un policier blanc en juin 2020 à Minneapolis. Et, au-delà peut-être, presque toutes les statues humaines du monde, aucun des personnages représentés n'étant sans tache.

Hannah Arendt a tiré du procès Eichmann[1] une analyse, celle de la « banalité du mal », souvent construit par la routine des abandons et acquiescements à distance de la conscience morale. C'est aussi le thème de l'ouvrage *Les Bienveillantes* de Jonathan Littell[2], avec ici un élément supplémentaire. Maximilien Aue, le narrateur du livre de Littell, est comme Eichmann, un nazi. Cependant, plus intellectuel que lui, il pose clairement la question de la monstruosité de ce à quoi il participe. Au-delà même de sa simple justification, il lui est indispensable de développer un discours de la nécessité impérieuse du mal, en décrivant un degré supérieur mais presque banal, lui aussi : celui de la sauvagerie assumée de générations de révoltés, de révolutionnaires, de croyants, de troupes fidèles, etc.

Le lecteur pourra être étonné, choqué, de cette évocation, à la suite de Jean Vanier, de racistes notoires, d'esclavagistes, de nazis coupables de crimes contre

1. Hannah Arendt, *Eichmann à Jérusalem : rapport sur la banalité du mal*, Gallimard, 1991.
2. Jonathan Littell, *Les Bienveillantes*, Gallimard, 2006.

l'humanité. Il n'y a là de ma part aucune confusion, aucune assimilation absurde du créateur de l'Arche à Adolf Eichmann ! Seul les rapproche l'assentiment au mal. Par routine souvent, par justification lorsque tel est le prix à payer au maintien à distance de la conscience morale. C'est la condition indispensable de la sauvegarde du *Volk* germanique (le peuple), dont le concept a été repris comme fondement de l'idéologie national-socialiste, développe Aue dans *Les Bienveillantes.* « Dieu le veut, c'est une communion, je suis Jésus, tu es Marie », avancent aux femmes qu'ils bernent et abusent le père Thomas Philippe et son disciple Jean Vanier. Je fais l'hypothèse qu'ils s'en convainquent eux-mêmes, que cela leur est nécessaire, qu'ils ne sont pas dans le simple déni, la seule duplicité. Massacrer l'autre, violer l'autre n'est pas si simple pour un intellectuel ! Sachant que les « chiens » dont parle mon père Jean tirent en effet en permanence, qu'on leur cède à l'occasion, par lassitude, fatigue ou parce que, parfois, ils sont vraiment les plus forts, l'inconfort qui en résulte conduit soit à la culpabilité, soit à la justification. J'ai failli ! Ou alors les chiens ont tout compte fait raison. La perspective du bien persiste dans le premier cas, elle est écartée dans le second. Une « vie sainte », être toujours une femme bien, un type bien[1], est sans doute impossible à un humain. Mais cet idéal ne l'est pas, le regret de n'y pas parvenir non plus.

1. Axel Kahn, *Un type bien ne fait pas ça: morale, éthique et itinéraire personnel*, Nil, 2010.

Personne ne peut incarner le bien. Aucune vie ne peut y être dédiée entièrement. Il y a l'humain, il y a les chiens. En revanche, il peut constituer une référence constante, celle à l'aide de laquelle chacun est susceptible de mobiliser sa conscience pour évaluer la qualité de ses pensées et de ses actes, sans dissocier jamais les premières des seconds. Le bien se trouve sur le chemin qui mène à l'autre, dans son évidence, dans son irréductibilité à ses désirs, à ses pulsions, son irréductibilité à tout. Il n'a rien à voir avec la foi, il a tout à voir avec la certitude de l'humain, c'est-à-dire de ce monde de l'un et de l'autre, de l'un par l'autre, de l'un grâce à l'autre. S'il ne garantit pas hélas contre les sorties de route, la possibilité de s'y référer permet de les observer. De s'en désoler. De se fixer l'objectif de corriger la trajectoire, d'y parvenir, parfois. À la condition de n'avoir pas éteint la lumière. « Foi et lumière ». Sans doute restait-il la foi à Jean Vanier ; sans la lumière, il a cessé d'illuminer quiconque.

Le devoir

Très tôt, Jean Kahn a inculqué à ses fils que chaque être humain devait faire son devoir. Hors de toute référence obligée et contraignante à une parole d'autorité qui en spécifie les contours, le définir constitue l'effort d'une vie. Pour Jean Kahn, il s'agissait de la quête obstinée et épuisante de la loi, notion complexe, sans doute à mi-chemin entre l'impératif catégorique kantien et la loi religieuse, juive ou chrétienne. « Le ciel étoilé au-dessus de moi et la loi morale en moi », proclame Kant en conclusion de *Critique de la raison pratique*. Mais de quoi est-elle faite, qui l'y a installée, lorsque l'on cesse de faire l'hypothèse qu'il s'agit de Dieu ?

Cette question est au centre du roman *Le Commis* (*The Assistant*), publié en 1957 par Bernard Malamud. Frank, un marginal, émigré italien, participe au cambriolage violent de la minable épicerie d'un boutiquier juif de New York. Obsédé par l'idée du rachat indispensable, il se met au service de ce dernier, devient son commis. Finalement, il se fait circoncire et « après la Pâques, il se fait juif[1] ». Les interrogations de Frank sont à ce point en résonance avec les miennes, depuis ma jeunesse, sans doute mon enfance, que cette lecture m'a bouleversé. Quel chantier de répondre à la question de l'origine et de la nature du devoir que se reconnaît un être autonome ! Ou du moins qui se proclame et se voudrait tel. Je ne l'aurai pas achevé, je le crains, avant de laisser la place.

Un premier élément en est la notion de responsabilité dont j'ai proposé plus haut qu'elle constitue le seul apanage spécifique de l'humain. Nous nous prétendons, nous nous croyons libres et avons à en assumer les conséquences. Lorsque nous agissons sans contrainte implacable, nous savons qu'il

1. Derniers mots du *Commis* (Gallimard, 1960) de Bernard Malamud. L'ouvrage est d'une qualité et d'un intérêt exceptionnels.

eût été possible d'agir de façon différente. Dès lors, notre action, celle de Frank, la mienne, la vôtre, nous engage et représente une partie de nous. Un saint qui agit comme un salaud est un salaud. Il s'ensuit qu'on ne peut s'exonérer des responsabilités que l'on a prises, au moins en partie librement. Vis-à-vis de son conjoint, de ses enfants, de la tâche que l'on s'est engagé à accomplir, des positions dont dépendent des gens et que l'on a accepté d'occuper, voire que l'on a atteintes de haute lutte. La responsabilité ne signifie pas l'abandon ultérieur de toute liberté ; elle implique une obligation de non-indifférence aux engagements pris et aux actions accomplies. Frank en est obsédé, je ne suis pas loin de l'être.

Faire son devoir exclut l'irresponsabilité mais n'implique en rien de rester dans la voie du bien. De leur point de vue et compte tenu de leurs engagements passés, Adolf Eichmann et Maximilien Aue évoqués plus haut font leur devoir dans l'abîme du mal. Ou alors il faut admettre une hiérarchie des responsabilités plaçant celles envers l'autre à son sommet. Cela peut s'entendre : la réciprocité qui permet aux êtres du genre *Homo* de s'humaniser les uns les autres crée aussi une responsabilité mutuelle. L'autre m'a institué dans mon humanité, je lui ai rendu la pareille grâce à mon commerce avec lui, j'en suis de la sorte responsable. Nous sommes responsables l'un de l'autre, c'est là le fondement des concepts de fraternité et de droits humains, à un degré moindre de solidarité universelle. Fondé sur cette responsabilité, le devoir devient celui du bien. Il l'emporte alors sur tout autre engagement et disqualifie les justifications de tous les assassins, de tous les bourreaux, celles des accusés du tribunal de Nuremberg, puis d'Eichmann à Jérusalem. Frank, le commis, n'a aucun lien avec l'épicier juif que lui et ses complices dévalisent et assomment, il ne l'avait jamais rencontré. Il se fixe le devoir de se mettre à son service, de devenir son commis parce qu'il en était déjà responsable comme de tout autre, et l'est plus encore de ses malheurs puisqu'il les a provoqués. Dans l'esprit de Bernard Malamud, la loi prescrit la réparation, elle pousse Frank au rachat. Mon père l'aurait lui aussi compris de la sorte ; et, en fin de compte, c'est ainsi que le comprend l'agnostique rationaliste Axel, son fils. À ceci près que, comme l'a écrit Kant, si le ciel étoilé est au-dessus de lui, la loi morale ne peut résider qu'en lui, coédifiée comme l'un des éléments de son psychisme par l'enseignement qu'il a reçu, les circonstances de la vie et l'influence des autres. L'aptitude à la loi morale est innée, conséquence du processus humanisant de la réciprocité. Cependant, l'enseignement, formel et par l'exemple, est un puissant déterminant de cette potentialité que nous possédons tous à inscrire la référence morale dans notre conscience. L'une des causes du « ré-ensauvagement » de nos sociétés – terme contesté mais que j'assume – pourrait résider dans l'abandon par le système éducatif de cette finalité : la morale avait si mauvaise réputation, assimilée à des siècles d'éducation cléricale, sexiste et ennemie du plaisir, qu'elle a été bannie de l'enseignement. Et que rien ne l'a remplacée.

Le sentiment du devoir supérieur envers les autres pose vite la question de ceux du futur. Ils seront aussi semblables à moi que je le suis à mes ancêtres, c'est une certitude. Leurs besoins et aspirations, les conditions de leur meilleur épanouissement auront bien des similitudes avec les miens. Ma responsabilité envers eux est peu discutable, elle débouche sur la dimension écologique du devoir. En tant que je participe à la négligence de l'environnement, il me faut admettre ma culpabilité dans toutes ses conséquences reconnues néfastes. L'écologie est un humanisme, j'y reviendrai.

Au-delà de l'amour qu'on leur porte – ou pas –, nous admettons notre responsabilité envers les nôtres, ceux de notre famille, par le sang, parfois seulement par le cœur. Nous en sommes responsables au titre du devoir suprême envers les autres. Et nous en sommes doublement responsables s'ils sont nos enfants : nous les avons faits, notre responsabilité est inconditionnelle ; sans nous, ils n'existeraient pas, nous jouons un rôle direct et crucial dans leur éducation, leur épanouissement. Le devoir de chérir ses parents, d'aimer ses sœurs et ses frères ne tombe pas sous le coup de la même évidence. On n'est responsable que de ce qu'on leur fait, nullement de leur existence ; leur altérité peut se rapprocher du lot commun. La question sensible de la fraternité, l'injonction d'aimer les siens, de surmonter la rivalité qui nous oppose si fréquemment à eux, de refouler l'inimitié que l'on peut ressentir d'abord n'est pas si simple à résoudre. D'autres notions se doivent par conséquent d'être ici évoquées, de l'ordre d'un engagement personnel auquel nous sommes poussés par une diversité de mécanismes biologiques et psychologiques. La reconnaissance pour ses parents, la familiarité que crée la proximité, la connivence qui en découle sont propices à l'attachement, à l'amour. Père et mère au premier chef, fratrie et famille élargie ne sont malgré tout pas des « autres » comme les autres ; le devoir envers eux intègre aussi un peu du sentiment de soi.

Cependant, lorsque l'amour s'est dissipé, ou bien s'il a eu du mal à se manifester, reste la responsabilité. Les situations familiales de cette dissociation sont nombreuses. Il se peut que les parents n'aiment pas les enfants qu'ils viennent d'avoir. C'est rare, exceptionnel pour les mères. Dans le meilleur des cas, les conjoints se sont complétés pour assurer le meilleur épanouissement physique et psychique de leur progéniture, les petits sont maintenant grands, ce sont des adultes que, par certains aspects, les parents découvrent. Malgré une détermination à l'indulgence, le jugement n'est pas toujours pleinement favorable, voire se révèle plutôt sévère. Le lien antérieur de la responsabilité du progéniteur persiste, lui, dans la loi morale, qui impose sinon d'aimer, au moins de ne pas abandonner, de ne pas blesser, de demeurer prêt à aider. En sens inverse, mon père Jean Kahn est l'illustration d'une dissociation poussée à son paroxysme. Adolescent, il a appris que celui qu'il croyait être son oncle bien-aimé, le frère de sa mère Blanche, était en réalité son frère aîné. Et, après que ses parents ont eu à honorer pour lui une dette de jeu, ils l'ont envoyé se faire oublier « aux colonies », où il est mort, seul, on ne sait où. A-t-il même une sépulture ? De cet instant, Jean a ressenti une haine profonde pour sa mère, sans répit, définitive. Envers elle, il a toujours accompli son « devoir de fils », l'accompagnant sans faille dans sa vieillesse[1].

En deçà du devoir suprême envers les miens et les autres – le seul qui équivaille sans conteste au bien –, la notion de devoir se décline en fonction et au rythme de ses engagements ; leur nature en détermine alors la qualité morale. Je ne puis avoir de devoir incontestable envers Dieu, au moins un dieu extérieur à moi dont je ne suis en rien responsable. En revanche, le croyant qui installe l'idée de Dieu au cœur de son âme en sera responsable, c'est lui qui l'a conçue.

Continuons de descendre dans la hiérarchie des devoirs. Au sommet, celui qui s'apparente en fait aux impératifs catégoriques kantiens : l'autre vu toujours aussi comme une fin et jamais simplement comme un moyen. Un devoir dont le principe vaut comme loi universelle. Au fil d'une vie, chacun s'engage, forme un couple, choisit une activité, adhère à un mouvement politique, sportif ou associatif, etc. Rien d'irréversible dans ces engagements, on peut changer de presque tout. Pourtant, chaque engagement d'un être responsable débouche sur un devoir et, au nom de la loi morale, impose d'en tenir compte dans ses conduites. Tout groupe comporte des codes, des

1. Axel Kahn, *Jean, un homme hors du temps, op. cit.*

règles, que l'on s'est engagé à respecter – souvent explicitement, sinon de façon implicite – en y adhérant. Ce respect est de l'ordre de la déontologie professionnelle ou associative qui regroupe les pratiques jugées conformes par le groupe. On peut en rapprocher les « lois du sport ». Ni les premières ni les secondes ne valent souvent comme principe universel. « Que le plus fort gagne », maître mot de l'« éthique sportive » au nom de laquelle est menée la lutte contre les tricheries et les dopages, s'oppose par exemple à la loi morale universelle qui condamne la logique du plus fort. Il n'empêche, un professionnel, un sportif, est censé connaître les règlements internes, les codes de déontologie de ce à quoi il a adhéré ; sa responsabilité est de les respecter tant qu'ils ne sont pas en contradiction insurmontable avec les prescriptions du devoir envers l'autre. Se comporter avec le conjoint dont on s'est séparé comme si on n'avait jamais auparavant décidé de partager un temps sa route, et même plus durement en cas de séparation conflictuelle, fait fi d'un engagement antérieur que l'on peut rompre sans le renier.

Un souvenir fort me revient où l'incompatibilité entre une pensée fugitive et les devoirs de mon engagement a changé ma vie. Nous sommes en 1992, j'ai encore de nombreuses activités de soins, en dispensaire et à l'hôpital. Je prends aussi des gardes de réanimation depuis vingt ans dans un service de chirurgie thoracique qui traite de cas graves. La garde de ce jour a été terrible, j'ai dû intervenir sans discontinuer pour venir en aide à des personnes déjà hospitalisées ou en accueillir de nouvelles. Il est cinq heures du matin, je n'ai eu aucun répit depuis la mi-journée, la veille. Enfin une accalmie. Je suis épuisé. Titubant, je rejoins l'austère chambre de garde au sein du service et me glisse à moitié habillé dans mes draps. Je m'endors comme une masse, pour peu de temps, à cinq heures trente on tambourine à ma porte : « Docteur Kahn, docteur Kahn, venez vite, Juliette va mal, sa tension s'effondre ! » Juliette, je ne connais qu'elle, elle est hospitalisée depuis près de deux mois ; à chacune de mes gardes, j'observe, désolé et impuissant, l'aggravation de son état. Cette toute jeune femme a avalé, pour mettre fin à ses jours, ce qu'elle a pu d'une bouteille d'eau de Javel concentrée. Le produit a dissous son œsophage, les tissus environnants du médiastin sont infectés. Il a fallu fendre le sternum pour drainer l'infection. Juliette est ventilée par une machine grâce à une trachéotomie, elle est nourrie à l'aide d'une sonde jéjunale. D'autres tubulures et tuyaux sont fichés dans son corps. En réalité, nous savons que ses chances de survie sont nulles. Mon réveil est brutal, mes pensées se bousculent. D'abord : « Juliette est foutue, à quoi cela va-t-il servir que j'intervienne pour prolonger un peu une situation sans issue ? Il aurait mieux valu qu'elle parte brutalement, on m'aurait alors peut-être laissé dormir encore un peu ! » Et puis, dans la foulée, une indignation profonde contre moi-même : « Honte à toi d'avoir laissé ton esprit émettre un tel regret, il ne peut être admis de la part d'un réanimateur ! Sinon, un jour ou l'autre, tu failliras vraiment dans l'exercice de ton devoir. » Je décidai en un instant d'interrompre mes gardes. Puis, en quelques semaines, de quitter toutes mes fonctions de soins.

Chacun d'entre nous est ce qu'il est mais aussi ce qu'il fait. Ce qu'il est a émergé de ses contacts avec autrui au sein d'une cellule humaine. Il en découle le devoir supérieur, inconditionnel, envers l'autre, sa déclinaison avec les siens. C'est là le champ propre du bien. Une vie de femme et d'homme responsable, parce qu'ils sont humains, est aussi constituée d'une suite d'engagements, de décisions prises, de situations assumées qui conduisent à des devoirs particuliers. Aucun n'est insignifiant. L'irresponsabilité n'est jamais une valeur morale.

La dignité

En janvier 2008, Nicolas Sarkozy, élu président de la République l'année précédente, fait connaître son intention d'introduire la notion de diversité dans la Constitution française, d'en faire même l'un de ses fondements. Il nomme une commission chargée de lui proposer une réforme éventuelle du préambule de cette Constitution, presque inchangé depuis la Ire République en 1793. Il reprend en réalité la Déclaration des droits de l'homme et du citoyen de 1789 dont le premier article stipule : « Les hommes naissent et demeurent libres et égaux en droits. Les distinctions sociales ne peuvent être fondées que sur l'utilité commune. » Les autres articles du préambule de la Constitution de 1946, inchangé en 1958, déclinent et précisent cette notion. L'égalité des droits constitue le socle des édifices constitutionnels depuis la Déclaration des droits de 1789. Or le président désire que, au-delà du principe, le préambule ouvre la voie aux moyens d'établir cette égalité lorsqu'elle n'est pas respectée. En utilisant le levier des quotas et de la discrimination positive élevés au rang de principes constitutionnels. Nicolas Sarkozy confie à Simone Veil la présidence de la commission dans laquelle il fait nommer des juristes, constitutionnalistes, personnes issues de la diversité. Et un spécialiste des questions éthiques, moi-même. Il nous reçoit tous pour nous expliquer son projet et préciser sa « commande ». Cependant aucun d'entre nous n'est convaincu par la nécessité de faire de la discrimination positive – dont chacun approuve la pratique – un principe constitutionnel. Il faut moins d'une heure à la commission Veil, lors de sa première réunion, pour renoncer à proposer une modification en ce sens du préambule de la Constitution. L'égalité des droits constitue sans conteste le socle robuste des valeurs républicaines. Lorsqu'elle n'est pas respectée, des mesures correctrices telles que la discrimination positive peuvent être mises en œuvre, ces dernières ne constituent pas en elles-mêmes des principes mais sont des moyens d'en assurer l'application. L'affaire vite entendue, nous nous réunissons néanmoins durant plus de six mois pour proposer une introduction de la notion de diversité ailleurs dans le texte. J'ose quant à moi une proposition de réforme dans le préambule de la référence à l'article 1 de la Déclaration des droits de 1789. Le premier article de la Déclaration universelle des droits de l'homme de 1948 est ainsi libellé : « Tous les êtres humains naissent libres et égaux en dignité et en droits. » Je suggère une fusion des deux énoncés sous la forme : « Les hommes naissent et demeurent libres et égaux en dignité et en droits », ajoutant aux droits humains une référence à la dignité.

Cette proposition est d'abord assez fraîchement accueillie par les juristes et les constitutionnalistes. Ils soulignent à juste titre le caractère très polysémique du mot « dignité » et voient dans l'un de ses sens un principe volontiers liberticide. Il subordonne en effet le droit d'un être autonome aux normes et injonctions d'une autorité extérieure qui dicterait les canons de la dignité. Ces objections sont recevables, rien n'est plus complexe à définir que ce mot. Au sens littéral du terme, *dignitas* désigne un honneur conféré par un souverain ou un dépositaire de la puissance sous la forme d'une distinction ou d'une décoration. Le sens premier est par conséquent inégalitaire puisque la dignité se trouve liée à une fonction ou à un statut et leur perte entraîne celle de la dignité. Dans son acception moderne usuelle, le mot « dignité » renvoie plus ou moins à sa définition kantienne : c'est la qualité d'un être doté d'une dignité et dépourvu de prix, qui doit être toujours envisagé en tant que fin et jamais uniquement comme un moyen. C'est là une valeur universelle au respect de laquelle tendent les impératifs catégoriques d'Emmanuel Kant. Quoique chez lui la référence au Créateur ne soit pas explicite, les liens sont évidents entre la conception kantienne et chrétienne de la dignité, donnée en soi de toute personne en tant qu'elle est humaine.

Un point commun aux notions étymologiques, stoïciennes, chrétiennes et kantiennes de la dignité est qu'elles sont « déontologiques » : elles exigent des personnes dignes de se conformer à des devoirs : assumer ceux de sa fonction, rester impassible dans l'adversité, se conformer à la parole de Dieu, ou respecter son propre corps comme on se doit de respecter celui d'autrui. Ces règles auxquelles il conviendrait de souscrire pour rester digne sont en effet hétéronomes, divines ou humaines, et apparaissent vite en contradiction avec la revendication à l'autonomie. Les craintes des membres de la commission Veil qu'une référence constitutionnelle à la dignité soit liberticide étaient ainsi fondées.

J'expliquai alors à mes collègues que, en dépit de ces objections, la dignité recouvre également une autre notion qui rend indispensable de s'y référer dans une conception matérialiste et libérale de l'humanité fondée sur l'autonomie des personnes. J'appelle ici *dignité* la qualité au nom de laquelle une communauté humaine se fixe le devoir de respecter les êtres, y compris ceux qui sont dans l'incapacité de réclamer leurs droits. La dignité conférée à un humain n'implique pas de devoir, sauf celui de respecter la dignité d'autrui puisque, selon le principe de réciprocité qui fonde ma vision morale, elle ne peut être distinguée de la sienne propre. Il s'ensuit que les êtres ne peuvent pas être discriminés sur le plan de la dignité. Qu'en est-il par exemple des vieillards ou des malades qui craignent de perdre leur dignité ? S'il en est ainsi, c'est avant tout parce qu'ils se sentent rejetés, qu'ils ne trouvent dans le regard d'autrui nul accueil, nulle compassion, nul amour. Face à l'allongement de la durée de la vie et à l'augmentation des maladies neurologiques comme la maladie d'Alzheimer, ne doit-on pas se préparer à en tirer les conséquences, demandent certains ? Faut-il permettre à ces personnes de mourir « dans la dignité » en abrégeant l'ultime phase de la perte de l'entendement, de la mémoire et de dégradation physique ? Chez ces vieillards et personnes malades – dont les droits deviennent une notion relative puisqu'ils vivent souvent sous tutelle ou curatelle –, une valeur demeure qui n'a rien de sacré mais qui est de l'ordre de la solidarité liée à une commune humanité. C'est cette valeur que recouvre le terme « dignité ». Même affaiblies intellectuellement et physiquement, elles restent dépositaires de leur pleine dignité, un attribut de l'humanité. Reconnaissons, puisque c'est là un sujet de débats polémiques, qu'il est par conséquent mal venu de revendiquer un droit à « mourir dans la dignité » qui sous-entend que sans lui on périrait dans l'indignité !

Pour l'agnostique évolutionniste que je suis, la dignité n'est pas une valeur transcendante, c'est une idée construite par l'homme en société et la condition autant que la conséquence de son humanisation. C'est le fruit du respect réciproque qui compose la base ontologique de la pensée morale. Chacun est libre de son corps ; il ne revient à aucune autorité extérieure, religieuse ou laïque, de définir à la place du sujet les limites au-delà desquelles il attenterait à sa propre dignité. Ma vision s'oppose sur ce point à celle de Kant et à la pensée des religions du Livre. En revanche, certains comportements individuels ou collectifs, sans conteste autonomes, peuvent être ressentis par d'autres comme des agressions et poser en cela une question au regard d'une morale fondée sur la réciprocité. J'y reviendrai.

Le principe affiché d'un strict respect de l'autonomie, au centre de ma définition de la dignité, peut cependant être confronté à des situations limites. Si l'on suit la logique de mon propos, en effet, chacun pourrait apparaître comme parfaitement libre d'agir sur lui-même tel qu'il l'entend, dès lors qu'il ne se comporte pas envers autrui de façon incompatible avec le principe de réciprocité. Ainsi, un nain peut déclarer vouloir être lancé en tant que projectile, un individu affirmer qu'il veut se livrer à la pornographie, etc. Reprenons la décision du Conseil d'État du 27 octobre 1995 concernant le lancer de nain. Le maire de la commune de Morsang-sur-Orge, estimant qu'ils portaient atteinte au respect de la dignité de la personne humaine, avait interdit des spectacles de lancer de nain qui devaient se dérouler dans des discothèques de la ville. Par son arrêt « Commune de Morsang-sur-Orge » d'octobre 1995, le Conseil d'État a considéré que le respect de la dignité de la personne humaine devait en effet être regardé comme une composante de l'ordre public.

La sauvegarde de la dignité de la personne humaine contre toute forme d'asservissement ou de dégradation avait déjà été élevée au rang de principe à valeur constitutionnelle par le Conseil constitutionnel (décision du 27 juillet 1994). Elle est aussi visée par les stipulations de l'article 3 de la Convention européenne de sauvegarde des droits de l'homme et des libertés fondamentales du 4 novembre 1950, qui interdit les « peines ou traitements inhumains ou dégradants ». Une argumentation de cet ordre a de nouveau été utilisée par le Conseil d'État en 2014 pour justifier l'interdiction des spectacles de l'« humoriste » antisémite compulsif Dieudonné. En reconnaissant aux autorités de police municipales le pouvoir d'interdire des spectacles susceptibles de troubler les consciences parce qu'ils portent atteinte à la dignité de la personne humaine, le Conseil d'État a montré que l'ordre public ne peut se définir comme purement « matériel et extérieur » mais recouvre une conception de l'homme que les pouvoirs publics se doivent de faire respecter. Il n'a toutefois pas consacré la moralité publique comme une composante de la notion d'ordre public, se gardant ainsi d'interpréter trop largement les pouvoirs de police de l'autorité administrative.

Aux yeux de certains, c'est la preuve que la référence croissante des juridictions à la dignité serait de fait liberticide et s'opposerait à l'autonomie de l'homme. En renfort de cette thèse, ses partisans donnent comme autre exemple le cas d'une affiche Benetton : en effet, la première chambre de la cour d'appel de Paris rend le 28 mai 1996 un arrêt dit « Benetton » relatif à une campagne publicitaire portant atteinte à la dignité humaine. En l'espèce, la société Benetton avait diffusé par affiches et dans la presse, lors d'une campagne publicitaire en automne 1993, trois séries d'images du photographe Oliviero Toscani représentant un fessier, un bas-ventre et un torse humain marqués du tatouage « *HIV positive* ». Le 22 avril 2009, le juge des référés du tribunal de grande instance de Paris interdit l'exposition « *Our Body*, à corps ouvert » au motif qu'elle présente une « atteinte illicite au corps humain », après la plainte déposée par les associations Ensemble contre la peine de mort et Solidarité Chine[1]. Le jugement précise que cette exposition porte atteinte à la dignité humaine[2]. Le juge affirme également que « la commercialisation des corps par leur exposition porte une atteinte manifeste au respect qui leur est dû ». Surtout, « la visée pédagogique [...] ne peut absoudre une illégalité manifeste ». Cette notion de dignité humaine en lien avec le corps renvoie au scandale provoqué en 2020 par la découverte du traitement réservé aux dépouilles des personnes ayant fait don de leur corps à la science au profit de la faculté de méde-

1. Proposée par la société Encore Events, l'exposition mettait en scène 17 cadavres humains d'origine chinoise, ouverts et disséqués.

2. « La détention privée de cadavres est illicite », « les cadavres et leurs démembrements ont d'abord vocation à être inhumés ou incinérés, ou placés dans des collections scientifiques de personnes morales de droit public », « l'espace assigné par la loi au cadavre est celui du cimetière » (Ordonnance rendue par Tribunal de grande instance de Paris, 21 avril 2009, n° 09/53100).

cine de l'Université de Paris, puis de l'université Paris-Descartes. Progressivement, la routine des utilisateurs des corps et des responsables du Centre des dons du corps qui les mettait à disposition, ainsi que le sous-investissement chronique ont abouti à une situation que le journal *L'Express* a qualifiée de « charnier ». Or, en parallèle inversé avec la désacralisation de nos sociétés, nous avons vécu une sacralisation croissante des corps. Au point que les autopsies – jadis systématiques – réalisées pour vérifier la cause de la mort de toutes les personnes décédées à l'hôpital, à la base de l'approche « anatomoclinique à la française », ont été presque supprimées. La qualité liée à l'humanité que recouvre pour moi le terme « dignité » n'est pas gommée des dépouilles puisque le regard des vivants les en investit de nos jours.

Les trois premières décisions de justice que je viens de rappeler reposent toutes sur l'interprétation du mot « dignité » à la frontière entre son acception déontologique christiano-kantienne et sa dimension individualiste en limitant l'effectivité au respect d'autrui. Elles sont emblématiques de vifs débats qui traversent aujourd'hui la communauté des philosophes, des juristes et des éthiciens à ce propos. De fait, dans les trois cas, l'argumentation d'une interprétation normative illégitime de la dignité peut s'entendre. Le « nain lancé » était en réalité le propre producteur de ce spectacle qui constituait son seul gagne-pain. N'est-il pas discriminatoire envers lui de lui interdire de gagner ainsi sa vie alors que les personnes de taille normale peuvent sans difficulté, dans les cirques, jouer les hommes-boulets ou être projetés entre groupes d'acrobates ou de trapézistes par des moyens divers ? Dans le cas de Benetton, n'est-ce pas l'image de la nudité qui est en fait sanctionnée, au nom des bonnes mœurs, plutôt que la discrimination envers les personnes atteintes du sida ? Après tout, des pin's reliés à la séropositivité sont portés par des dizaines de millions d'individus vêtus dans le monde ! Quant à l'interdiction de l'exposition de corps « plastinés », n'est-elle pas contradictoire avec la vente de livres et d'ouvrages de planches d'anatomie, voire avec l'exposition dans nos musées de tableaux d'écorchés, de scènes de dissection dont on sait qu'elles reposaient parfois sur l'utilisation de corps suppliciés ? Enfin, pour revenir sur le cas Dieudonné, l'antisémitisme constitue sans conteste une atteinte à la dignité d'autrui, réprimée par la loi. Cependant, le risque que ce délit soit commis au cours d'un spectacle justifie-t-il son interdiction préventive ? Haro par conséquent sur la dignité vue comme une menace envers l'idée libérale d'autonomie. La cible de cette opposition est la dignité conçue comme une norme impérative, contraignante, hétéronome. Du fait de l'équivocité de ce mot, on la rejette comme étant une norme opposable à l'autonomie, ce qu'elle n'est en rien. L'application de ce concept ne doit pas s'opposer à l'expression autonome de la volonté d'un être dès lors qu'il ne met pas en danger la liberté d'autrui. Personne n'est plus libre de son corps que chacun ne l'est lui-même, j'en conviens sans peine. Aucune autorité extérieure ne peut prétendre remplacer la conscience d'un être dans l'appréciation de la dignité de ses conduites, dès lors que son autonomie est raisonnablement assurée et qu'il respecte la valeur d'autrui. Dans le cas non encore jugé du Centre du don des corps de l'université de Paris, il est à parier que les tribunaux s'appuieront sur une atteinte à la dignité, peu contestable puisqu'elle est liée à celle des personnes avant leur décès et aussi à celle des survivants pour qui elle persiste dans les dépouilles de ceux qu'ils ont aimés.

L'emploi du mot « dignité » est au total compliqué, puisqu'il entretient une confusion entre la dignité et la dérive qui découle d'un mauvais usage du concept. Les dérives d'une pratique ne suffisent pas à disqualifier les principes dont elle est censée dériver. Déplorer que l'amour se vende, et qu'en son nom on réduise en esclavage ou on tue, ne nous oblige pas à supprimer le mot de notre langage ! Sur les frontispices de nos édifices publics, on lit « Liberté, Égalité, Fraternité », alors que vivent dans nos républiques des citoyens dont les revenus équivalent à ceux de plus de cent autres, que la fraternité dans les relations humaines ne crève pas les yeux, et que, pour tous ceux qui n'ont aucun moyen d'en jouir, la glorification de la liberté pose problème. Faut-il pour autant effacer cette fière devise ?

En réalité, la suppression de la référence à la dignité réelle recèle bien plus de dangers que son usage abusif, et d'abord celui de mettre en péril les droits de tous ceux qui n'ont nul moyen de les revendiquer et de les défendre, droits qui sont des devoirs que se reconnaissent envers eux les agents moraux et rationnels que nous sommes. En d'autres termes, le devoir de la société envers les nouveau-nés abandonnés, les grands vieillards esseulés, les malades isolés est-il une simple convention dépourvue de tout fondement ou repose-t-il sur une qualité particulière liée à la commune humanité de tous ces êtres ? Une personne sans dignité est un « homme sans qualités » – pour reprendre le titre du roman de Robert Musil[1] –, un être dont les droits sont enracinés sur du vent. La dignité induit la solidarité : si l'on admet que « tous les hommes naissent et demeurent égaux en dignité et en droits », considérer que l'autre a la même qualité que soi implique le souci de l'autre, dans quelque situation qu'il se trouve. La dignité n'est pas opposable à l'autonomie, elle n'a pas de source hétéronome ; elle interdit en revanche que quiconque soit discriminé en raison d'un doute sur sa dignité. Quels que soient son état, sa situation et son âge.

L'introduction de la dignité dans le préambule de la Constitution apparaît en définitive compléter la référence aux droits, elle est potentiellement protectrice dans tous les cas où les personnes ne sont pas en situation de les défendre elles-mêmes et où ils sont contestés. La commission Veil a été sensible à cet argumentaire et a intégré ma proposition à la réponse remise au président Sarkozy. Peut-être déçu de la non-prise en compte de sa demande principale, le président a finalement renoncé à toute révision constitutionnelle à cette occasion. Il n'est toujours

1. Robert Musil, *L'Homme sans qualités*, t. 1 et 2, Seuil, 2011.

pas question de dignité dans le préambule de la Constitution française. C'est sans doute dommage. Quoi qu'il en soit, cet épisode de ma participation à la commission Veil explique mon intérêt extrême pour ce socle des valeurs républicaines qu'est la Constitution et ma participation active au débat sur les propositions de réforme du président François Hollande en 2016.

La violence

Je n'ai jamais compris le succès de la formule l'« énigme du mal » puisqu'il n'y a là selon moi nulle énigme. Le mal, ai-je déjà énoncé, est le prix à payer pour l'action d'un être qui revendique sa liberté ; il est la condition du bien et son contraire point par point. L'opposition de l'un et de l'autre reflète le rapport à la personne, celle d'aujourd'hui comme celle de demain, d'ici comme d'ailleurs. Appartient au champ du bien tout ce qui respecte sa valeur et prend en compte ses besoins, ses aspirations et ses intérêts ; tout ce qui se soucie de ses meilleures conditions d'épanouissement et de vie ; tout ce qui la fait bénéficier des droits que l'on revendique pour soi-même. Le champ du mal en est le pendant négatif. Les différents sens du mot *violence* le résument : violence physique, psychologique, affective ; tout ce qui « fait mal » et blesse, engendre des douleurs et du mal-vivre, voire tue. Cependant la qualification morale de bien et de mal ne vaut que pour un être responsable, et par conséquent libre. La question philosophique de la liberté est vertigineuse[1]. Cependant, que l'on se range du côté des fatalistes qui voient la liberté comme une illusion liée à la méconnaissance des processus qui déterminent chacune de nos actions (les stoïciens, saint Augustin, Spinoza, Diderot, Nietzsche...) ou que l'on se range du côté des défenseurs d'une liberté authentique inscrite dans l'être (saint Thomas d'Aquin, Descartes, Sartre...), l'idée de la liberté, et même son illusion, est réellement « humanisante ». Seule elle autorise à faire des projets qui ne sont pas seulement des prévisions de l'inéluctable dans le futur.

Les humains sont notablement violents et cruels. Ils l'ont toujours été, ils le demeureront sans doute. Pas plus aujourd'hui que jadis, pas tellement moins cependant. La société s'est certes policée, mais l'âme humaine conserve son potentiel de sauvagerie. Les bagarres entre bandes de jeunes, adolescents et parfois préadolescents, à coups de barres de fer et de couteaux, de plus en plus d'armes à feu, sont des exemples de violence qui défraient l'actualité dans le monde entier. Les causes de ces débordements sont diverses mais relèvent bien souvent d'une propension animale à la violence habituelle chez les prédateurs. *Homo sapiens* appartient au règne animal, il a hérité de ses ancêtres des traits de comportements violents fort anciens, que je détaillerai plus loin. Le

1. J'ai déjà traité en détail de cette question (cf. Axel Kahn, *L'Homme, ce roseau pensant : essai sur les racines de la nature humaine* [Nil, 2007], Pocket, 2008).

ressort principal de son passage à l'acte violent procède d'une insuffisance des phénomènes éducatifs et culturels d'inhibition des réactions instinctives. Les réseaux sociaux ont sans doute accru l'immédiateté et la diffusion de facteurs déclenchants de la violence humaine, en particulier dans les groupes de jeunes. Le psychologue français Olivier Houdé a bien montré qu'apprendre revient pour une grande part à apprendre à dire non, c'est-à-dire à inhiber les réponses instinctives et intuitives le temps que la question ait le temps d'être analysée par les processus cognitifs corticaux façonnés par l'éducation, la société, la religion, la culture[1]. Telle est la raison pour laquelle ces formes de violence élémentaires peuvent se manifester chez chacun mais sont particulièrement fréquentes et virulentes dans les milieux les moins scolarisés, partiellement désocialisés. Il y a plus de vingt ans, Jean-Pierre Chevènement qualifiait ces jeunes violents de « sauvageons », en référence aux rejets racinaires d'arbres qui poussent sans tuteur. Il fut très critiqué à l'époque. Pourtant, c'est bien de cela qu'il s'agit.

L'actualité nous rappelle aussi en permanence combien l'humain peut être incroyablement cruel. Comme tous ceux qui y ont porté de l'intérêt, j'ai été épouvanté ces dernières années par un documentaire de 2018 sur les geôles libyennes et par les récits des exactions dans les prisons du régime syrien,

1. Olivier Houdé, *L'Inhibition au service de l'intelligence*, PUF, 2020.

dans les camps de Daech. Ce ne sont là que quelques exemples qui n'ont rien d'exceptionnel. Le génocide des Tutsis en 1994 au Rwanda s'est accompagné de scènes d'une sauvagerie inouïe, insoutenable. Les troupes belges sur place ont été retirées pour épargner cette horreur aux jeunes soldats ! Elle a pu continuer de se perpétuer en ménageant la susceptibilité des anciens colonisateurs ! Dès que la guerre, la révolution ou toute autre forme de désordre a suffisamment affaibli l'État de droit, la plus abjecte des cruautés se manifeste à nouveau, partout. Elle ne cesse jamais aux marges de cet État de droit. Un titre horrible du journal satirique *Le Canard enchaîné*, au sommet de l'humour noir, illustre à la fin de l'année 2018 cette innommable barbarie humaine. À propos de l'affaire Jamal Khashoggi, le journal parle de la version « en dents de scie » des autorités saoudiennes. De fait, ce journaliste saoudien opposé au régime des Salmane à Riyad n'est jamais ressorti « entier » du consulat d'Arabie saoudite en Turquie, où il avait été attiré le 2 octobre sous le prétexte de formalités administratives. Riyad a fini par reconnaître le meurtre prémédité, mais n'a pas indiqué où retrouver le corps. Ni dans quel état et en combien de morceaux on le retrouverait. On ne le saura probablement jamais, car les traces du forfait semblent avoir été dissoutes dans de l'acide sulfurique. Le pire est probable. L'implacable barbarie d'un régime théocratique et monarchique fort est ici en cause. En réalité, tortures, massacres et exactions n'ont jamais cessé.

L'homme est sans conteste un loup pour l'homme. Diffère-t-il en cela des autres animaux ? Les loups sont-ils bien des loups pour les loups ? En d'autres termes, l'homme ne fait-il que reproduire, à son échelle et avec ses moyens, l'agressivité animale ? Ou bien innove-t-il en la matière ?

En résumé, la violence animale peut avoir pour origine la compétition sexuelle, la rivalité hiérarchique, la préservation d'un bien ou la défense de la famille ; elle est exacerbée par la famine, le stress, et peut être conditionnée par les événements ou un dressage adéquat (des racistes dressent leurs chiens à attaquer des personnes de couleur !). Certes, il existe des exemples d'attaques animales, apparemment gratuites, de prédateurs compulsifs (chiens errants, ours, parfois loups, tigres mangeurs d'hommes au Bengale) qui tuent leurs victimes poussés par une pulsion que n'explique plus la nécessité alimentaire. Le chat se joue instinctivement de sa proie avant de la manger. La bête du Gévaudan qui a terrorisé la région au XVIIIe siècle était sans doute un chien-loup de grande taille, jadis apprivoisé puis abandonné. Les bergers retrouvent parfois des dizaines de leurs animaux égorgés et abandonnés sans même avoir été dévorés, ne serait-ce qu'en partie. J'ai connu moi-même cette désagréable mésaventure lorsque j'étais médecin-chef de la préfecture de Haute-Kotto, en République centrafricaine. Je possédais un petit troupeau de cabris et de moutons qui fut, une nuit, aux trois quarts massacré par des chiens de brousse. Rien n'indique pourtant que, en dehors de nos semblables, les animaux ressentent un plaisir conscient aux maux qu'ils infligent à leurs victimes. Les autres bêtes ne sont pas cruelles. Elles manifestent leur nature, éventuellement de carnivores, agissent parfois selon des automatismes conditionnés, sans souci de la souffrance de leurs proies, mais non parce que cette souffrance leur procure un plaisir particulier. Plutôt parce que, dans leur espèce, cela a toujours été ainsi. Ces comportements sont avant tout héréditaires, ou alors induits par des conditionnements événementiels, ou encore voulus par un maître. Tous les ressorts des conflits animaux sont bien sûr observés aussi chez les primates humains qui les accommodent à leur manière sans en modifier fondamentalement la signification : rivalité amoureuse, combat de préséance, lutte pour la terre, pour l'eau, pour la nourriture, pour les richesses, conséquences de la désocialisation et de la déstructuration familiale dans les quartiers défavorisés des villes, fureur d'une foule affamée, brutes patentées programmées à tuer… Rien de très original hélas dans tout cela.

L'invention humaine du mal et de l'inhumanité

En revanche, le tortionnaire, clerc de la « Sainte Inquisition », homme de main du tyran et tyran lui-même, délinquant sadique et pervers, membre d'une bande de soldats engagés dans une guerre de religion ou dans une épuration ethnique, jouit de la terreur de ses victimes, boit ses tourments, s'émerveille de son pouvoir. Ce qu'il envisage de l'immense détresse de la personne torturée magnifie sa propre puissance. Aucun animal non humain n'est capable d'une telle sauvagerie. Seul l'humain le peut. Lui seul est parfois inhumain ; la « bestialité » lui appartient. Elle est pour sa part irréductible par l'éducation seule. Nombre de pervers et de bourreaux cruels ont un très haut niveau scolaire, voire universitaire. Ils peuvent être épris d'art et de beauté. C'est sans doute le cas de Mohammed ben Salmane, comme ce fut le cas de nombreux chefs nazis. Le seul rempart imparfait contre la cruauté humaine est d'ordre social : il passe par l'édification de normes (les déclarations des droits de l'humain) et par l'efficacité des systèmes éventuellement répressifs pour les faire respecter et pour punir ceux qui y contreviennent. Systèmes internationaux lorsque se manifeste la cruauté institutionnelle.

En bref, l'humain a innové aussi dans ce domaine ; il a inventé le mal gratuit, la violence idéologique, le bouc émissaire, l'intolérance et le mépris. Contrairement au tueur animal, le tortionnaire humain est bien sûr capable de se mettre à la place de sa victime, d'en appréhender l'angoisse, l'épouvante, la souffrance. Et c'est de cela dont il se délecte. L'animal cruel ne martyrise guère les siens alors que le bourreau inhumain, jouissant de l'image qu'il se fait de la détresse et de la terreur d'autrui, en fera l'objet préféré de sa barbarie. L'épouvante de la victime est même si prisée qu'elle constitue le ressort du *happy slapping*, spectacle fort à la mode dans les quartiers difficiles des grandes villes : des agressions, allant parfois jusqu'au viol et au meurtre, sont perpétrées par des jeunes qui s'arrangent pour être filmés sur leurs téléphones portables. La séquence sera diffusée sur Internet, authentifiant les exploits de l'agresseur – être remarquable aux yeux des siens puisqu'il est susceptible d'inspirer une telle peur panique. Les pires barbares peuvent se révéler fort compatissants envers le monde animal. Nombre de nazis sanguinaires sévissant dans les camps vouaient par ailleurs un véritable culte à la nature et aux bêtes. L'invention de l'inhumanité proprement humaine apparaît être une conséquence supplémentaire du desserrement de l'étreinte des déterminismes naturels et de la diversification des sources de plaisir. Le premier processus est bien sûr essentiel à l'idée de liberté : l'homme a l'impression de ne pas faire uniquement ce que la nature lui commande, mais aussi de réaliser ce qu'il désire, confronté le cas échéant aux interdits sociaux et moraux et à l'objectif du devoir. Ce dernier terme ne saurait être tout à fait indépendant du désir et du plaisir, en ce qu'il n'apparaît pas réaliste d'imaginer que quiconque, un saint ou un héros, se décrète un devoir dont l'accomplissement lui ferait durablement horreur. Un homme (ou une femme) de devoir persistera d'autant plus dans la voie qu'il s'est tracée que celle-ci lui apportera finalement une satisfaction morale génératrice de plaisir. Il n'empêche, l'équilibre variable entre les ressorts du désir, du devoir et des contraintes sociales explique qu'un être qui se pense libre puisse faire du malheur d'autrui, savouré en pensée, observé ou infligé, l'objet de son plaisir. Il s'ensuit que, dans le domaine de la cruauté et de l'inhumanité aussi, l'homme est d'une inventivité inégalable.

Notre espèce est, bien entendu, la seule capable de tuer et de se faire tuer pour des idées, au nom d'un schéma mental, en général collectif, redéfinissant sur des bases non ethniques les siens et les autres. Le rejet de l'intrus, voire l'hostilité systématique envers les individus extérieurs au groupe est, nous l'avons vu, un ressort de la violence qui n'est pas propre à l'homme. En revanche, ce dernier est le seul à pouvoir donner une définition religieuse, philosophique, politique ou idéologique au groupe ou à la famille pour la défense ou la prééminence desquels il convient de lutter, de risquer sa vie et de prendre celle des autres. De plus, les possibilités psychologiques propres à l'homme l'amènent à étoffer les motivations de son hostilité aux étrangers, aux infidèles, aux barbares, etc. La sensibilité élective de l'esprit humain à l'imprégnation idéologique et religieuse facilite tous les conditionnements psychiques et comportementaux qui constituent l'un des mécanismes les plus évidents de la barbarie de masse. L'autorité religieuse ou celle du chef, référence suprême, conforte sans peine l'évidence de la prééminence morale, spirituelle ou naturelle de la cause défendue. Les fidèles de cette loi, les serviteurs de ce chef, les membres de cette communauté élue ne peuvent douter de la légitimité et de la supériorité de leur manière d'être et de penser, de la singularité qu'elle induit par rapport à tous ceux qui ne procèdent pas de cette fraternité de groupe. La certitude de représenter la société des êtres aboutis empruntant la voie bonne a comme corollaire une suspicion vite teintée d'agressivité envers tous les autres. Puisque la qualité morale de l'engagement des miens va de soi, l'attitude des autres est, au mieux, amorale, au pire immorale. Les Croisés de la lumière et du bien peuvent aisément se convaincre qu'il est de leur devoir de diffuser, voire d'imposer la splendeur de la vérité au monde entier. Si, au sein de ce dernier, persistent des îlots de résistance, voire émergent des velléités de reconquête, s'enchaîne le mécanisme infernal qui conduit à ce que l'histoire de l'humanité a tant de fois illustré : les massacres en chantant, certitude contre certitude, héroïsme contre héroïsme, fanatisme contre fanatisme. Nous sommes alors tout à fait au cœur des guerres humaines, des croisades, des luttes millénaires des forces du bien contre les forces du mal, chacun tenant le même discours en se contentant d'en inverser les destinataires. Il s'avère, en définitive, que le penchant de chaque homme à attribuer des pensées et une valeur morale à tout autre peut constituer le catalyseur d'une violence décuplée envers autrui soupçonné ou accusé de mettre en péril, par ses idées, le corpus culturel et intellectuel de la communauté, corpus dont la qualité et la supériorité ne sauraient faire de doute. C'est la certitude qui se révèle ici criminogène et non l'interrogation sur les états mentaux d'autrui. Les attentats islamistes du 11 septembre 2001 ont marqué l'histoire et les esprits. Un groupe de jeunes hommes parmi les plus éduqués de leurs pays, étudiants de grandes universités étrangères, précipitèrent les avions qu'ils avaient détournés sur les tours jumelles de New York et d'autres édifices, emportant des milliers de personnes du monde entier dans leur mort. Dieu l'avait voulu, ses interprètes sur terre l'avaient relayé. À l'inverse, le doute systématique quant au bien-fondé des concepts et des valeurs dans lesquels se reconnaissent les nôtres et les autres, la curiosité qui découle des modes de raisonnement et des solutions venus d'ailleurs, c'est-à-dire l'attente et l'espoir nés de l'étrangeté d'autrui, sont de nature à ôter toute légitimité aux confrontations autres qu'intellectuelles pour les idées et les croyances. Un tel état d'esprit ne débouche pas sur la tolérance, souvent méprisante, envers les errements d'autrui, mais sur le sentiment que, en bien des domaines, l'étranger peut avoir raison.

L'homme est un animal de vérité. Il ne peut manquer de vouloir donner sens aux phénomènes et aux événements chaotiques auxquels il est confronté. Ses capacités psychologiques lui permettent également de transférer sur d'autres des tensions et des pulsions auxquelles il ne semble plus lui-même en mesure d'échapper. Tels sont constitués les fondements de la désignation par une collectivité d'un bouc émissaire, processus exploré en détail par René Girard[1]. Pour lui, l'altérité devient toujours mimétique, aboutis-

1. René Girard, *Le Bouc émissaire*, Grasset, 1982.

sant à ce que chacun désire de toutes ses forces posséder ce que l'autre possède, être ce que l'autre est. La conséquence en est la répétition inéluctable des tensions sociales qui, malgré les dispositifs politiques d'organisation de la communauté conçus à des fins d'apaisement des conflits, atteint un niveau tel qu'elle menace gravement la survie du groupe et de chacun de ses membres. Ne pas succomber à l'effarement et au découragement que provoque le chaos ambiant, celui des structures et des esprits, passe par l'identification d'une logique maléfique à l'origine de la situation. Le plus simple, et en conséquence la solution à laquelle l'homme a eu recours depuis ses origines, est de personnaliser cette logique, c'est-à-dire d'en assigner la source à l'être du bouc émissaire. Il est certes possible d'invoquer les forces du mal, le pouvoir des démons. Ceux-ci étant cependant peu accessibles au courroux des hommes, ces derniers ont comme unique solution de s'en attirer les bonnes grâces par le biais de sacrifices susceptibles de leur plaire. Le résultat apparaît donc similaire dans l'un et l'autre cas. Le groupe, par un processus collectif passant ou non par l'autorité à laquelle il défère, désigne ceux qui ont déchaîné les esprits malfaisants et, de la sorte, sont responsables de la crise mimétique à laquelle la société risque de succomber. C'est sur eux que seront momentanément transférées les tensions qui déchirent le groupe, tensions que l'on tentera d'éliminer par la mise à mort des victimes expiatoires dont le sacrifice permettra de renouer, pour un temps, les liens sociaux. Les premiers chrétiens dans l'Empire romain, les Juifs dans la chrétienté, les Arméniens en Turquie, les Tutsis au Rwanda... autant d'exemples historiques témoignant des méfaits réitérés de cette expression particulière des dispositions symboliques de l'homme.

L'agressivité animale des chiens, par exemple, peut être exacerbée ou apaisée par le regard humain. Des animaux dominants le ressentiront sans doute comme un défi et une menace, alors que d'autres le percevront comme un signe de leur infériorité hiérarchique et manifesteront tous les signes de la soumission. Cette observation vaut aussi, pour l'essentiel, chez les humains. En revanche, l'homme diffère des autres animaux quant à sa réaction à l'indifférence. Je n'avance pas que les animaux soient en général insensibles à la négligence de la part de leur maître. Je me rappelle ma mésaventure avec l'une de mes juments, Uline-des-Prés, dont, pendant la période des vacances, je m'occupais quotidiennement – ce à quoi elle paraissait prendre un réel plaisir. Cet animal n'avait jamais manifesté aucun signe d'agressivité envers moi. Elle me témoignait même quelque tendresse. Puis la jument rejoignit un club hippique que mon épouse et moi avions créé. Pris alors par les soins et l'entraînement de tous les autres chevaux du club, je fus amené à la délaisser quelque peu. Un jour, alors que je passais devant son box sans lui jeter un regard pour me diriger vers d'autres montures, Uline-des-Prés me saisit par l'épaule, bouche grande ouverte, et me mordit avec force. Difficile de ne pas évoquer pour expliquer sa réaction l'hypothèse de la jalousie, ou alors de la colère provoquée par la frustration d'être privée de l'attention de son maître, source de plaisir. Chez l'homme, un tout autre phénomène se surajoute aux conséquences émotionnelles du délaissement. *Homo sapiens* ne trouve pas uniquement du plaisir à son commerce avec autrui, ce dernier lui est à l'évidence indispensable pour s'humaniser. Aucun d'entre nous n'est capable de s'édifier, de se connaître lui-même, c'est-à-dire d'exister en tant qu'être conscient sans le concours des autres. J'ai déjà souvent discuté en détail de cet échange humanisant entre des êtres qui constituent les uns pour les autres des miroirs déformants où chacun apprend à s'approprier son image à travers le regard d'autrui. De quelque manière qu'on le ressente et qu'on l'exprime, nous ne vivons que par les autres et pour les autres, deux termes qui sont complémentaires et non pas contradictoires. Aussi, le sentiment d'une absence de réciprocité, la sensation de son insignifiance au regard d'autrui, l'idée que l'autre nous dénie toute capacité de l'influencer, c'est-à-dire, pour lui, toute utilité, constituent une agression psychologique d'une incroyable violence. Plutôt que le mépris, plutôt que de ne pas être, on est prêt à tuer, et à ne plus être, c'est-à-dire à mourir. Le mépris rend fou ceux qui en sont l'objet, puisqu'on leur conteste par ce biais la possibilité d'exister en tant qu'êtres raisonnables en échange permanent avec leur entourage. Seul le regard de l'autre peut achever de nous instituer dans notre humanité. Son refus ou sa vacuité nous maintiennent dans une situation de frustration et de quête désespérées susceptible de conduire à des réactions d'une violence extrême.

Innombrables sont les émeutes de minorités ethniques, de communautés pauvres justifiées par le sentiment de mépris; les actes individuels de violence perpétrés par qui s'est senti dédaigné, humilié. De grands criminels n'avaient pour motivation que d'exister enfin, d'attirer l'attention sur eux et de capter l'intérêt, de compter pour la société, au moins une fois dans leur vie, d'être à la une des journaux. L'exemple de Richard Durn, le tueur de Nanterre, est à ce titre exemplaire. Cet homme médiocre, allant d'échec en échec, ou du moins le ressentant comme tel, n'imagina pas d'autre moyen d'être enfin en pleine lumière que de tuer, par un geste gratuit, huit membres du conseil municipal, le 27 mars 2002. « Ils ne me regardent pas, ils ne me voient pas, et donc je les tue, on sera alors bien obligé de faire attention à moi, j'aurai prouvé que j'existe... »

Au total, l'homme utilise le desserrement des contraintes biologiques auxquelles il est soumis pour diversifier les ressorts de son recours à la violence, parfois pour l'exorciser. L'humanisation partiellement libératrice des comportements instinctifs repose sur l'échange intersubjectif. La dépendance absolue vis-à-vis de l'autre qui en découle engendre une nouvelle racine de l'agressivité humaine au moins autant qu'elle donne le moyen de la maîtriser. Les moyens de lutte contre les deux types de violence – l'instinctive liée à notre animalité et la spécifiquement humaine en relation avec nos capacités mentales spécifiques – sont de natures différentes. Les premiers reposent sur l'inhibition mentale, éducative, des réactions instinctives violentes. L'éducation tend en fait à « désensauvager » les jeunes humains par des approches à la fois comportementales et réflexives. Tout le système d'approbation, gratification, récompense des actions bonnes et, à l'inverse, de désapprobation, réprimande, voire punition des actions mauvaises équivaut à une forme de conditionnement moral, à faire en sorte que l'action bonne soit associée à des souvenirs et impressions agréables alors que, culpabilisation aidant, les actions mauvaises engendrent des émotions désagréables. L'absence d'une semblable approche comportementale dit beaucoup de la violence ambiante des milieux les plus désocialisés et déscolarisés, celle des « sauvageons » évoqués. Le second type de violence, celui qui est la contrepartie des conditions d'édification de l'esprit humain, relève d'une approche toute différente. Les grands massacres racistes, idéologiques et religieux, les pires atrocités associées, sont souvent le fait de personnes parfaitement éduquées, dont la période nazie et les terroristes du World Trade Center ne sont que des exemples parmi tant d'autres. Contrer ces ressorts par l'éducation reste certes nécessaire mais ne saurait être suffisant. Permettre aux jeunes d'accéder aux références à des normes humanistes supérieures, les ouvrir au doute, condition de la tolérance, leur insuffler l'amour de la liberté de conscience sont des finalités de l'enseignement, qui ne peut jamais être seulement celui des lois de la nature, des réponses aux questions du comment. Il se doit aussi d'aborder la question de la valeur des êtres et de ce qui la fonde, en raison ou en foi. À cette condition seulement, des normes humanistes enseignées, par l'exemple et par l'école, et de la sorte intériorisées, peuvent contrer la pulsion ou l'injonction à tuer, à opprimer, à humilier. Et, après s'être convoqué au tribunal de sa conscience, pousser à tendre la main plutôt que de pointer une arme. Je ne suis cependant pas naïf: si cette ouverture de l'esprit est nécessaire à la lutte contre la cruauté et la sauvagerie humaines, elle n'est en rien suffisante. Victor Hugo déclarait qu'ouvrir des écoles équivalait à fermer des prisons. Ce n'est hélas pas si simple. Ce n'est jamais suffisant chez un être libre de mobiliser son savoir et son intelligence au service du mal.

2

Le bien a-t-il une place dans la vie publique ?

Morale et politique

Candidat en 2012 aux élections législatives à Paris, je me suis efforcé au cours de la campagne de conserver l'unité entre l'homme engagé depuis des décennies dans la réflexion morale, habitué des comités d'éthique, et le participant à une compétition politique. Je ne sais si j'y suis parvenu, mais l'effort m'était naturel. Jeune engagé dans l'action partisane jusqu'à la trentaine, j'avais alors décidé de m'en détourner pour me concentrer plutôt sur la définition et la quête de l'« action bonne » dans les différents registres de l'agir humain. Bien entendu, les circonstances du suicide de mon père et son injonction ultime (« Sois raisonnable et humain ! ») m'y incitaient. Qu'avait-il voulu me signifier en me recommandant d'être humain ? Comment l'est-on ? Cette question posée de cette manière devrait être d'une pertinence particulière pour quiconque propose à des citoyens, à des électeurs, un programme électoral. En effet, ce dernier ne serait guère attrayant s'il n'impliquait la promesse d'une amélioration des conditions de vie et d'épanouissement, de ses électeurs au moins. Le « sang et les larmes » annoncé par Winston Churchill aux Britanniques en pleine Seconde Guerre mondiale, tout appel à la mobilisation et à l'effort, ne valent que par ce qu'ils permettent de combattre et de surmonter l'oppression, le malheur, la pauvreté. Ce sont des exigences pour garantir un accès possible à une société et à une vie désirables. Or l'objectif de réunir les conditions les plus favorables à la « vie bonne » des personnes, à leur épanouissement non contraint, de leur permettre l'exercice de la liberté au sein d'une communauté humaine bienveillante et juste, est aussi celui de l'éthique. Il m'est apparu dès lors logique de délaisser, sans en nier l'importance ni en contester le principe, la mécanique des luttes politiques pour me focaliser sur ce qui en principe les justifie, à savoir la confrontation des droits et de la dignité humaine aux réalités évolutives mouvantes d'un monde changeant, évolutif, voire en bouleversement constant. Aussi le candidat Axel Kahn de 2012 organisa-t-il une série de conférences-débats sur les thèmes « Éthique et politique », « Éthique et économie », « La famille en question ».

J'avoue avoir eu un peu de mal à convaincre d'abord les militants de mon équipe de campagne de la pertinence de mon approche, jugée au départ un brin idéaliste et peu adaptée à la rudesse de la confrontation électorale. Seule la victoire est belle, pensent beaucoup de militants ; l'irénisme n'a pas sa place, on se gausse des Bisounours. D'ailleurs, l'efficacité de la stratégie électorale ne dépend-elle pas plus de l'habileté des coups portés à l'adversaire que de la confiance authentiquement engendrée par le programme de campagne ? Par certains aspects, il n'existe plus de vrais débats, propositions contre propositions, mais plutôt des jeux du cirque au centre de l'arène, les électeurs dans les gradins. La victoire ne reviendra pas au débatteur attentif qui répliquera le mieux aux arguments du concurrent mais au gladiateur qui portera le plus rapidement le coup décisif, voire mortel, à son adversaire. L'une des causes de cette évolution réside sans doute dans le rapprochement fondamental, dans le fond, entre les visions du possible. Cela est au moins patent en ce qui concerne les partis dits de gouvernement, du « cercle de la raison », selon l'expression d'Alain Minc[1]. Or il existe trois motivations traditionnelles et légitimes au désir de représenter un parti politique à des élections. La première est une adhésion d'ensemble aux propositions du programme que l'on aura à présenter et promouvoir, la conviction qu'il possède un authentique potentiel d'améliorer la vie des gens. La seconde repose sur la confiance des candidats en leur capacité à défendre efficacement le programme de leur parti. Et la dernière motivation est de l'ordre de l'ambition personnelle, de l'intérêt de

1. Déclaration d'Alain Minc à l'émission *L'Heure de vérité* du 6 novembre 1994 (en ligne sur www.laculturegenerale.com/alain-minc-le-cercle-de-la-raison).

la candidature, le cas échéant de l'élection, pour le déroulement de la carrière du candidat et l'atteinte des objectifs qu'il s'est fixés. Cette ambition n'est en rien illégitime sur le plan moral, mais sa vacuité lorsqu'elle se résume presque en la promotion de soi est plus problématique. Or l'une des évolutions importantes de l'offre politique des partis susceptibles d'accéder au pouvoir est le consensus indicible et plus ou moins caché des différentes formations politiques sur l'essentiel de la manière de conduire les affaires. Il s'ensuit un déséquilibre majeur entre les motivations de l'engagement et une place prépondérante prise par la poursuite d'un dessein individuel. Mais si lutter pour la victoire de propositions favorables à l'épanouissement des citoyens, à leur bien-être et à leur liberté peut se prévaloir d'une dimension morale, cela n'est plus de mise avec une démarche mue d'abord par l'ambition. Sans référence à des valeurs explicites, le risque devient immense que tous les coups soient permis. Et telle est la raison majeure pour laquelle, de fait, ils le sont. Si « seule la victoire est belle » et qu'il s'agit essentiellement de la sienne, la référence au combat à mort des gladiateurs déjà évoquée s'impose. Cet univers ne saurait en rien être celui du bien et du mal !

Relevant que l'indifférenciation fondamentale des programmes politiques tend à exacerber la rivalité purement personnelle entre les candidats – elle est d'ailleurs maximale lorsqu'ils sont issus d'une même formation –, je me garderai de suggérer que la vertu politique se cantonnerait aux mouvements en marge du système. Beaucoup d'entre eux, en effet, ne profitent pas de leur position extérieure au « cercle de la raison », à la « pensée unique » chère à mon frère Jean-François Kahn, pour privilégier leur sincérité mais plutôt pour s'en affranchir radicalement. Les propositions n'ont souvent plus qu'un lointain rapport avec ce que pensent les personnalités qui les émettent. Elles se ramènent plutôt à la somme de ce que les études d'opinion présentent comme les sentiments et pulsions de citoyens confrontés à leurs difficultés, frustrations et colères. Sans aucune référence à une réflexion sur les valeurs. Lorsque par exemple la crise mimétique théorisée par René Girard[1] déjà cité conduit la population à se retourner contre le bouc émissaire, prête à l'holocauste symbolique ou effectif, ces dirigeants politiques sont ardents à se porter à la tête des sacrificateurs, à exacerber leur rage. L'abandon de toute réflexion politique et morale sur la nature des difficultés ressenties par les gens et la disponibilité à s'aligner sur leurs réactions instinctives quelles qu'elles soient, même au prix d'une légitimation politique de la haine, de la stigmatisation de l'autre, parfois du racisme, est une négation élémentaire du principe de réciprocité, fondement de la morale et de l'éthique. C'est aussi une désertion du devoir de tout responsable public de savoir certes écouter la manifestation de toutes les détresses, mais aussi d'être capable de les qualifier et d'amener les personnes à en questionner la forme et le fond. La stratégie du succès individuel est fondée sur la seule adhésion aux réactions spontanées des citoyens sans

1. René Girard, *Le Bouc émissaire, op. cit.*

souci d'en apprécier la pertinence, voire l'acceptabilité au regard des conditions du vivre-ensemble. Nous sommes alors face à la plus évidente des immoralités.

Même pour la plus vertueuse des personnes politiques, un programme électoral ne saurait jamais se réduire à la poursuite d'un dessein moral. De nombreux choix qui importent aux citoyens sont en deçà du bien et du mal. Le cas échéant, au-delà. C'est d'ailleurs là l'une des nombreuses critiques faites par G. W. F. Hegel à la notion d'« impératif catégorique » d'Emmanuel Kant, ce que la raison présente à la volonté comme nécessaire. « Rien de grand ne s'est accompli dans le monde sans passion », rétorque Hegel dans son ouvrage *La Raison dans l'histoire*[1], peu convaincu de l'efficience en cette matière de la poursuite rationnelle d'une morale universelle. Pourtant, si ramener un projet politique à la poursuite du bien serait absurde, évacuer la question morale du domaine de la politique l'est tout autant. Non seulement parce qu'elle n'est pas dissociable de sa raison d'être, je l'ai dit. Mais aussi en ce qu'une politique convaincue d'être immorale sera toujours combattue sur ce seul aspect (je m'apprête à l'illustrer en ce qui concerne les projets de réforme constitutionnelle). Un autre épisode me revient en mémoire où j'ai été amené à dénoncer un projet d'amendement comme immoral. Le 23 octobre 2007, peu après l'élection de Nicolas Sarkozy à la présidence de la République, une loi sur l'immigration amendée sur proposition de Thierry Mariani est votée par le

1. G. W. F. Hegel, *La Raison dans l'histoire* [1837], Pocket, 2012.

Parlement français. L'amendement en question soumet le regroupement familial des personnes immigrées à la présentation de tests génétiques de paternité. Prenant connaissance de cet amendement, je bondis aussitôt et me mets à batailler dans les médias pour le dénoncer. En particulier comme immoral. C'est que je me sens concerné au premier chef. Commissaire du gouvernement en 1992 pour l'écriture et l'examen en première lecture de la première version de la loi de bioéthique, j'avais obtenu que, en matière de filiation, l'utilisation des tests génétiques requière l'autorisation préalable d'un juge. Je voulais éviter qu'une paternité puisse, dans une famille établie avec des enfants, être dénoncée de manière unilatérale, après une scène de ménage par exemple. La violence d'une telle action pour des enfants brutalement répudiés par leur père m'apparaissait insupportable, susceptible d'engendrer un traumatisme irréversible. Je rappelais la double nature de la parentalité, par le sang – la biologie et les tests, certes – mais aussi par le cœur. J'ai encore le souvenir très net de cette séance de nuit consacrée à la discussion du projet de loi au palais Bourbon, à laquelle j'assistais sur le banc du gouvernement. Comprenant mal la différence entre les tests génétiques à des fins de diagnostic et ceux à des fins de filiation, un député avait proposé de supprimer l'obligation d'une saisine judiciaire pour les seconds. Je proposai alors au ministre de demander une interruption de séance durant laquelle j'expliquai les enjeux de cette différenciation et de l'obligation de passer par un juge en matière de filiation. L'article de loi fut en définitive adopté en première lecture – et confirmé en seconde lecture en 1994 – dans sa formulation initiale. Il a été conservé lors des révisions successives de la loi. Or l'adoption de l'amendement Mariani à la loi sur l'immigration aboutissait à ce que la famille n'ait plus les mêmes contours selon qu'elle est autochtone ou bien selon qu'elle concerne des personnes immigrées. Ne sachant se limiter à sa composante génétique dans le premier cas, elle reposait de façon décisive sur elle dans le second. Balayée, l'universalité de droits humains essentiels. Profondément immoral ! La bataille fut âpre et prolongée. Aucun décret d'application de l'amendement Mariani ne fut jamais publié. Je rappelle cet épisode parce que j'y ai été mêlé, que j'ai pu influer sur son cours, non en tant qu'exemple éclatant de l'immoralité en politique. Cette dernière – j'y ai fait allusion en évoquant le sacrifice du bouc émissaire – est mieux illustrée par tous les appels au racisme, à la haine des autres pour ce qu'ils sont (femmes, personnes homosexuelles...), voire par les incitations au meurtre, au pogrome, au génocide. Dans l'histoire, de telles forces mauvaises sont souvent parvenues au pouvoir par un processus démocratique. Le paradoxe du bien et de la démocratie mérite par conséquent d'être analysé en détail.

Le bien et la démocratie

En plein débat parlementaire, à la fin de l'année 1947, Winston Churchill, retourné au statut de chef de l'opposition après la victoire surprise en 1945 des travaillistes de Clement Attlee, déclare : « Beaucoup de formes de gouvernement ont été testées, et seront testées dans ce monde de péché et de malheur. Personne ne prétend que la démocratie est parfaite ou omnisciente. En effet, on a pu dire qu'elle était la pire forme de gouvernement à l'exception de toutes celles qui ont été essayées au fil du temps ; mais il existe le sentiment, largement partagé dans notre pays, que le peuple doit être souverain, souverain de façon continue, et que l'opinion publique, exprimée par tous les moyens constitutionnels, devrait façonner, guider et contrôler les actions de ministres qui en sont les serviteurs et non les maîtres. » L'aphorisme du « pire système à l'exclusion de tous les autres » s'impose de façon pratiquement universelle, déconnecté du reste de la citation. Pourtant, tous les mots de Sir Winston sont à considérer pour résoudre le paradoxe d'une démocratie parfaitement susceptible d'engendrer des majorités, des lois et des pratiques sans conteste immorales. Les exemples en sont très nombreux. Les élections législatives de 1932 et 1933 en Allemagne font du parti national-socialiste de Hitler le plus important du pays, avec 37 % puis 44 % des suffrages. En Algérie, le premier tour des élections législatives de 1991 plébiscite le Front islamique du salut (FIS) qui obtient 48 % des suffrages. Le second tour est annulé et l'Armée nationale populaire prend le pouvoir. La décennie noire qu'inaugure ce coup d'État a coûté au pays des atrocités inouïes et 200 000 morts. En Égypte, Mohamed Morsi, représentant des Frères musulmans, est largement élu en mai 2012 avant d'être déposé par le coup d'État sanglant d'Abdel Fattah al-Sissi. Un millier de civils réunis pour protester contre le putsch est tué en une seule journée. Dans le cas de l'avènement de Hitler à la chancellerie, la démocratie telle qu'elle s'exprime dans un pays en proie à de violents combats de rue conduit à une dictature impitoyable et à un invraisemblable désastre pour le monde entier. Dans les deux autres exemples, des coups d'États sont perpétrés au prétexte d'éviter de tels scénarios et débouchent eux aussi sur des dictatures. Ces trois exemples de l'histoire ne nous renseignent en rien quant à la possibilité de résoudre cette contradiction entre le moins inacceptable de tous les systèmes (la démocratie) et l'évidence qu'elle conduit souvent à des désastres. Le peuple souverain n'est pas toujours moral et sage, personne ne doit s'en étonner.

Depuis la démocratie grecque et celles du siècle des Lumières et de la Révolution française, différentes parades ont été imaginées à cette incapacité de la démocratie à se préserver par elle seule du pire. L'article 2 de la Déclaration des droits de l'homme et du citoyen de 1789 fait de la résistance à l'oppression l'un des droits fondamentaux. Le texte de 1793 va beaucoup plus loin dans son article 33 qui déclare : « Quand le gouvernement viole les droits du peuple, l'insurrection est, pour le peuple et pour chaque portion du peuple, le plus sacré des droits et le plus indispensable des devoirs. » « Pas de liberté pour les ennemis de la liberté ! » s'écrie Saint-Just, dans l'esprit de cet article. Aucun de ces garde-fous n'est hélas vraiment opérant. La Terreur de 1793 s'en inspire, et les militaires algériens de 1991 aussi bien qu'Al-Sissi en juillet 2013 pourraient se réclamer de Saint-Just en s'opposant aux résultats d'élections raisonnablement libres : « Pas de liberté pour les ennemis de la liberté. » La démocratie américaine, dans la logique de *L'Esprit des lois* de Montesquieu, tente de garantir l'étanchéité de la séparation des pouvoirs. C'est là un moyen de préserver la démocratie du risque de « dictature de la majorité », selon l'expression de Benjamin Constant dans ses *Principes de politique*[1]. Alexis de Tocqueville parlera pour sa part de « despotisme » ou de « tyrannie de la majorité ». La multiplication des pouvoirs intermédiaires, régionaux, professionnels, etc., un peu sur le modèle des jurandes d'Ancien Régime, représente aussi une sécurité adoptée par les jeunes États-Unis d'Amérique et vantée par Tocqueville dans *De la démocratie en Amérique*[2]. Multicamérisme, séparation des pouvoirs, instances indépendantes de recours et de contrôle de la conformité des lois, corps intermédiaires à l'autonomie protégée sont des solutions adoptées en des proportions diverses par toutes les démocraties stables des temps modernes conscientes des dangers possibles de la seule application de l'incontestable principe majoritaire. Là encore, aucune de ces dispositions n'offre de garantie absolue contre l'avènement d'une oppression annoncée et validée par le suffrage universel, contre la victoire de l'empire du mal. Il n'a pas fallu un an à Adolf Hitler après que, majoritaire, il a été appelé à la chan-

1. Benjamin Constant, *Principes de politique* [1815], Guillaumin, 1872.
2. Alexis de Tocqueville, *De la démocratie en Amérique* [1835], Robert Laffont, 2012.

cellerie, pour balayer toutes les garanties constitutionnelles de la République allemande et annihiler toute possibilité d'exercice du droit à l'insurrection, voire de son devoir.

Il est douloureux pour un démocrate épris de liberté que la libre démocratie puisse tourner le dos au bien avec presque autant d'efficacité que les autres formes de gouvernement. Cette mise en cause du « peuple souverain » alimente le discours de tous les partisans d'un pouvoir confisqué par les religieux (théocratie), les « sages » (inventons le mot de « sophocratie ») ou autres « élites » oligarchiques, voire le monarque, plus ou moins éclairé. Si pourtant on ne se résout pas à désavouer Sir Winston, il convient d'avancer encore d'autres arguments en faveur de la supériorité morale de la démocratie sur les autres systèmes. Je m'y emploie à l'aide de ce que je nomme le « paradoxe d'Antigone ». Créon, le monarque, veut mettre fin aux luttes fratricides et à leur cortège de malheurs. C'est là une volonté sage, Créon a raison. Pour parvenir à ses fins, il interdit de donner sépulture aux contrevenants tombés au combat. Les deux frères d'Antigone s'affrontent pourtant ; ils s'entretuent. C'est là une conséquence déplorable de leur désobéissance à une loi juste. Créon sévit pour l'exemple, il interdit d'ensevelir l'un des frères, Polynice. On ne peut le lui reprocher. Au nom d'un devoir qu'elle juge inconditionnel et supérieur, d'un devoir sacré, la sœur décide d'enfreindre la loi, elle ensevelit Polynice. Elle viole de la sorte une loi bonne et contrecarre les efforts légitimes du roi pour mettre un terme à l'hémorragie de jeunes vies. Il faut sévir, la loi a été bafouée. À ce stade du conflit entre Créon et Antigone, on est tenté de donner plutôt raison au premier. Mais Créon est un tyran. Non seulement il punit Antigone mais il la fait mourir. Le peuple souverain qui se serait donné un cadre institutionnel et constitutionnel de gouvernement n'aurait pas agi ainsi. Convaincu de la valeur de sa loi, il aurait tenté de la faire respecter et prévu des sanctions pour les contrevenants. Cependant, conscient de pouvoir se tromper, il aurait aussi aménagé les droits de l'opposition et offert un cadre institutionnel à la manifestation de sa contestation, de l'ordre de la liberté d'opinion, liberté de la presse, liberté de manifestation, liberté d'association. Pour revenir à la citation de Churchill, ce n'est pas en raison de la sagesse obligatoire de ses décisions que la démocratie l'emporte en fin de compte sur toute autre forme de gouvernement : c'est par la vertu de sa capacité organisée à réparer ses erreurs. À la stricte condition que soit préservée cette capacité. C'est pourquoi, pour reprendre les trois exemples évoqués de l'Allemagne, de l'Algérie et de l'Égypte, ils aboutissent tous, par des mécanismes différents, à la suppression de ces libertés formelles et par conséquent de l'aptitude à combattre des décisions mauvaises : parce que le peuple souverain a accordé – dans l'atmosphère de l'Allemagne d'après la Grande Guerre accablée par la crise de 1929 – une importante avance au parti de Hitler qui se proposait ouvertement de ne plus lui redonner la parole, dans le premier cas ; ou bien parce que, pour éviter un tel scénario, des pouvoirs autoritaires ont interrompu le processus démocratique dans les deux autres exemples. Les meilleures chances de la démocratie à trouver souvent sinon la voie bonne, au moins la moins mauvaise en se préservant de la pire, résident dans l'affirmation conjointe du poids de la volonté populaire et dans la conscience qu'elle est fort susceptible de se fourvoyer. Et qu'il importe dès lors de faciliter sa rectification. Alors le chemin sinueux de la démocratie, semé d'impasses et de fausses routes, sera le mieux à même d'éviter de persévérer dans le pire. Merci, Sir Winston.

Constitution et valeurs

J'ai expliqué plus haut combien la réflexion menée avec les membres de la commission Veil sur le préambule de la Constitution française m'avait passionné. C'est que les constitutions en général, j'imagine, et les constitutions de la République française depuis 1793 en particulier, sont conçues comme l'exposé des principes d'organisation de la République qui garantissent le respect des valeurs explicites qui la fondent. Dans sa Constitution, la République définit ce que sont pour elle la voie bonne, ses principes et l'organisation qui permet aux citoyens d'y cheminer. Nulle part la question morale ne s'applique en politique plus qu'en ce qui concerne les principes constitutionnels. Je ne pouvais que sursauter aux projets de réforme de la Constitution française soutenus par le président François Hollande en février 2016.

Dans le contexte des dramatiques attentats de janvier et novembre 2015 à Paris, longuement évoqués ci-après, le président soumet à l'Assemblée nationale, au Sénat, avant ratification éventuelle par la majorité des deux tiers du Congrès, les deux articles suivants.

L'article 1 concerne l'inscription dans la Constitution des conditions de déclaration de l'état d'urgence : « L'état d'urgence est déclaré en Conseil des ministres, sur tout ou partie du territoire de la République, soit en cas de péril imminent résultant d'atteintes graves à l'ordre public, soit en cas d'événements présentant, par leur nature et leur gravité, le caractère de calamité publique.

« La loi fixe les mesures de police administrative que les autorités civiles peuvent prendre pour prévenir ce péril ou faire face à ces événements.

« La prorogation de l'état d'urgence au-delà de douze jours ne peut être autorisée que par la loi. Celle-ci en fixe la durée. »

L'article 2 aborde le sujet de la déchéance de nationalité et spécifie : « La loi fixe les conditions dans lesquelles une personne peut être déchue de la nationalité française ou des droits attachés à celle-ci lorsqu'elle est condamnée pour un crime ou un délit qui constitue une atteinte grave à la vie de la Nation. »

La promesse de cette révision constitutionnelle a été faite devant le Congrès réuni quelques jours après les attentats du 13 novembre 2015 et a été accueillie dans l'émotion de l'instant par des applaudissements nourris. La majorité des Français, pas forcément versés dans les spécificités respectives de la Constitution et de la loi, ne pouvaient qu'être favorables au retrait hors de la Nation de terroristes qui les avaient agressés et à ce que le pays se donne dans l'urgence les moyens de se défendre. Cependant cette annonce me mit immédiatement en émoi, émotion vite partagée par les constitutionnalistes et de nombreux citoyens et mouvements politiques. L'article 1 n'était pas en cause, juste inutile. Aucune réforme constitutionnelle n'était apparue nécessaire auparavant pour décréter à plusieurs reprises l'état d'urgence dans notre pays. De même, des articles de loi, utilisés notamment après la Seconde Guerre mondiale, permettent des mesures de déchéance de nationalité : l'article 2 de la réforme proposée ne s'imposait donc pas.

Tout a déjà été dit du caractère circonstanciel de ce projet, de son inaptitude à dissuader quelque terroriste que ce soit d'agir, de la difficulté extrême à l'appliquer puisque les autorités du second pays dont les délinquants auraient la nationalité n'accepteront jamais chez eux des terroristes dont la France ne voudrait plus. Je désire en revanche expliquer pourquoi il m'est apparu que ce projet de révision constitutionnelle mettait en cause des fondements essentiels du pacte républicain. Et de ce fait la raison qui a motivé à l'époque mon ardent engagement en défaveur du projet. Revenons d'abord sur la nature et le rôle respectifs de la Constitution et de la loi. La Constitution dit l'organisation de l'État et les règles qui le régissent en vue de l'application de principes fondateurs. Certains sont repris sans modification de la Déclaration des droits de l'homme et du citoyen de 1789. La loi décrit pour sa part les moyens juridiques de s'adapter à la vie réelle, de faire face aux situations rencontrées en évitant de contrevenir, sinon à la lettre stricte, au moins à l'esprit des valeurs de la République.

Prenons l'exemple du célébrissime article 1 de la Déclaration et des constitutions successives des républiques françaises : « Tous les hommes naissent et demeurent libres et égaux en droits. » Le terme « les hommes » s'applique ici sans ambiguïté aux citoyens en France, c'est-à-dire aux Français. La loi, à travers les Codes civil et pénal, prévoit pourtant de nombreuses situations de privation de liberté sans qu'il y ait là de contradictions avec les principes de 1789. En effet, les rédacteurs de la Déclaration des droits de l'homme et du citoyen ont aussi énoncé dans son article 4 que « la liberté consiste à pouvoir faire tout ce qui ne nuit pas à autrui : ainsi, l'exercice des droits naturels de chaque homme n'a de bornes que celles qui assurent aux autres membres de la société la jouissance des mêmes droits ». Or il existe, hélas, des voleurs, des agresseurs et d'autres délinquants qui attentent gravement à la liberté de la majorité des citoyens qu'il convient dès lors de protéger par des lois punissant les contrevenants en fonction de la gravité de leurs actes. Pourtant, le principe inchangé est bien que tous les hommes naissent et demeurent libres.

De la même manière, les droits égaux dont tous les Français jouissent depuis leur naissance peuvent bien entendu être menacés par des ennemis, armée étrangère ou terroristes s'attaquant à la France en tant que telle. La loi prévoit que, dans ces conditions, tout Français, sans préjudice de la possession d'une seconde nationalité, qui sert dans une armée étrangère ou une autre organisation internationale hostiles à la France et à ses citoyens peut être déchu de sa nationalité (article 23-8 du Code civil) : « Perd la nationalité française le Français qui, occupant un emploi dans une armée ou un service public étranger, ou dans une organisation internationale dont la France ne fait pas partie ou plus généralement leur apportant son concours, n'a pas résigné son emploi ou cessé son concours nonobstant l'injonction qui lui en aura été faite par le gouvernement. » Plus généralement, l'article 23-7 étend la possibilité de déchéance à tout Français déloyal qui se comporte comme le national d'un autre pays. Enfin, l'article 25 modifié par une loi de 1998 et confirmé par le Conseil constitutionnel en 2015 indique que la déchéance de nationalité est possible à l'encontre de toute personne française par nationalisation si elle s'est rendue coupable de crimes graves commis dans les dix années suivant l'acquisition de la nationalité française, quinze ans en cas d'actes terroristes. Nous le voyons, il n'est nul besoin de modifier la Constitution pour déchoir de la nationalité française de dangereux terroristes menaçant la liberté et les droits des citoyens français, la loi offre tout ce dont on a besoin, dans l'esprit de l'article 1 de la Déclaration de 1789 et de la Constitution.

La dualité des principes constitutionnels et de la loi permet de toujours évaluer un nouveau projet de loi en fonction des valeurs de la Déclaration de 1789 et de la Constitution, ce qui constitue une assurance contre un éventuel usage liberticide de la loi sous l'impulsion de tel ou tel gouvernant. Tant que la législation reste dans l'esprit de valeurs qui fondent les républiques françaises, elle sait toujours s'adapter aux situations rencontrées, comme elle l'a démontré depuis plus de deux cents ans face à des révolutions, guerres et terrorisme. En fait, depuis l'avènement de la Ire République, jamais n'a été votée une révision constitutionnelle amoindrissant, conditionnant, relativisant le principe de 1789 selon lequel « tous les hommes naissent et demeurent libres et égaux en droits ». C'est là en effet un principe essentiel de la République que les lois se sont efforcées de protéger contre tous ceux qui tentaient de le mettre en péril. Plus généralement, la Constitution explicite d'abord les règles positives en accord avec les principes. L'abolition de la peine de mort en 1981 en est une éclatante illustration. Le nouvel article 61 de la Constitution révisée dès les premiers mois du septennat de François Mitterrand et des fonctions de garde des Sceaux de Robert Badinter est ainsi libellé : « Nul ne peut être arbitrairement détenu. L'autorité judiciaire, gardienne de la liberté individuelle, assure le respect de ce principe dans les conditions prévues par la loi. Nul ne peut être condamné à la peine de mort. » Auparavant, la peine de mort était appliquée. Mesure négative en regard des principes constitutionnels, elle n'a jamais figuré dans les constitutions de la République. C'est pourquoi le projet de révision constitutionnelle porté par le président Hollande m'est apparu à proprement parler inouï et désastreux. Il portait atteinte à un socle de valeurs quasi identitaires de la Nation ; il désarmait les recours futurs contre des lois portant atteinte, sans nécessité indiscutable, à l'égalité en liberté et en droit puisque le principe de telles exceptions ferait désormais partie du socle constitutionnel de référence. J'ai été sidéré par ce qui m'est apparu d'une légèreté, presque d'une inconscience, incroyable.

J'ai lu et entendu au plus fort de la discussion sur le projet de révision constitutionnelle des commentaires s'étonnant que l'on s'empoigne sur des «principes abstraits, des grandes valeurs creuses» alors que le pays souffrait du chômage et était attaqué par des ennemis cruels. Curieux commentaires, à dire vrai, lorsque ces valeurs creuses sont un legs des révolutionnaires de 1789 («Liberté, Égalité, Fraternité») et que tant de citoyens sont morts pour les défendre. Curieux aussi car ces mises en cause de la légitimité d'un combat contre la réforme constitutionnelle vue comme portant atteinte à un patrimoine républicain précieux pourrait aussi bien s'appliquer à des dégradations, à des souillures d'autres éléments incontestables du patrimoine national, artistique ou autre. Faudrait-il s'étonner qu'on se mobilisât contre de modernes iconoclastes s'en prenant aux chefs-d'œuvre du Louvre, la *Joconde* ou la *Vénus de Milo*, alors qu'il y a tant de pauvres et d'exclus dans notre pays? Absurde, bien entendu. Eh bien, pour moi, la Déclaration des droits de l'homme et du citoyen est elle aussi un de nos chefs-d'œuvre.

Révolte et terrorisme

Novembre 2014, je suis avec Cabu invité d'honneur du Salon du carnet de voyage à Clermont-Ferrand.

Michel Renaud, fondateur du salon, nous accueille, il anime un grand débat entre nous. Le contact est chaleureux, nous sympathisons. Une photo aujourd'hui émouvante est prise, je suis entre Cabu et Michel Renaud, je les tiens par le cou. Cabu a montré au salon plusieurs planches de dessins, il est convenu que Michel Renaud les lui rapportera début janvier. Il sera invité à cette occasion à une conférence de rédaction de *Charlie Hebdo.* 7 janvier 2015, je suis vers midi dans mon ancien bureau de l'Institut Cochin, j'observe machinalement des tweets. Des coups de feu ont été entendus devant le siège de *Charlie Hebdo,* il y aurait des morts. J'allume la radio. L'attaque de Saïd et Cherif Kouachi a tué douze personnes et six journalistes, dont Cabu et Bernard Maris, un ami cher. Michel Renaud est mort lui aussi. Je suis sidéré, bouleversé, je ne parviens pas à réprimer mes sanglots. Ce qui a été visé dans cette attaque, c'est la liberté de critiquer et de s'exprimer, le talent et l'impertinence. Ce qui s'est manifesté comme lors de tant d'attentats terroristes en particulier depuis ceux du 11 septembre 2001, c'est l'indifférence à la vie, la glorification de la mort, celle des impies et celle, glorieuse, des combattants, persuadés d'accéder en chantant au paradis d'Allah et à ses félicités éternelles. La qualification morale des actes terroristes eux-mêmes à l'aune des critères énoncés du principe de réciprocité conduit à les disqualifier sans nuance. Les terroristes, le plus souvent kamikazes, sont sous la coupe de chefs à dimension religieuse, leur autonomie réelle fondée sur le libre arbitre est des plus limitées. On n'évoque pas même l'autonomie des victimes envers lesquelles leur action manque pour le moins de bienveillance et témoigne d'une certaine malveillance, puis-je avancer en faisant preuve d'un humour désespéré. La destruction aveugle de vies sans même de lien avéré avec l'objet du courroux des terroristes est fort injuste, observation décalée d'où il ne faudrait pas conclure que je considère juste les assassinats plus ciblés. Les frères Kouachi voulaient « tuer *Charlie* » pour venger le Prophète, les journalistes et dessinateurs tels Cabu, Wolinski, Tignous, Charb, Bernard Maris, Honoré étaient visés. Leur action était motivée par les caricatures de Mahomet publiées en septembre 2005 par un quotidien danois, puis reprises en janvier-février 2006 par différents journaux européens, dont *Charlie Hebdo.* Ce journal y ajoutait des dessins de son cru dans sa veine satirique, laïque et anticléricale, qui n'épargne aucune religion. Je ne sais s'il existe des morts justes, leur mort était en tout état de cause fort injuste. Ou plutôt la catégorie de la justice ne s'y applique pas.

En dehors des mouvements politiques et religieux dont les terroristes sont issus et de certains alliés de circonstance, peu de voix s'élèvent dans les pays concernés pour approuver les attentats et absoudre, voire féliciter, leurs auteurs. En revanche, un courant bien plus important et non dénué de desseins humanistes et moraux s'efforce de « comprendre » ce qui les a conduits au passage à l'acte en fonction des frustrations historiques de leur communauté, des trahisons passées des promesses faites à leurs peuples, des conflits coloniaux, néocoloniaux et impérialistes dont ils sont victimes. Et aussi de la prise en considération, lorsqu'il s'agit d'habitants des pays frappés, des frustrations qu'ils ont pu ressentir de l'apartheid économique et culturel qui leur a été imposé, du racisme dont ils ont été victimes. C'est ce que je réunis sous la désignation de « démarche de relativisme compassionnel ». Certes, a-t-on entendu après les attentats de janvier et de novembre 2015 à Paris, de juillet 2016 à Nice, et de tous les autres, les assassins ne peuvent être absous de leurs crimes. Pourtant, ce sont aussi nos enfants, nos élèves, les victimes de la misère sociale et intellectuelle de nos quartiers ; notre responsabilité collective est de la sorte engagée. Faisons tout pour ne pas les stigmatiser davantage, tâchons aussi de les comprendre. Et puis, que pèsent dix-sept morts, voire quelques centaines, comparés aux enfants affamés, aux travailleurs exploités, aux peuples opprimés, à toutes les victimes du « néolibéralisme » ? En regardant de plus près la personnalité des terroristes kamikazes, ceux de France et de Belgique comme les dix-neuf des Twin Towers, une description misérabiliste des déterminants sociaux, économiques et culturels est loin de s'appliquer de façon générale. Les références à l'humiliation et à l'histoire, la solidarité envers des peuples vus comme opprimés sont plus constantes. Pour saisir en partie ce qui se joue et certains des ressorts psychologiques des auteurs des attentats récents, il vaut la peine de relire *Alamut* de Vladimir Bartol[1], publié en 1938. Il y conte l'épisode

1. Vladimir Bartol, *Alamut* [1938], Libretto, 2012.

de l'opposition dans l'Asie centrale du XIe siècle entre le « Vieux de la montagne », chef des Ismaéliens, une branche du chiisme, et les khalifes sunnites abbassides de Bagdad. Les terroristes drogués par du haschisch (les haschichins) assassinent leurs ennemis, pleins de l'espoir d'accéder au paradis d'Allah dont leur maître leur a permis, par une manipulation, de connaître les délices. Un épisode saisissant, vraiment.

Au ressort de la sujétion mentale, par la drogue ou les techniques d'endoctrinement, s'en ajoute une autre liée à la quête individuelle du rachat et de la rédemption, un peu sur le modèle de Frank, le commis déjà évoqué dans la section consacrée au devoir. Un point commun de nombreux jeunes issus de France et Belgique et candidats au martyre est qu'ils ont eu un parcours de délinquants légers, ont souvent connu de courtes peines d'emprisonnement. Ou au moins qu'ils se sont écartés un temps des préceptes de leur religion, ont consommé de l'alcool et des drogues, connu une période d'expériences sexuelles faciles. Ou alors, pire, ne les ont pas connues mais en ont tant été tourmentés dans des « rêves impurs ». Au sein de communautés très marquées par les traditions et les interdits religieux, ces épisodes créent une très grande susceptibilité aux discours de culpabilisation, et une réceptivité aigüe aux enseignements qui promettent le rachat par la religion. Et, en fin de compte, la rédemption suprême par le martyre, avec promesse d'accéder au paradis. La séquence éloignement de la famille, délinquance légère, parfois prison, prise en main par une autorité perçue comme religieuse, pratique intégriste, terrorisme et don de soi est assez caractéristique du parcours de ceux qui passent à l'acte.

La situation des terroristes dans leurs pays d'origine ou d'accueil, le mépris dont ils sentent être l'objet et dont j'ai relevé la violence et le potentiel criminogène, les injustices auxquelles eux-mêmes et leurs peuples sont confrontés, les blessures toujours ravivées de l'histoire, la soumission de leurs pères n'expliquent-ils pas leur révolte ? La question m'a été posée par des jeunes, lycéens ou étudiants, devant lesquels je donnais des conférences. Cette dualité de la soumission et de la révolte est en résonance avec le titre de deux livres que j'ai relu (pour le premier) ou lu (pour le second) après les attentats de janvier 2015, *L'Homme révolté*[1] et *Soumission*[2].

L'Homme révolté a déchaîné à sa parution en 1951 une polémique violente. Excepté quelques amis tels Louis Guilloux, tous sont tombés sur le dos de Camus auxquels des masses d'écrits vengeurs ont été consacrés. S'avisant de ce que *La Peste* publiée quelques années auparavant devait être relue à l'aune des analyses de l'essai, elle a elle aussi fait les frais de cette tempête. Les idées de Camus sont connues, il les a rappelées avec clarté en 1957 dans son discours de réception du prix Nobel à Stockholm. L'homme est révolté ou n'est pas. En effet, ses aspirations sont bridées par l'oppression ou l'absurdité du monde ; il ne peut, pour être, ni accepter la domination de maîtres,

1. Albert Camus, *L'Homme révolté* [1951], Folio-Gallimard, 1985.
2. Michel Houellebecq, *Soumission*, Flammarion, 2015.

ni celle du néant. Il se révolte donc. Cela prend depuis la fin du XIXe siècle la forme du nihilisme, rejet de toute transcendance oppressive, négation de toute valeur préétablie et restrictive du désir de puissance au cœur de l'aspiration à l'épanouissement. Cette pensée risque cependant de conduire à un avenir vide et absurde qui suscite lui aussi la révolte. Pour échapper à ce dilemme, les révoltés modernes ont choisi la révolution, ils se sont lancés dans le sens de l'histoire à la poursuite d'un projet de « surhumanité », sorte de parousie ultime dans laquelle seront consacrées les seules valeurs acceptables, celles de l'homme nouveau. Le ressort de la révolte est la défense de l'humanité en l'être, si bien que tout ce qui la nie, qui consent au crime comme moyen d'accéder aux fins de l'histoire, fait perdre toute légitimité à la révolte, à moins d'être toujours payé du prix de la mort du criminel. L'anarchiste terroriste qui attend, qui espère la mort après avoir commis son attentat, trouve grâce aux yeux de Camus, quoique son action débouche sur l'absurde. En revanche, le révolutionnaire qui devient oppresseur et assassin, ainsi que toutes les idéologies qui l'ont nourri, sont l'image du mal dans nos sociétés. Faut-il alors se résigner au monde tel qu'il est, inacceptable et révoltant ? Non, nous dit Camus, il existe une voie étroite au midi de l'homme, celle de la mesure. Rieux, le médecin obstiné qui s'affaire à hauteur d'homme dans une ville d'Oran décimée par la peste, tout entier dans l'action au présent, acharné à chaque être et sans inscrire son combat dans les sublimes desseins de l'histoire, l'illustre. Il est le modèle du révolté modeste mais légitime aux yeux de Camus, l'exemple aussi d'un humanisme du concret et de l'instant.

L'indulgence de Camus pour l'anarchiste qui donne sa vie vaudrait-elle pour nos modernes kamikazes ? Sans doute pas. D'abord parce que les terroristes d'aujourd'hui, comme les haschichins du Vieux de la Montagne, sont presque tous ou toutes des personnes sous influence, hypnotisées, fanatisées, parfois droguées, et par conséquent à mille lieues d'une démarche de révolte individuelle qui exige l'autonomie de la pensée et de l'action accomplie en pleine conscience. Par ailleurs, Camus souligne qu'une des conditions évidentes d'une révolte, pour qu'elle ne se contredise pas elle-même, est de ne pas créer des situations poussant à leur tour à se révolter contre l'inacceptable, l'inadmissible, le monstrueux. Or qui pourrait n'être pas enclin à s'indigner de l'agression, de l'assassinat de femmes, d'enfants, d'hommes de tous âges sans lien aucun avec l'objet initial de la révolte ? N'être révolté par la pulsion mortifère de terroristes que poussent la haine de la liberté et de l'humanité et l'attirance pour la mort, celle des autres aussi bien que la leur ? En ce sens, leur action ne peut jamais apparaître légitime, quelles que soient les circonstances qui les y ont poussés, puisqu'elles suscitent une révolte presque universelle. Aucun discours, aucune justification n'est même envisageable contre ce qui ne constitue – les journalistes de *Charlie* mis à part – pas même une vengeance car s'exerçant contre des personnes qui n'ont rien à voir avec les événements allégués pour expliquer cette fureur homicide. Et dans le cas de *Charlie*, la vengeance s'exerçait contre une partie de ce qui fait l'humanité des humains: leur liberté, leur fantaisie, leur talent. Je pense, il est vrai, qu'on ne peut être humain, pleinement, sans être aussi un homme révolté. Cependant les meurtriers cruels qui agissent partout dans le monde au nom d'un Dieu dont il est impossible d'imaginer, même si on est croyant, qu'il puisse vouloir cela, ainsi que ceux qui prennent le pouvoir sur leur esprit et arment leurs mains, ne peuvent que susciter la plus résolue et la plus implacable des révoltes, mouvement dont ils ne sauraient de ce fait se réclamer eux-mêmes.

Soumission de Houellebecq explore l'alternative à la révolte contre l'intolérable: trouver avantage à le tolérer! Dans une société française qui se délite, tout repère ferme s'effrite. Le pessimisme est de mise. Un pouvoir théocratique s'établit, il a les moyens d'acheter la soumission, de lui conférer plus de satisfactions individuelles qu'à la révolte. L'inanité de toute révolte établie, les acteurs d'une société anomique se résignent ou se résigneront, ils se soumettront. Face à cette peste de l'esprit et de la démocratie, le Dr Rieux de Houellebecq est ici un professeur de littérature de l'université Paris-III - Sorbonne Nouvelle, spécialiste reconnu de Huysmans. Comme le médecin d'Oran, ce n'est pas la peste elle-même qu'il est prêt à combattre mais plutôt les atteintes à une certaine idée de l'humain. La vision de Houellebecq est bien plus pessimiste que celle de Camus. Dans son conte philosophico-politique, la paix et la sécurité sont rétablies au prix du renoncement à la laïcité et aux libertés publiques, la soumission des hommes est récompensée de celle accrue des femmes. Les intellectuels – notre spécialiste de Huysmans en particulier qui se convertit lui aussi – sont affligeants de lâcheté et d'égotisme, ils l'étaient et le restent, ils sont les médiateurs du pouvoir comme ils l'ont dans leur majorité toujours été. La caricature des milieux universitaires est cruelle, elle n'est pas totalement irréaliste. Elle résonne en moi, éploré en ce mois d'octobre 2020 par la décapitation de Samuel Paty, enseignant d'histoire de Conflans-Sainte-Honorine qui s'était efforcé de faire réagir des élèves adolescents à la liberté d'opinion et à la tolérance à partir de certaines des caricatures de Mahomet republiées peu auparavant par *Charlie Hebdo.* La plupart de ses collègues ne se risquent pas à une telle audace que le rectorat n'encourage pas vraiment. M. Paty n'était, lui, pas encore soumis, il y avait du Dr Rieux en lui. Il ne tâchait pas d'éradiquer la peste en général, il n'était pas un militant. Il se contentait de vouloir en préserver les enfants, de cette peste de la cécité intellectuelle, de la fermeture aux autres, de la haine à fleur de peau. Un tel défi méritait la mort, tout était en place pour la donner selon la prescription du groupe terroriste Daech, par décapitation : la soumission déjà des siens, un parent d'élève qui dénonce sur les réseaux sociaux, la mosquée et son iman qui relaient, la lâcheté de sa hiérarchie, le très jeune kamikaze qui exécute.

Reste que le rapprochement de ces deux livres au hasard de mes lectures et des événements est assez désespérant. Camus nous convainc qu'être humain, c'est se révolter contre ce qui entrave l'épanouissement des personnes, à la condition que cela n'aboutisse pas à la mise en place d'un pouvoir suscitant lui-même la révolte. Sinon, à quoi bon ? Ou alors de ne pas risquer d'en être complice en sacrifiant sa vie à la révolte. Position critiquable en ce qu'elle n'est guère satisfaisante que pour l'anarchiste qui meurt après avoir jeté sa bombe, certes pas pour les survivants qui supporteront les conséquences éventuellement terribles de son acte. Même sans cette réserve, les terroristes kamikazes des XXe et XXIe siècles ne peuvent être concernés par l'indulgence compréhensive de Camus : le geste de leur révolte – la tuerie aveugle d'enfants, de femmes et d'hommes sans lien de causalité avec l'objet de leur courroux – suscite la plus irrépressible des indignations. Pourtant, comment se satisfaire de la soumission à l'inacceptable ? Par une révolte à hauteur d'homme, celle du Dr Rieux, nous dit Camus, et cette proposition résonne en moi. Pourtant Houellebecq rompt le charme : si la peste est appelée à se maintenir, à devenir la norme, Rieux ne se contentera-t-il pas bien vite de vivre pour lui ? L'héroïsme marque l'action, mais peut-il caractériser une existence ? Le très humaniste et révolté spécialiste de Huysmans se soumet, lui aussi. Que faire d'autre si l'on veut vivre ? Confronté à ces dilemmes, je ne sais comment je réagirais. Peut-être aurais-je un avantage sur les personnages de Camus et de Houellebecq, le fil d'Ariane que j'ai tenté de ne jamais lâcher, l'injonction de Jean, mon père. « Sois raisonnable et humain ! » En toutes circonstances, je me demande si je l'ai été. Au soir de ma vie, je sais que la question sera posée, que je me la poserai. Éviter d'y apporter une réponse désolée et contrite est un sacré garde-fou, le fil d'Ariane. On verra…

Quand l'indignation est d'abord seule morale

Les efforts de compréhension des ressorts des actes terroristes et de ceux de l'âme de leurs auteurs auxquels je viens de convier mes lecteurs peuvent apparaître insupportables au regard de l'émotion ressentie et de la compassion pour les victimes. Cette place laissée alors à la seule indignation, au moins pour un temps, participe selon moi pleinement à une pensée morale qui n'en peut faire l'économie au risque de manquer l'essentiel : la mobilisation entière de l'être contre l'intolérable. J'étais, je me le rappelle, à nouveau dans cette disposition au soir des attentats du 13 novembre 2015, du carnage des terrasses parisiennes et de la salle de spectacle Le Bataclan. Je revis cet instant et, d'un souffle frémissant et douloureux, je tente de mettre des mots sur mon bouleversement horrifié :

> *Tous les Français et la plus grande partie des habitants de la planète sont horrifiés de la sauvagerie fanatique. Elle a frappé hier à Paris, symbole fort de la Ville Lumière où a été adoptée il y a deux cent vingt-cinq ans la Déclaration des droits de l'homme et du citoyen. Bien entendu, chacun*

peut avoir une analyse qui lui est propre des racines de la situation actuelle au Moyen-Orient, de la responsabilité des pays occidentaux, de la nôtre. J'ai moi-même à plusieurs reprises évoqué ces points et fait part de mes conclusions et convictions. De même, les moyens mis en œuvre pour combattre le terrorisme sont l'objet d'appréciations variées. Cependant il y a un temps pour tout. Aujourd'hui, c'est celui de la compassion, de la solidarité et de l'unité dans le refus de tout relativisme. Il est rare qu'existent des situations où ne subsiste sans ambiguïté aucune confusion entre le camp des victimes et celui des coupables : au-delà des circonstances de leur passage à l'acte qui peuvent être étudiées mais certes pas jugées atténuantes, nous vivons l'une d'entre elles. Quand des personnes reprennent à leur compte le cri des fascistes espagnols « Viva la muerte », tirent sur des personnes paisibles dans leurs lieux de vie de début de week-end – le stade, le spectacle, le restaurant, la terrasse des brasseries, la rue animée –, tirent et tirent encore sur les corps allongés, sur ceux qui s'enfuient, rechargent leurs armes et tirent à nouveau, puis se font sauter parce qu'elles sont bien entendu « humaines » et disposent par conséquent d'un libre arbitre, elles sont responsables. Tout relativisme dans la qualification de l'action des terroristes est insupportable et le serait d'ailleurs pour eux aussi, justifiés à revendiquer leur qualité de personnes assumant leurs actes.

Demain nous referons de la géopolitique, nous jugerons de la stratégie et des réactions de nos gouvernants, nous tenterons de prévoir les conséquences politiques de ces drames. Pas aujourd'hui. Aujourd'hui, c'est le temps de l'affirmation de son appartenance au camp de la vie, de la liberté et de l'humanité contre celui de l'oppression, de la cruauté et de la mort. C'est le temps de la solidarité avec toutes celles et tous ceux qui sont massacrés, égorgés, décapités sur le terrain, avec les 220 touristes russes morts en rentrant dans leur pays après des vacances en Égypte, les plus de quarante Libanais des quartiers populaires sud de Beyrouth déchiquetés par des bombes, les plus de 120 Parisiens, passant une soirée paisible de fin de semaine et assassinés de sang-froid et sans pitié. Avec le Pr Samuel Paty, puis-je ajouter alors que je relis mon manuscrit.

Vive la vie, vive les femmes et les hommes qui aspirent à être libres et heureux ! Non aux amoureux de la mort, aux contempteurs de l'humain en l'homme. Les valeurs attaquées sont celles de la démocratie et de l'humanisme, du talent chez les journalistes de Charlie Hebdo, de la générosité et du devoir chez l'enseignant de Conflans-Sainte-Honorine ; défendre ces valeurs et leurs défenseurs est aussi ne jamais les abandonner nous-mêmes, ne jamais nous soumettre aux assassins ni à ceux qui les inspirent et les soutiennent.

Laïcité, la voie bonne

La succession des attentats commis par des terroristes qui se réclament d'un islamisme radical et la compétition politique ont ramené le principe de laïcité au centre du débat public qu'il n'a en fait jamais complètement quitté depuis plus d'un siècle en France. Il faut reconnaître que c'est là une spécificité de la République française. Certes, le concept de sécularisation du domaine public et sa séparation de celui des religions a été discuté depuis l'Antiquité gréco-latine et se trouve au centre de la pensée de John Locke, l'un des pères fondateurs du libéralisme politique au XVIIe siècle. Cependant, l'importance de la question religieuse durant la Révolution française et les luttes continuelles entre la droite cléricale et la gauche républicaine qui ont marqué l'histoire nationale depuis ont laissé en France une trace spécifique dont témoigne la loi de 1905 sur la séparation entre les Églises et l'État. L'étymologie du mot « laïcité » renvoie en réalité au langage des Églises qui différenciaient les clercs, les croyants instruits en théologie et les laïcs, c'est-à-dire les profanes dont la pensée « commune » ne fait pas référence au fait religieux. À noter que dans cette acception remontant au moins au XIIIe siècle, les laïcs ne sont nullement incroyants – cela serait à l'époque peu concevable.

Le programme du Conseil national de la Résistance et la IVe République qu'il inspire sont bien sûr laïcs dans le strict respect de la loi de 1905. L'article Ier de la Constitution de 1946 stipule que « la France est une république indivisible, laïque, démocratique et sociale ». Cet article a été repris dans la Constitution de 1958 établissant la Ve République. C'est au nom de ces principes que seront menés depuis son avènement les grands combats pour le respect de la laïcité dans le domaine scolaire. Plus près de nous, deux tendances contraires – la seconde en partie en réaction à la première – remettent en cause la notion même de « laïcité à la française » : une offensive religieuse et une réaction intolérante.

La religion musulmane n'établit pas de différence affirmée entre les autorités séculières et religieuses, elle est désignée comme celle de l'État presque partout où elle domine depuis la création des pays. La seule création par Atatürk d'une république laïque en pays d'islam est aujourd'hui remise en cause de façon de plus en plus marquée par l'actuel président turk, Recep Tayyip Erdogan, proche de la mouvance des Frères musulmans. À dire vrai, on rencontre peu de systèmes aussi attachés à la laïcité que le nôtre. Israël est un État juif, la reine de Grande-Bretagne est la plus haute autorité religieuse de son pays et le président des États-Unis d'Amérique prête serment sur la Bible. Pourtant, la vigueur du courant musulman salafiste qui revendique la soumission des lois civiles à la charia en fait un élément spécifique dont la manifestation partout dans le monde est en contradiction frontale avec les valeurs de la République indivisible, laïque, démocratique et sociale. Les événements terroristes évoqués plus haut ont tous un lien avec ce courant. À un niveau moindre mais encore significatif, le vif débat de 2012 et 2013 qui a opposé en France les partisans et les adversaires de la loi sur le mariage entre personnes de même sexe a donné le spectacle d'une évidente violation des règles de la laïcité par les Églises, et surtout par l'Église catholique. Celle-ci était dans son droit en donnant son avis sur un projet de loi concernant un contrat civil, au même titre que tout groupe de citoyens. En revanche, la mobilisation en masse des fidèles à partir des lieux de culte eux-mêmes, l'affrètement d'autocars pour transporter à Paris des centaines de milliers de manifestants dispensés pour l'occasion de messe du dimanche était bien singulière alors que la loi contestée ne concernait en rien la liberté de pratique religieuse.

En sens opposé, l'assimilation de la laïcité à la promotion de l'athéisme est un évident contresens puisqu'elle a, à l'inverse, la signification d'une complète neutralité de l'État en matière de croyance ou d'incroyance. Si l'on entend par « anticléricalisme » l'opposition au pouvoir séculier des clercs, la laïcité l'implique certainement. En revanche, elle ne manifeste aucune hostilité de principe envers les officiants et croyants divers qui exercent leurs cultes dans la sphère privée et s'interdisent tout prosélytisme qui contredirait l'impartialité de l'État. A fortiori, certaines attitudes qui font aujourd'hui polémique sont à assimiler à une simple hostilité envers les fidèles de la religion musulmane et tournent en réalité le dos aux valeurs que recouvre la laïcité, celles de l'ouverture et de la tolérance, en d'autres termes de la liberté, de l'égalité et de la fraternité. Par exemple, l'interdiction du voile à l'école ou dans l'exercice d'une fonction publique se justifie au nom de la neutralité et de la préservation des enfants de tout prosélytisme agressif. La contradiction entre l'égalité des citoyens et l'obligation faite par certains aux femmes de sortir couvertes d'un linceul a abouti aux dispositions sur le port de la burqa ou autre forme de voile intégral imposé jusqu'à la pratique de la baignade (burkini). En revanche, contrevenir au principe qui permet à des adultes de suspendre librement à leur cou, notamment à l'université, une chaîne soutenant une médaille religieuse, une croix, une étoile de David, un croissant, de porter un foulard ou une kippa sur la tête, n'est en rien une exigence de la laïcité. De même, décider brusquement que l'on supprimerait la possibilité de tout temps laissée aux enfants d'un certain choix dans leur alimentation pour imposer à tous de manger du porc – ce que certains ne feront jamais – s'apparente à une vexation antimusulmane (et antijuive par ricochet) et certes pas à l'application des principes de la laïcité.

Selon la laïcité, dont l'article Ier de notre Constitution fait un pilier essentiel de la République, les différents courants de pensée et les religions constituent des espaces où se déploie, dans le respect des autres, la liberté individuelle. Chacun de ces courants d'opinion, chacun de ces cultes peut être dépositaire d'une sagesse et d'une richesse singulières dont la connaissance est susceptible d'enrichir tous les membres de la société. Pour autant, l'espace public, parce qu'il procède de cette diversité d'opinion, ne reconnaît aucune supériorité à l'une ou l'autre de ces analyses. En particulier, aucune religion ni aucun des courants de la libre-pensée n'est légitime à revendiquer une supériorité morale sur les autres, elles contribuent seulement dans leur diversité à un débat public et démocratique d'où doit émerger ce que sont les règles de la République.

Selon cette vision, la différence des points de vue et des propositions est source plurielle d'enrichissement individuel et collectif; elle contribue par conséquent au débat d'où émergent les normes que se fixe un État laïc. Les apports des différents courants de pensée et de leurs tenants sont accueillis avec une curiosité attentive. Ce sont des pièces significatives de l'édification du corpus des valeurs de la République laïque. Toute stigmatisation, toute dénonciation, tout rejet d'une source particulière de sagesse et de traditions sont ainsi exclus, comme l'est la haine à l'encontre des fidèles de ces religions et disciples de ces écoles intellectuelles.

Une pareille ouverture n'est point laxisme, elle ne peut tolérer l'irruption dans l'espace public d'une idéologie d'exclusion des autres ou d'un autre. Combattre un tel danger qui menace la République laïque est légitime et doit recourir à l'ensemble des moyens de l'État à partir du moment où ils demeurent fondés sur les valeurs que je viens d'énumérer. À ces conditions, et à ces conditions seulement, la laïcité est en effet synonyme de paix, elle implique l'ouverture aux autres et la tolérance de leurs opinions et pratiques. Elle constitue, si son esprit et ses formes sont respectés, le cadre optimal d'un vivre-ensemble de personnes qui croient au ciel, obéissent à des rites religieux, et d'autres qui n'y croient pas, c'est-à-dire le cadre privilégié d'exercice de sa liberté de conscience et de pratique, qu'elles soient mues par la foi ou relèvent du plus radical des scepticismes. En matière religieuse, c'est là pour moi la voie bonne.

Lettre à un ami musulman

L'attaque des frères Kouachi le 7 janvier 2015 était motivée par les caricatures de Mahomet et la veine satyrique anticléricale de *Charlie Hebdo*. Ce contexte explique que l'extrême émotion de la population française après ces attentats, culminant en la plus importante manifestation publique depuis la Libération de Paris, ait été nettement moins unanime dans la communauté de religion musulmane. Plusieurs personnes de cette communauté protestèrent à nouveau contre la première une de *Charlie Hebdo*, le 14 janvier : elle représentait un Prophète en larmes tenant une affichette « Je suis Charlie », sous le titre général « Tout est pardonné ». J'ai le souvenir d'avoir envisagé, le 16 janvier, d'adresser une lettre ouverte à un ami musulman. Je ne l'ai pas fait. Elle aurait pris cette forme.

Mon cher ami,

Vous avez manifesté votre désapprobation devant la publication d'une représentation de votre Prophète en une du premier numéro de Charlie Hebdo *paru après l'assassinat au nom de votre religion d'une bonne partie de sa rédaction, le 7 janvier. Cette une représente pourtant un visage doux, éploré par ce que viennent d'accomplir des assassins qui se réclament de lui, mais annonçant pourtant, car il est grand et miséricordieux, « Tout est pardonné ». La difficulté vint de ce que votre religion interdit toute représentation d'Allah et de son Prophète.*

Vous savez que, en ce qui me concerne, je ne fais pas l'hypothèse d'un dieu et que, de ce fait, je ne me réclame d'aucune religion, pas plus et pas moins la vôtre qu'une autre. En fait, je les respecte toutes, au même titre que la libre-pensée ou que les conceptions philosophiques et ésotériques diverses, à la condition qu'elles respectent elles-mêmes de façon inconditionnelle la valeur de la personne humaine. Membre de la communauté nationale française, j'en épouse et défends les grands principes piliers de notre République.

Les termes de « Liberté, Égalité, Fraternité » expliquent que nos lois protègent certes la liberté d'expression, mais aussi ceux contre lesquels elle pourrait être utilisée de manière dévoyée, c'est-à-dire dans l'intention de déshumaniser des groupes de personnes. C'est ce qui explique que, chez nous, l'apologie du racisme, de l'antisémitisme ou de toute autre idéologie ou pratique discriminant des êtres humains pour ce qu'ils sont plutôt que les critiquant pour ce qu'ils font tombe sous le coup de la loi.

Le principe de laïcité est lui aussi dérivé des principes fondateurs de la République. Il pose en particulier que si toutes les sagesses et morales particulières peuvent participer légitimement au débat public, aucune ne peut se réclamer d'une quelconque prééminence sur les autres hors de la sphère privée. La séparation des Églises et de l'État pousse à son terme cette logique. Au nom de la laïcité, la loi proscrit la mise en cause des personnes en fonction de ce qu'elles sont mais laisse libres les commentaires sur les croyances et opinions en général. Aux États-Unis et dans de nombreux pays, l'expression raciste, antisémite, l'apologie du nazisme ne peuvent être interdites au nom de la liberté d'expression, mais le blasphème, l'utilisation de la dérision à l'encontre des religions sont à l'inverse sanctionnés. Je suis fier ici de l'approche de la République française.

À ce titre, la religion musulmane a tout loisir d'imposer aux fidèles de ne pas représenter Dieu et le Prophète ; elle n'a aucun titre pour l'interdire aux autres. De la même manière, je n'ai nullement contesté en son temps que la religion catholique – et les autres religions – refusent de marier des personnes de même sexe. En revanche, j'ai dénoncé sa prétention d'imposer la conservation de cette règle en ce qui concerne un contrat civil établi sous la seule responsabilité de la République.

C'est pourquoi, cher ami, vous me trouverez à vos côtés pour dénoncer tout racisme, pour poursuivre tous ceux qui pourraient vous attaquer ou vous diffamer en tant que musulmans. À vos côtés aussi pour protester contre tous ceux qui dénaturent votre religion, qui kidnappent, vendent et violent des fillettes au Nigeria, réduisent en esclavage des populations yézidis en Irak, font sauter des églises, massacrent des milliers de musulmans dans ce pays et en Syrie, comme j'étais de votre côté pour manifester ma solidarité envers les Palestiniens confrontés à l'injustice et à la violence.

En revanche, si vous tenez à imposer les préceptes de votre religion à la République, si vous comprenez et soutenez les jeunes qui se sont laissé convaincre que les lois (particulières) de Dieu l'emportent sur celles dont un pays démocratique s'est doté, malgré mon amitié pour vous, je m'opposerai à vous, de toutes mes forces. C'est d'ailleurs la condition pour que les vôtres, comme les fidèles de toutes les autres religions, puissent mettre paisiblement leur foi en pratique dans une république accueillante et tolérante comme devrait l'être la République française.

Croyance, opinion et savoir

L'épisode des caricatures de Mahomet, des attentats de janvier 2015 et des opinions qui se sont manifestées à cette occasion a incité le scientifique que je suis à revenir sur les différences existant entre ces trois formes d'expression qui correspondent aussi à trois libertés et aux conditions de leur expression. Les libertés d'opinion et de croyance font partie des droits fondamentaux énoncés dans la Déclaration des droits de l'homme et du citoyen de 1789 (article 10) et, de manière encore plus explicite, dans la Déclaration universelle des droits de l'homme de 1948 dont l'article 18 stipule : « Toute personne a droit à la liberté de pensée, de conscience et de religion ; ce droit implique la liberté de changer de religion ou de conviction ainsi que la liberté de manifester sa religion ou sa conviction seule ou en commun, tant en public qu'en privé, par l'enseignement, les pratiques, le culte et l'accomplissement des rites. » Le droit à l'accès au savoir est lui aussi abordé dans la Déclaration universelle sous la forme des droits à l'éducation et à la participation au progrès scientifique (articles 26 et 27). Le savoir ne se limite cependant pas à cela, il est aussi une condition de l'exercice d'une liberté véritable en tout domaine, même en ce qui concerne les croyances et les opinions. Comment sinon faire un choix si on n'en connaît pas les paramètres, adhérer à une religion sur laquelle on ne sait rien, faire sienne une opinion sommairement considérée ? Pour autant, croyance, opinion et savoir sont des catégories irréductibles les unes aux autres. De nos jours cependant, la confusion entre les trois types d'énoncés est telle que les responsables de l'Éducation nationale ont jugé indispensable d'inscrire aux programmes la distinction entre elles.

Certains des fondements d'une croyance, religieuse ou autre, reposent sur des actes de foi, des « credo » à qui on ne demande pas d'être vraisemblables, de découler d'un usage strict de la raison. Le champ légitime de la croyance est celui qui y échappe le plus. La foi peut se décrire, s'exposer, elle ne peut se prouver ; même partagée, elle est de l'ordre de l'intime. S'il est possible d'en témoigner, on ne saurait de ce fait la discuter à l'aide de l'arsenal de la logique. L'opinion implique quant à elle de s'appuyer sur des choix personnels incertains, eux aussi de l'ordre de la liberté individuelle. Cependant, puisque le débat démocratique implique la confrontation entre elles des opinions, il est essentiel que leurs partisans soient capables de les exposer rationnellement, condition *sine qua non* d'un dialogue argumenté. Sans usage de la raison, toutes les positions sont des croyances et leur exposition se limite à une série de monologues. Or l'idéal du débat entre partisans d'opinions différentes mais attentifs à la logique du contradicteur, capables les uns et les autres d'évoluer, et de ce fait de s'enrichir mutuellement, est une pièce centrale d'une démocratie vivante et évolutive. Ce sont là des considérations idéales car les opinions telles qu'elles s'assènent dans les débats ou se sèment aujourd'hui sur les réseaux sociaux sont des certitudes que rien presque n'arrime plus à la raison ; des croyances plutôt.

Le savoir s'adosse pour sa part à des données aussi objectives que possible soumises à un traitement d'une logique en principe irréprochable. Parce que les données peuvent se révéler incomplètes ou trompeuses, parfois erronées, et que leur traitement rationnel peut comporter des biais, un savoir n'est que la plus grande probabilité de la vérité à un moment donné et compte tenu des éléments disponibles. Il doit céder le pas à des énoncés différents alimentés par de nouvelles observations, ou bien à ceux qu'une logique supérieure démontre. Dans le domaine des sciences expérimentales et exactes, une proposition n'est scientifique que s'il est possible de la confirmer ou de la réfuter rationnellement. À ce titre, le statut d'un résultat obtenu par des chercheurs est celui d'une hypothèse ; il n'accède à celui d'un savoir qu'après avoir été vérifié et confirmé par des équipes indépendantes. Ces caractéristiques impliquent l'impossibilité d'opposer une opinion ou une croyance à un savoir car leurs champs d'application sont en principe radicalement différents. De façon symétrique, la science n'a aucune légitimité à s'aventurer dans le domaine intime des croyances et des opinions dès lors qu'elles restent elles-mêmes dans les limites de leur spécificité. Certes, la science hésite souvent entre plusieurs théories, cohérentes les unes et les autres mais contradictoires. On est alors dans le domaine des hypothèses en attente de l'émergence d'un savoir accepté.

Au total, les croyances et les opinions n'ont pas de place dans l'étude des lois de l'univers et du monde vivant. La science n'a pas à se prononcer sur les convictions intimes touchant à la manifestation d'une transcendance, la finalité du monde ou la supériorité d'un programme politique. La discussion d'hypothèses scientifiques telle l'évolution du climat et ses causes repose sur des données, pas sur des opinions. Ce sont là des critères essentiels d'une démocratie laïque. Mais aussi ce qui la menace tant. L'immédiateté, accrue par l'usage des réseaux sociaux, de l'affirmation de plus en plus véhémente de son opinion et de ce que l'on croit savoir (un oxymore) laisse la raison à distance. Elle se trouve réduite à la portion congrue dans la limite des 240 signes d'un tweet! La conséquence de la distinction opérée entre croyance, opinion et savoir est essentielle sur un point. Aucune croyance n'est plus logique ou vraisemblable qu'une autre, la seule exigence pour qui en rend compte est sa cohérence interne. Aucune opinion n'est plus vraie qu'une autre, sa robustesse dépend de la véracité des faits et des données qu'elle interprète et de sa compatibilité avec le réel. En revanche, une hypothèse et un énoncé scientifique se doivent d'être plus probablement vrais que d'autres. Sinon le savoir est ramené à une opinion particulière qui ne se différencie plus elle-même d'une croyance. Or, sur le plan du récit qu'elles véhiculent, les croyances se valent toutes, et on aboutit au relativisme généralisé dont l'imposition tendancielle est une des caractéristiques de notre temps. Les débats épiques engendrés en 2020 par la Covid-19, son agent infectieux et l'efficacité des traitements proposés illustreront cette tendance lourde, j'y reviendrai. On en viendra même à faire un sondage d'opinion pour juger de la qualité d'un protocole thérapeutique expérimental! À ce niveau de confusion, les conditions d'un débat ouvert, contradictoire mais tolérant, rationnel lorsque la raison est concernée, n'existent plus. La société dans son ensemble est fragilisée en ce que discussion et dialogue laissent place à la juxtaposition indiscriminée de certitudes totalement irréductibles les unes aux autres.

Démocratie, politique, réfugiés et droits humains

En lien partiel avec les événements internationaux qui sous-tendent l'essentiel du terrorisme moderne, et aussi avec les inégalités et la misère, la question de l'émigration est l'une des plus sensibles sur le plan politique aussi bien que sur le plan moral. Des centaines de milliers de « damnés de la terre » n'ont à ce point plus rien à perdre dans l'océan de feu, de sang, de violence et de misère qu'est devenue leur vie, que risquer de la perdre pour y échapper semble aujourd'hui pour eux une évidence. De fait, des milliers ont péri, des dizaines de milliers périront, dont des centaines d'enfants. 2,5 millions d'entre eux sont accueillis chaque année en Europe. Telles sont les données brutes. Même si le monde a dans le passé déjà connu des mouvements de population d'une ampleur plus grande encore, il s'agit là néanmoins d'un phénomène d'une importance et aux conséquences considérables.

Je me garderai pour commencer de tout schématisme affectif pour traiter de ce drame majeur des premières décennies de notre siècle. Il ne suffit pas d'évacuer la question en remarquant que 500 millions d'Européens possèdent tous les moyens d'accueillir ce flux qui représente seulement 0,5 % de leur nombre. Cela est formellement vrai mais aussi fort éloigné de la perception des gens. Confrontée à des crises répétitives depuis 1973, à la généralisation des logiques individualistes et à la déconsidération des mouvements de solidarité collective, à la montée des inégalités et du chômage, à la remise en cause progressive des avantages acquis au cours du XXe siècle et au démantèlement de l'État-providence, l'Europe, comme hélas le reste du monde, n'est pas généreuse. Ses citoyens réagissent partout à l'assombrissement des perspectives d'avenir en se portant en proportion croissante vers des formations d'extrême droite nationalistes, essentialistes, ethnicistes, voire racistes, de toute façon xénophobes. La crise des réfugiés et des migrants qui n'en est qu'à ses débuts est pain bénit pour ces mouvements qui ont le vent en poupe ; le fascisme selon sa définition historique la plus classique menace de se réinstaller durablement sur notre continent. René Girard a bien montré comment les tensions qui s'accumulent dans une société égoïste et en difficulté trouvent un exutoire très temporaire en se portant sur un bouc émissaire, ici les étrangers, les migrants, les réfugiés. Par ailleurs, et cet aspect est parfois singulièrement gommé dans les discours les plus généreux, la démocratie ne peut faire l'impasse sur le sentiment des citoyens, même si on en regrette et si on en condamne la teneur et la manifestation.

Au total, il serait dérisoire de minimiser l'impact sur nos sociétés elles-mêmes du drame que vivent les désespérés d'Afrique et du Moyen-Orient qui affluent en Europe.

Pourtant les Européens courent aussi un autre danger, et il est, lui, mortel. Alors que leur responsabilité dans le chaos outre-Méditerranée est loin d'être négligeable, ils réagissent d'abord dans la frilosité apeurée : contrôles renforcés aux frontières, parfois leur fermeture, appel à la police, parfois à la troupe, installation de barbelés, construction de barrières et de murs. Or, jamais dans l'histoire de l'humanité, de telles mesures n'ont été efficaces pour endiguer durablement de vastes mouvements migratoires de foules que la guerre, la peur, la misère avaient jetées sur les routes d'une incertitude toujours préférable à la certitude d'une situation invivable. De plus, cette politique européenne est criminelle. Lorsque des obstacles physiques barrent les chemins terrestres d'accès à leurs « terres promises », comme entre la Grèce et la Turquie, la Slovénie et la Serbie, les migrants prennent la mer sur des coquilles de noix, dans les tempêtes de l'hiver, ils se noient, des dizaines de petits corps d'enfants morts, de leurs mères, de leurs pères s'échouent sur les rivages de Lesbos et des autres îles grecques, de Lampedusa ou des côtes d'Italie, de Libye, de Turquie. Ils sont repêchés en mer par les marines italienne et grecque, ils sont mangés par les poissons. Sans se payer de mots, l'Europe les a tués. Elle les a tués en les empêchant de fuir par les voies les plus sûres, leur imposant par là d'emprunter les parcours de tous les périls, bien préférables cependant à leurs yeux à l'attente de crever sans espoir dans des territoires dévastés par la folie humaine. Après la Seconde Guerre mondiale, l'idée européenne s'est nourrie de l'effarement provoqué par les désastres du conflit, les dizaines de millions de morts, de blessés, de déportés, de déplacés; il s'agissait d'éviter à tout prix que ne se reproduisent de telles horreurs. Sans la force de telles références et la prise de conscience des valeurs alors foulées aux pieds, il n'y aurait jamais eu de construction européenne. L'Europe ne survivra pas à son indifférence aux dizaines de milliers d'enfants et d'adultes que son égoïsme aura conduits à une mort certaine. Elle sera un grand corps sec et laid dont les membres se disloqueront après que son âme aura été sacrifiée aux pires des pulsions humaines, ses habitants se considéreront avec horreur d'avoir été complices de telles ignominies. Un peuple qui devient incapable de tendre la main à qui risque de périr, voire qui le précipite dans la mort, n'a aucun avenir; son présent est sinistre.

Rien n'est simple, bien entendu, sauf l'essentiel: protéger le plus faible, lui venir en aide, le sauver. Cela signifie dans un premier temps sécuriser les itinéraires qu'emprunteront quoi que nous fassions les réfugiés, les secourir, le plus près possible des théâtres d'émigration, mais aussi partout où cela est possible. S'impliquer franchement, ce qui exigera des sacrifices, dans la stabilisation, la reconstruction et le développement des pays que ces gens ont dû fuir, se rendre compte que le destin de l'Europe, de l'Afrique et du Moyen-Orient est indissolublement lié. Notre indifférence tue ; elle nous tuera si nous n'y réagissons pas sans tarder en conformité avec des valeurs fondatrices de l'idée européenne et, plus largement, de l'humanité.

La vertu et l'efficacité

Le dilemme entre la fin et les moyens, l'intransigeance et le compromis, la vertu et l'efficacité court tout au long de l'histoire de la pensée éthique, politique, syndicale ; il occupe une place centrale dans les stratégies et les pratiques humanitaires. J'en rappellerai quelques exemples historiques avant de l'illustrer par les incertitudes des conduites à privilégier face au drame des réfugiés.

Maximilien Aue, le héros du livre de Jonathan Littell *Les Bienveillantes*, est témoin de la première situation évoquée. Le docteur hongrois Rezsö Kasztner, Juif d'origine roumaine, travaille pour des organisations sionistes et fonde en 1943, avec Joel Brand, un comité d'assistance aux Juifs, le Vaada. Le 19 mars 1944, lorsque la Hongrie est occupée par les nazis, commence la déportation massive de la communauté juive vers Auschwitz. La première étape est la confiscation des logements et le regroupement des familles dans des ghettos. Le 5 avril, Kasztner et Brand ont une première rencontre avec des officiers SS, qui proposent une suspension des déportations moyennant une rançon de 2 millions de dollars. Des versements sont effectués en plusieurs temps. Puis le SS Adolf Eichmann intervient dans la négociation, exigeant 10 000 camions militaires et diverses marchandises (thé, café, savon) contre le sauvetage d'un million de Juifs. Mais, pendant ces terribles négociations, les déportations continuent, et il n'y a pas un million de Juifs à sauver. Néanmoins, Kasztner parvient à organiser le départ de 1 685 personnes dans un train à destination de la Suisse. Il met aux enchères 150 places pour les plus riches, de façon à financer le trajet des plus pauvres, car la place est à 1 000 dollars. Le train quitte Budapest le 30 juin 1944.

En Slovaquie, la dirigeante sioniste Gisi Fleischmann et le rabbin Michael Dov Weissmandl dirigent le Groupe de travail, une organisation juive souterraine de sauvetage. En 1942, ils soudoient le capitaine SS Dieter Wisliceny, l'adjoint d'Eichmann au sein de la section juive de la SS, alors chargé de superviser la déportation des Juifs slovaques. Il n'existe pas de preuve formelle que les pots-de-vin soient à l'origine de la fin des déportations en Slovaquie, bien qu'ils aient peut-être influencé cette décision. Il est cependant certain que les pots-de-vin versés par le Groupe de travail à des fonctionnaires slovaques permettent l'ouverture en 1942 des trois camps de travail forcé de Novaky, Sered et Vyhne, dans lesquels sont détenus des Juifs qui risquaient la déportation et qui échappent ainsi aux camps de mise à mort. 4 000 Juifs slovaques sont de la sorte sauvés d'une mort certaine. Dans une stratégie connue sous le nom de Plan Europe, les membres du Groupe de travail tentent également de réunir deux à trois millions de dollars auprès des Juifs du monde libre pour payer les nazis afin qu'ils cessent les déportations vers les camps de mise à mort. Ce ne sont là que deux exemples où l'exigence de sauver des vies de Juifs de la barbarie nazie amena à verser de l'argent à un régime honni. Il y en a de nombreux autres.

Dans les camps de réfugiés à travers le monde, en tous lieux et de tout temps, se reconstituent des mafias ou des groupes religieux dont le pouvoir de nuisance est tel qu'ils imposent parfois aux autorités des camps et aux ONG une négociation dont le terme est la tranquillité et la possibilité de secourir les réfugiés contre une cécité volontaire à des trafics crapuleux divers : sexe, drogue, promesses de « passages ». Cette situation s'est retrouvée aussi il y a peu en France à la « jungle de Calais ». Que de richesses accumulées sur la détresse et la misère des gens !

Bien entendu – comment pourrait-il en aller autrement ? – les conditions du sauvetage en mer de migrants au large des côtes africaines, surtout libyennes, débouchent elles aussi sur des dilemmes de ce type. Des milliers de personnes se noient chaque année, il faut les sauver. Où ? Proche des côtes européennes ? C'est le choix des autorités étatiques. Cependant le risque de naufrage des embarcations surchargées en est accru, en proportion de la distance à parcourir. Au plus près des eaux territoriales des pays africains concernés ? Mais alors, que faire quand, dans la même zone, des garde-côtes de ces pays sont prêts à intervenir? Au nom de l'intérêt des migrants menacés de mauvais traitements, parfois de violence, voire d'esclavage, faut-il renoncer, lorsque cela est possible, à les prendre de vitesse? Et puis, bien entendu, les trafiquants de vies humaines sont prompts à utiliser à leur profit le caractère dramatique de la situation. Le marché, implicite sinon explicite, est clair. Soit les sauveteurs interviennent le plus tôt possible et préservent ainsi des vies humaines. Ils facilitent aussi ce faisant le travail des passeurs, ils le rentabilisent. Ceux-ci n'ont, de leur point de vue, qu'à leur livrer « leur cargaison » de corps menacés et d'âmes en détresse à douze milles marins des côtes, sans pour autant réduire le tarif exigé des migrants. Soient ils n'interviennent qu'en cas de naufrage avéré ou imminent, et des milliers de vies humaines sont perdues.

Nous sommes là dans un cas d'espèce d'un dilemme vieux comme le monde: faut-il privilégier la vertu au détriment de l'efficacité, ou bien, au nom de l'efficacité, accepter un certain degré de compromission avec des acteurs infâmes? Nulle réponse univoque à une telle question. Encore faut-il être conscient qu'elle se pose. Notre monde de bien-pensance de pacotille souffre aussi du non-dit politiquement correct. La voie bonne est celle de l'idéal, jamais celle de l'illusion.

3

HUMANITÉ, DIVERSITÉ ET PROGRÈS

Gènes et intelligence

S'il est un sujet qui sent le soufre, c'est bien celui-là. Et cela dans ses prémices depuis fort longtemps, des milliers d'années, bien avant la génétique et la mesure de l'intelligence. Cette question est à la base de toutes les doctrines inégalitaires, celle des aristocraties, des lignages ; elle a fait le lit de l'esclavage et d'autres formes d'exploitation. Dès le XIXe siècle, elle a été à l'origine des principales idéologies scientifiques qui se sont constituées dans la foulée de la science de l'évolution et de la génétique : racisme, darwinisme social, eugénisme. Le nazisme peut être défini comme un fascisme qui s'appuie sur de semblables idéologies scientifiques. La définition de ce terme est celle d'un préjugé ancien qui utilise le prestige d'une science établie pour renforcer son pouvoir de conviction. Tel est le cas : il y a des siècles que l'on est persuadé que l'intelligence est héréditaire, on en appelle à la génétique pour le démontrer. Un débat à la chambre des Communes britannique a porté au tournant des XIXe et XXe siècles sur la question de savoir si les classes inférieures, moins intelligentes, doivent être considérées porteuses et transmettrices d'une tare héréditaire.

À vrai dire, une contre-idéologie s'est elle aussi développée à ce propos, selon laquelle la nature biologique – les gènes – n'aurait rien à voir avec les capacités intellectuelles, « cognitives », dit-on de nos jours, l'environnement culturel, social et économique intervenant seul. Pour être schématique, une idéologie de droite, représentée en Europe par Spencer, Galton, Haeckel, Broca, ainsi que de nombreux collègues américains, s'opposait à une idéologie de gauche dont l'excellent Stephen Jay Gould était, aux États-Unis, le talentueux chef de file. Bien entendu, la condamnation stalino-lyssenkiste de la science génétique bourgeoise a conforté la seconde posture dans la gauche influencée par les communistes, ce qui lui a nui.

Le débat est inchangé au début du XXIe siècle. Il se présente sous le même aspect qu'à la fin du XIXe siècle. Des sites actifs publient encore en cette seconde décennie du XXIe siècle des données « démontrant » combien les Juifs ashkénazes et les « Indo-Européens » (ils n'osent plus dire « Aryens ») sont plus intelligents – ont un QI plus élevé – que les Amérindiens, les populations du Sud-Est asiatique et les Africains. En France, le débat de 2007 dans *Philosophie Magazine* entre le candidat Nicolas Sarkozy et le philosophe Michel Onfray illustrait l'opposition entre les deux idéologies, de droite et de gauche. Le premier disait sa certitude de ce que la nature plus que la culture expliquait certaines propensions à la délinquance, au « suicide » : « J'inclinerais, pour ma part, à penser qu'on naît pédophile, et c'est d'ailleurs un problème que nous ne sachions soigner cette pathologie. Il y a mille deux cents ou mille trois cents jeunes qui se suicident en France chaque année, ce n'est pas parce que leurs parents s'en sont mal occupés ! Mais parce que, génétiquement, ils avaient une fragilité, une douleur préalable. Prenez les fumeurs : certains développent un cancer, d'autres non. Les premiers ont une faiblesse physiologique héréditaire. Les circonstances ne font pas tout, la part de l'inné est immense. » Michel Onfray, pour sa part, alors classé à gauche, en reprenait les convictions que la dureté de la société et de la domination de classe l'emportait de loin sur les gènes en tant que déterminant des comportements déviants. Le docteur Laurent Alexandre, auteur à succès de *La Guerre des intelligences*[1], se situe clairement dans la même mouvance intellectuelle que Nicolas Sarkozy. Persuadé de la prédominance des déterminants génétiques dans les manifestations de l'intelligence humaine, il promeut l'idée d'une sélection eugéniste positive, dans la lignée intellectuelle de Francis Galton qui fut à la fin du XIXe siècle l'initiateur du concept et

1. Laurent Alexandre, *La Guerre des intelligences*, JC Lattès, 2017.

du mot[1]. Il vante d'ailleurs les programmes eugénistes chinois ciblés sur l'héritabilité du QI. Laurent Alexandre observe que la réussite sociale et économique est, dans le monde moderne, plus liée à l'intelligence, par conséquent à l'hérédité, qu'elle ne l'a jamais été. On voit que les interrogations du débat des Communes britanniques au XIXe siècle sur le caractère héréditaire des classes sociales ne sont pas si désuètes que cela ! Pessimiste quant à l'évolution spontanée de l'intelligence, arguant qu'il pourrait s'ensuivre une cassure de plus en plus béante entre les classes dominantes à haut QI et les autres, le Dr Alexandre fait confiance aux technologies de bio-ingénierie et d'intelligence artificielle pour pallier l'intelligence insuffisante des classes inférieures. On classe en général Laurent Alexandre parmi les leaders du courant transhumaniste qui se renforce dans le monde entier.

Généticien se disant humaniste, je me dois de me pencher sur ces données sulfureuses des déterminants de l'intelligence humaine. Elles constituent en effet le soubassement de la plupart des théories racistes et du darwinisme social qui ne m'apparaissent pas conduire à la voie bonne dont ce livre explore les conditions. Cependant, scientifique exigeant et éperdu de rationalité, je me dois d'avancer ce que je crois vrai et non pas ce que je souhaiterais l'être. Ce serait sinon tomber moi aussi dans l'idéologie. Je

---

1. Francis Galton, *Hereditary Genius: An Inquiry Into its Law and Consequences*, Macmillan, 1869. Ou encore : Francis Galton, *Inquiries Into Human Faculty and its Development*, Macmillan, 1883.

résumerai ce qui m'apparaît établi par les données suivantes :

- Affirmer que les gènes n'ont aucune influence sur les capacités cognitives est certainement absurde. Les gènes contribuent à coder les propriétés fonctionnelles du cerveau qui ont quelque chose à voir avec les capacités cognitives.
- Prétendre qu'il existe une génétique simple de l'intelligence est faux. Tous les travaux qui se succèdent identifiant un ou un petit nombre de gènes de l'intelligence ont toujours été scientifiquement démentis par les pairs dans la foulée. En 2017, la réunion de différentes publications retrouvait entre quarante et cinq cents gènes potentiellement impliqués. Si on tient compte de ce que 20 % au moins de nos 23 000 gènes sont indispensables au fonctionnement propre du cerveau, 4 000 peuvent potentiellement tous jouer un rôle dans la manifestation de l'« intelligence » et entraîner des retards mentaux en cas de déficience. Compte tenu de la grande loterie de l'hérédité qui rebat les gènes à chaque génération, l'héritabilité génétique d'un caractère très multigénique est faible, sauf bien entendu chez des jumeaux monozygotes.
- La fonction des gènes dépend de leur séquence (génétique), mais aussi de leur niveau de fonctionnement (épigénétique). Or la machinerie épigénétique est sensible aux influences du milieu.
- De plus, les circuits neuronaux connectés par des synapses sont à la base des fonctions mentales. La stabilité et la qualité des synapses sont sujettes

à l'apprentissage qui les accroît alors qu'elles s'affaiblissent en l'absence de stimulation.

- Il en va par conséquent des capacités cognitives comme de tout trait phénotypique (c'est-à-dire caractéristique du corps) : elles sont influencées par la nature et la culture, l'inné et l'acquis, les gènes et l'environnement. Le rôle de l'éducation des enfants, sa grandeur, est de leur offrir les meilleures chances d'acquisition quelles que soient leurs différences constitutionnelles.
- Héritabilité n'est bien sûr pas synonyme de transmission génétique. Sur ce point, seuls les sots peuvent contester l'importance attribuée par Bourdieu à l'héritabilité culturelle.
- Certaines affirmations sont particulièrement absurdes. Nombre de classes socialement en difficulté sont le résultat de processus socio-économiques de déclassement. En quoi ces processus historiques pourraient-ils modifier le patrimoine génétique moyen ? D'ailleurs, les managers américains insensibles à certaines doctrines qui prospèrent chez eux mettent tout en œuvre pour aller dénicher des talents remarquables dans les quartiers socialement défavorisés et ethniquement mélangés.
- La culture et la civilisation sont indissolublement liées à la production artistique. La civilisation mondiale a été au XXe siècle bouleversée par le jazz, les *negro-spirituals*, le cubisme, formes dérivées de l'« art nègre ». Les populations d'Afrique subsaharienne ont de la sorte joué un rôle majeur dans

l'évolution de la civilisation du monde. Pour des personnes aux « si faibles capacités intellectuelles » (disent les officines racistes), cela est bien stupéfiant.

- Les deux concepts fondamentaux à comprendre pour ne pas dire et écrire n'importe quoi en génétique sont les suivants:
  - Les gènes ne codent jamais un destin, ils codent des propriétés.
  - La propriété innée principale codée par les gènes est celle d'acquérir et d'apprendre.

Races et racisme

La question du racisme est l'une des premières auxquelles je me sois intéressé, comme jeune chrétien, jeune militant et jeune scientifique. L'humanisme, la lutte contre les guerres coloniales et la conscience précoce de ce que la génétique, la science que j'embrassais, en avait constitué le fondement pseudo scientifique l'expliquent. Lutter contre cette usurpation de la science a même constitué un devoir que je me suis reconnu très tôt. Tenter d'être un chercheur de talent en génétique m'imposait, me semble-t-il, de me porter en même temps aux créneaux des murailles protégeant ma science des tentatives constantes de kidnapping par les brigands de l'idéologie. J'ai de la sorte abordé cette question dans mes premiers livres, lui ai consacré de nombreuses conférences et de nombreux articles. Cela explique que l'Unesco m'ait demandé de traiter le sujet « Races, racisme et génétique » dans le cadre de la Conférence internationale sur le racisme à Durban en Afrique du Sud, au mois de septembre 2001. Le programme de cette conférence s'écoulait sur une semaine, ce qui me permit d'assister à plusieurs séances plénières et colloques satellites. L'un me marqua parce qu'il illustrait jusqu'à la caricature ma thèse selon laquelle l'ethnocentrisme constitue le germe initial du racisme. Les représentants de nombreux peuples premiers se succédaient à la tribune en costumes traditionnels, des Amérindiens avec des plumes, des Inuits avec des peaux de phoque, des Papous le visage peint, etc. Ils témoignaient des formes innombrables et cruelles revêtues par le racisme dont ils avaient été les victimes. Peu ou prou, ils étaient conduits non pas à se prétendre les seuls humains véritables mais au moins à occuper la position prééminente dans la hiérarchie des victimes. C'était saisissant.

En ces deux premières décennies du XXIe siècle, l'actualité du racisme reste entière dans le monde entier. L'onde de choc des exactions policières aux États-Unis quelques mois avant les élections présidentielles de 2020 tendues et incertaines a pris la forme du mouvement Black Lives Matter dont l'écho s'est mondialisé. Racisme et antisémitisme sont bien entendu liés aux attentats terroristes de la période et aux réactions au phénomène d'immigration. Faire le point sur cette question s'impose de ce fait à qui s'efforce d'introduire la question morale dans ses analyses de l'évolution du monde.

« Race » et « racisme » sont évidemment deux mots de même origine. On appelle *race* l'ensemble des individus d'une même espèce qui sont réunis par des caractères communs héréditaires. Le *racisme* est la théorie de la hiérarchie des races humaines, théorie qui établit en général la nécessité de préserver la pureté d'une race supérieure de tout croisement, et conclut à son droit de dominer les autres. Un préjugé raciste peut être défini comme la tendance à attribuer un ensemble de caractéristiques péjoratives, transmises héréditairement, à un groupe d'individus ou à une population. Des affirmations telles que « tous les Juifs sont avares, tous les Irlandais sont violents, tous les Corses sont paresseux » sont des exemples typiques d'affirmations racistes. En revanche, toute indication d'une différence physique, physiologique entre populations n'a évidemment rien de raciste : dire que les Suédois sont plus grands que les Pygmées est une remarque dénuée de toute connotation négative et qui reflète la réelle diversité humaine.

L'homme moderne semble avoir colonisé peu à peu la planète à partir d'un petit groupe qui a commencé de quitter l'Afrique il y a moins d'une centaine de milliers d'années. Ces hommes établis en différentes régions du globe ont parfois été confrontés à des populations autochtones antérieures (par exemple les Néandertaliens en Europe). Localement, ils se sont également, au cours du temps, plus ou moins différenciés les uns des autres, formant des groupes physiquement reconnaissables, des ethnies… on devait dire, un jour, des races. Cependant, les races humaines n'existent pas, au sens que l'on donne au mot « race » lorsque l'on parle de races animales. Un épagneul breton et un berger allemand appartiennent, par exemple, à deux races différentes qui obéissent peu ou prou aux trois mêmes caractéristiques que les variétés végétales : distinction, homogénéité, stabilité. En l'absence de croisement entre ces races, évidemment interfécondes, les similitudes intraraciales l'emportent de loin sur les ressemblances entre deux individus de races différentes. Rien de tout cela ne s'applique aux populations humaines. Par exemple, on assiste du Nord au Sud à une augmentation continue de la pigmentation cutanée. Les peaux très blanches en Scandinavie foncent en France, de Lille à Nice ; en Espagne, de Barcelone à Séville ; en Afrique, d'Alger à Tamanrasset, puis dans les régions subsahariennes pour en arriver à la couleur la plus sombre en zones équatoriales et subéquatoriales. Une même tendance à l'assombrissement de la peau du Nord à l'équateur est notée en Asie, en Inde aussi bien qu'en Chine. Cela est moins nettement le cas en Amérique car ce continent n'est pas peuplé depuis plus de dix à vingt mille ans et que le phénomène n'a pas eu le temps nécessaire pour se manifester pleinement. Certains ont proposé que la sélection des peaux claires dans les régions les moins ensoleillées a permis d'améliorer la synthèse cutanée de la vitamine D, facteur antirachitique essentiel, normalement stimulée par la lumière. À l'inverse, la richesse cutanée en mélanine a été sélectionnée dans les pays soumis à l'ardeur du soleil car elle protège des brûlures et des cancers cutanés.

La base du racisme pourrait être, je l'ai dit, l'ethnocentrisme, c'est-à-dire la tendance d'un groupe à considérer que son organisation, son mode de vie, ses coutumes sont bien supérieurs à ceux des autres, et à être persuadé que l'infériorité des usages de tous ceux qui n'appartiennent pas au groupe est probablement de « nature », qu'elle reflète la qualité intrinsèque inférieure des « barbares », mot qu'ont inventé les Grecs pour désigner les autres, ceux qui ne parlaient pas grec. L'ethnocentrisme constitue sans doute un comportement adaptatif de développement électif des interactions sociales au sein du groupe, matrice naturelle des échanges aptes à développer les facultés de chacun, en particulier cognitives. En revanche, ceux de l'extérieur ne sont considérés que par leur étrangeté ou la menace qu'ils constituent pour les membres du groupe qui se désignent souvent eux-mêmes par un mot qui, dans leur langage, signifie « les hommes », d'autres fois « les justes » ou « les purs », indiquant en creux que les autres ne sont pas, selon les cas, humains ou purs.

Ces prémices rappelées, je ne reviendrai ni sur les différentes phases de structuration des idéologies racistes, ni sur les controverses touchant le QI des différents groupes humains, bien documentées par moi-même et d'autres[1] pour sauter à la période moderne de l'étude des génomes. La première

1. Axel Kahn, *Et l'homme dans tout ça ? Plaidoyer pour un humanisme moderne* [Nil, 2000], Pocket, 2004. Voir aussi *Raisonnable et humain* [Nil, 2004], Pocket, 2006, ou *L'Homme, ce roseau pensant, op. cit.*

séquence presque complète du génome humain a été publiée en 2001, elle a été complétée et fort affinée par la suite. Les humains possèdent environ vingt-deux mille gènes qui ne diffèrent que très peu d'une personne à l'autre. L'alphabet génétique est composé de quatre lettres (A, C, G ou T), disposées en un long enchaînement de 3,2 milliards de signes hérités de chacun de nos parents. Or cet enchaînement ne varie qu'une fois sur dix mille entre des hommes ou des femmes issus d'Afrique, d'Asie ou d'Europe. Partout dans le monde, les commentateurs se sont d'abord étonné qu'un être aussi prodigieux que l'homme puisse s'édifier avec si peu de gènes, pas plus que chez d'autres mammifères, seulement un gros tiers de plus que chez un insecte tel que la mouche du vinaigre, à peine plus que chez un ver, et moins que chez des batraciens et des plantes, par exemple le blé et les tulipes. La très grande ressemblance entre les génomes de personnes issues d'ethnies différentes, originaires de régions éloignées les unes des autres de plusieurs milliers de kilomètres, a cependant semblé rassurante : c'est là la preuve, a-t-on affirmé alors, que les races n'existent pas et que le racisme n'a donc plus aucune justification possible, qu'il est appelé, espère-t-on, à disparaître bientôt. Hélas, je crains qu'on ne soit allé bien vite en besogne, par ignorance ou sous l'influence de présupposés idéologiques.

Tout d'abord, il faut revenir au rôle des gènes. Il n'existe évidemment pas un seul gène par caractère physique ou psychique, par don, par spécificité comportementale, qui rendrait inéluctable qu'un être à la cognition aussi développée que l'homme dût être doté d'un bien plus grand nombre de gènes qu'un animal non humain. En fait, le mode d'action des gènes, c'est-à-dire le mécanisme par lequel ils influencent les propriétés des êtres vivants, est combinatoire, à la manière dont c'est la combinaison des mots qui donne sens à la phrase ou au texte. Or ce n'est pas le nombre de mots utilisés qui fait la qualité littéraire d'un texte, de même que ce n'est pas le nombre de gènes qui explique l'étendue des potentialités humaines. C'est à dessein que j'utilise ici le terme « potentialité », car la combinaison des gènes ne gouverne que la possibilité pour une personne humaine d'être éduquée au contact d'une communauté de semblables. Isolé, élevé par des animaux, le petit d'homme évoluera vers ces enfants sauvages dont de nombreux exemples ont été décrits dans l'histoire, incapables d'atteindre les capacités mentales caractéristiques de l'espèce humaine[1].

L'effet combinatoire des gènes explique que de petites différences génétiques puissent avoir de considérables conséquences sur les êtres, comme en témoignent les aspects et capacités bien distincts des hommes et des chimpanzés, dont les gènes sont pourtant à 98,4 % identiques. C'est pourquoi aussi la grande homogénéité génétique des hommes du monde entier, confirmée par l'étude du génome, n'est pas suffisante pour conjurer la menace d'un

1. Cette situation est évoquée dans *Être humain, pleinement*, *op. cit.*

dévoiement raciste de la biologie, pour deux ordres de raison. Les maladies avec retard mental témoignent de ce que la mutation d'une seule des plus de 3 milliards de lettres de l'alphabet génétique suffit à altérer les fonctions cognitives. De très légères différences dans le génome des personnes pourraient de la sorte avoir chez elles d'importantes conséquences. D'autre part, l'affirmation que le racisme est illégitime parce que, sur le plan biologique et en particulier génétique, les races n'existent pas, revient à admettre que si les séquences génétiques différaient statistiquement entre les ethnies, alors le racisme serait peut-être recevable. Or, bien sûr, puisqu'on peut distinguer les gens en fonction de leurs caractéristiques physiques (couleur de la peau, aspect de la chevelure, forme du visage, etc.), on le peut aussi à partir de l'ADN qui code toutes ces caractéristiques. Là ne réside en réalité ni l'origine du racisme ni la justification de l'antiracisme.

Lorsque l'on aura expliqué à des gens habités par des préjugés racistes que les races humaines n'existent pas au sens où l'on parle de races animales distinctes, peut-être seront-ils impressionnés et convaincus. Pourtant cette démonstration risque bien d'être insuffisante car déconnectée du vécu des gens ordinaires. Eux n'ont pas de difficulté à reconnaître, dans la rue, des Jaunes, des Blancs, des Noirs, des Méditerranéens bruns et des Scandinaves blonds. Par ailleurs, la réfutation scientifique de la réalité des races ne prend pas en compte les très fréquentes racines socio-économiques d'un racisme qui est souvent le reflet du mal-être et du mal-vivre, par exemple au sein des populations défavorisées de grandes villes. En fait, force est de constater qu'il n'y a paradoxalement que peu de rapports entre la réalité des races et celle du racisme. Chacun peut en effet observer que les pires excès racistes s'accommodent fort bien de la non-existence des races humaines. En ex-Yougoslavie les plus effroyables comportements de type raciste ont opposé les Slaves du Sud, les uns convertis au catholicisme (les Croates), les autres à l'islam (les Bosniaques), et les derniers à la religion orthodoxe (les Serbes). En Inde, les massacres intercommunautaires n'ont généralement pas de bases raciales, et les exemples de ce type sont nombreux.

Dans le discours des racistes modernes, ce ne sont souvent plus les races qui sont déclarées incompatibles ou inégales, ce sont les coutumes, les croyances et les civilisations. Ce dont on parle, c'est de choc des cultures. Ce qui est rejeté, ce n'est plus tellement l'homme noir, blanc ou jaune, ce sont ses préparations culinaires, ses odeurs, ses cultes, ses sonorités, ses habitudes, sa religion. Souvent la montée en puissance de l'uniformisation culturelle et l'imposition des standards occidentaux accompagnant la mondialisation économique entraînent, en réaction, une tendance au repli communautaire. Il s'agit là d'un réflexe de protection contre une civilisation opulente et dominatrice dont on ressent la double menace, celle de l'exclusion et de la dépossession de ses racines. Parfois même, c'est à un véritable apartheid culturel que l'on aboutit sous l'effet conjoint de la revendication identitaire des minorités et de l'intolérance ou – et c'est parfois pire – du mépris et de l'indifférence de la majorité.

Depuis le développement du sionisme à la fin XIXe siècle, puis le mouvement des Black Panthers aux États-Unis, l'organisation communautaire dans le monde revêt de plus en plus souvent une dimension offensive alimentée par la demande de réparations pour les pogromes et le colonialisme d'hier, l'antisémitisme et le racisme de toujours. Le repli protecteur laisse place alors à une affirmation militante et fière de soi, mais s'accompagne aussi d'une remise en cause de l'universalisme humaniste, et engendre parfois de nouvelles formes de racisme.

Or il y a dans cette forme de communautarisme exclusif une tendance qui m'apparaît non humaine. Ce qui caractérise, en effet, les civilisations et leur évolution, ce sont les échanges culturels et les emprunts qui, à l'opposé de l'uniformisation imposée par une culture dominante, créent de la diversité et ouvrent de nouveaux espaces au développement de l'esprit humain. Les Phéniciens subissent l'influence des Hittites, des Assyriens, des Babyloniens, qui échangent avec l'Égypte, avec la Grèce. Les Étrusques, nourris des arts et techniques grecs et phéniciens, sont à l'origine de la culture romaine. Celle-ci, à Constantinople, est remodelée par la civilisation grecque, puis intègre de nombreux apports orientaux. Plus près de nous, j'y ai fait allusion, la musique des esclaves noirs américains sera à l'origine du jazz et d'autres courants majeurs de la musique moderne. L'« art nègre » a fécondé la peinture et les arts plastiques occidentaux et les a conduits en particulier au cubisme. Le progrès des sociétés humaines est toujours passé par le métissage culturel.

À l'inverse, les races animales n'échangent guère leurs habitudes ; elles conservent leurs particularités éthologiques qui n'évoluent, pour l'essentiel, que sous l'effet de variations génétiques et écologiques. La diversité humaine n'est donc facteur d'enrichissement mutuel que si elle est associée à l'échange. L'uniformité a le même effet que le repli sur soi : dans les deux cas, le dialogue est stérilisé et la civilisation dépérit.

Au total, la biologie et la génétique modernes ne confirment en rien les préjugés racistes, et il est certainement de la responsabilité des scientifiques de réfuter les thèses biologisantes encore trop souvent appelées à leur rescousse. Cela est relativement aisé, mais à l'évidence insuffisant tant il apparaît que le racisme n'a pas besoin de la réalité biologique des races pour sévir. Ce serait en réalité un contresens de vouloir fonder l'engagement antiraciste sur la science. Il n'existe en effet pas de définition scientifique de la dignité humaine, il s'agit là d'un concept philosophique. Aussi le combat antiraciste en faveur de la reconnaissance de l'égale dignité de tous les humains, au-delà de leur diversité, est-il avant tout de nature morale, reflet d'une conviction profonde qui n'est évidemment en rien l'apanage exclusif du scientifique.

Le progrès, entre sens et non-sens

Le progrès des connaissances et des techniques est l'un des fruits de l'intelligence humaine. Après avoir nourri l'optimisme depuis les Lumières jusqu'au milieu du XXe siècle, il est perçu par une frange croissante de personnes comme une menace. Jusqu'aux lendemains de la Seconde Guerre mondiale, le progrès est considéré par presque tout le monde comme un bienfait. Y accéder est énoncé en tant que droit humain dans la Déclaration universelle de 1948. Puis, progressivement, certaines de ses conséquences sont dénoncées comme mettant en péril la planète et les emplois au seul bénéfice de l'enrichissement d'une minorité cupide et dominatrice. Bien et progrès vont-ils toujours de concert ? Nombreux sont les courants qui en doutent. À quelle condition la réponse peut-elle être positive ?

Quel mot magnifique, pourtant, que celui de « progrès ! » Quel objectif lumineux ! Quelle image superbe que celle des femmes et des hommes de progrès, qui ont construit pendant deux siècles nos sociétés ! Le Progrès dont je parle – et je l'emploie au singulier – s'écrit avec un grand « P », je me dois de le définir, de rappeler ses conditions d'émergence et ce qu'il est devenu au fil des siècles. Il est la notion selon laquelle tous les progrès particuliers, qui s'écrivent avec des petits « p » – celui des connaissances, fruit de l'intelligence humaine ; les progrès techniques et économiques –, convergent entre eux pour garantir l'amélioration des conditions d'épanouissement de l'homme, c'est-à-dire le progrès humain, finalité ultime du Progrès.

La notion de Progrès ainsi définie se construit au fil des millénaires par apports successifs. La démarche scientifique, activité rationnelle de l'esprit pour parvenir à la connaissance des lois de la nature, a au moins cinq mille ans. Les écoliers mésopotamiens résolvent des équations du premier degré à deux inconnues. Cinq cents ans avant notre ère, les Grecs définissent les règles de la logique. Cependant, ni pour eux ni pour les hommes du Moyen Âge scolastique, ni même pour ceux des Renaissances arabo-andalouse puis européenne, la science n'a pour fonction explicite d'accroître les pouvoirs humains. Il s'agit plutôt, selon les époques, de chanter la magnificence de l'esprit humain et de louer celle de Dieu.

Au XVIIe siècle, trois citations témoignent de la conscience acquise alors des mécanismes auto-amplificateurs du progrès dans son sens moderne. Je les combinerai :

1) « Le savoir est pouvoir », nous dit Francis Bacon.
2) « Pour l'homme de se rendre comme maître et possesseur de la nature », ajoute René Descartes.
3) Or « toute la suite des hommes pendant le cours de tant de siècles est comme un seul homme qui vit toujours et qui apprend continuellement », énonce Blaise Pascal – cette observation est aujourd'hui pour nous évidente.

Il s'ensuit de ces citations enchaînées que le pouvoir humain qui découle d'un savoir infiniment cumulatif n'aura pas de limite. C'est là une première caractéristique fondamentale du concept de progrès.

Cela étant dit, la notion d'inéluctabilité d'une amélioration des conditions d'épanouissement des femmes et des hommes n'était pas, à ce stade, incluse dans l'idée de progrès. Elle apparaît dans un deuxième temps, au XVIIIe siècle (le siècle des Lumières), qui est aussi celui de l'optimisme du Progrès : « Le bonheur : une idée neuve en Europe », lancera Saint-Just. C'est de ce Progrès-là que je parle, élément constitutif aussi bien du libéralisme que des socialismes. La confiance absolue en la capacité de l'intelligence humaine, de la connaissance et de la science à faire évoluer la société vers une amélioration du sort des femmes et des hommes est partagée par les libéraux des Lumières écossaises et françaises, par les révolutionnaires de 1789 et par les socialistes du XIXe siècle. Pour les uns, tel est le dessein de l'Être suprême ou de toute autre forme sous laquelle s'exerce la transcendance. Pour Condorcet, d'un athéisme absolu, le caractère inéluctable du Progrès vient de ce que la confrontation de chaque génération nouvelle au *corpus* infiniment croissant des connaissances et de la culture fait progressivement émerger un homme d'une qualité morale supérieure, amené de ce fait à utiliser les pouvoirs découlant du développement des savoirs au profit d'une amélioration du bonheur humain. Les libéraux disciples de Saint-Simon aussi bien que les différents courants du socialisme communient au XIXe siècle dans cette certitude que la mobilisation de la science, des techniques et des richesses qui en découlent permettront à l'humanité de se libérer peu à peu de ses contraintes et d'évoluer vers des lendemains plus lumineux. On en trouve des traces émouvantes – qui me font vibrer quand je les relis – dans les minutes du procès de Louise Michel après que son compagnon est tombé durant la semaine sanglante de la Commune de Paris et qu'elle-même, la combattante, a été arrêtée. Devant ses juges versaillais, elle clame sa conviction en la capacité du Progrès à donner aux femmes et aux hommes le moyen de briser leurs chaînes et de se saisir véritablement de leur avenir. C'est un peu la même idée pleine de force et d'espoir que l'on retrouvait avant sa chute partout en URSS dans ces couples de pierre, altiers et volontaires, d'ouvriers et de paysans, le regard fixé au loin vers les lendemains qui chantent.

Le XXe siècle confirme par certains de ses aspects combien l'optimisme du Progrès était prémonitoire, mais il témoigne aussi de sa naïveté. Il est en effet, certes, le siècle d'avancées prodigieuses dans le domaine de la médecine, de la recherche, de toutes les formes de la connaissance ; il est cependant en même temps celui de guerres de plus en plus technicisées où la science est convoquée pour tuer plus efficacement, celui des bombes atomiques, de Bhopal, de Tchernobyl, de la pollution envahissante, de l'effet de serre d'origine anthropique. Si bien qu'au XXe siècle, un phénomène singulier apparaît dont nous sommes les héritiers, phénomène qu'on ne peut ignorer : un certain sentiment de déception, de désamour du Progrès a pu se transformer en dénonciation de son idée même. Comment analyser l'échec partiel des promesses véhiculées par l'idée de progrès d'accroître toujours les perspectives du bonheur humain ? Elles découlaient, nous l'avons vu, de la conviction que le pouvoir croissant des humains serait toujours tendanciellement utilisé à son bénéfice plutôt qu'à son détriment. Mais n'était-ce pas là un optimisme naïf? Quels ressorts le garantissent? L'action d'un Être suprême n'est guère admise par tous. Il est constant que les connaissances et le pouvoir techniques évoluent bien plus vite que la sagesse humaine. Aucune étude en physique nucléaire ou biologie moléculaire vieille de plus de cinquante ans n'a de réelle importance sinon historique. En revanche, des textes de plus de deux mille ans sur l'amour, la haine, le courage, la bonté, la beauté conservent toute leur signification, ils valent pour nous aussi bien que pour les lecteurs de l'Antiquité. L'homme, de plus en plus puissant, n'est définitivement pas de plus en plus sage.

Un sentiment antiprogressiste s'est aussi renforcé au sein de courants entiers de la gauche à l'occasion de la révolution conservatrice et libérale néoclassique. En effet, les femmes et les hommes jusque-là persuadés que, globalement, avec des hauts et des bas, leur sort devait nécessairement s'améliorer, se sont entendu asséner qu'au stade où en était la société il convenait qu'ils acceptent désormais d'en rabattre sur ce qui était dénoncé comme de scandaleux avantages acquis, mais qu'ils voyaient, quant à eux, comme des avancées, des progrès sociaux conquis de haute lutte par les générations de leurs aïeux et de leurs parents. Le terme de « réforme », jadis associé au progrès, est souvent devenu synonyme de régression sociale, en totale contradiction avec l'idée du Progrès et l'optimisme qu'elle véhicule. Le résultat est aujourd'hui ce paradoxe que la droite libérale continue de se réclamer des progrès techniques mobilisés pour accroître les profits alors que se manifeste dans la diversité des forces appelées jadis « progressistes » un scepticisme croissant envers les promesses d'un Progrès vu hier comme garant d'une amélioration des conditions de vie.

En d'autres termes, la belle image du Progrès ne mérite certes pas d'être passée par pertes et profits ; il faut cependant la refonder en raison, sur des bases plus solides que jadis. Il ne s'agit pas bien sûr de nier la réalité de ce que le Progrès peut être utilisé au détriment de l'homme et de son environnement mais d'affirmer aussi que, sans lui et compte tenu des défis à relever, il n'est guère d'avenir désirable. Comment parvenir à cette indispensable refondation du Progrès ? En lui assignant une finalité explicite, ce qui n'était pas le cas auparavant. Pour les femmes et les hommes du XIXe siècle et du début du XXe, il allait de soi que le progrès des sciences, des techniques et de l'économie seraient *in fine* bénéfiques à l'homme. Nous avons vu qu'il n'en est en réalité rien. Le Progrès qu'il nous faut porter est fier, exigeant et généreux, il s'écrit avec un grand « P » car il est humaniste ou il n'est pas. À ce titre, toutes les mesures prises dans le but de léguer aux générations futures une terre compatible avec l'épanouissement d'une «vie authentiquement humaine», pour reprendre la formule de Hans Jonas, sont constitutives du Progrès ainsi refondé qu'il n'est de la sorte pas question d'opposer à la pensée écologiste. Construire une société active, solidaire, généreuse et efficace nécessite une mobilisation de l'intelligence, des connaissances, des techniques et les richesses créées, c'est-à-dire d'avoir confiance en le Progrès. À la condition que tout ce qu'il crée soit mis explicitement au service des femmes et les hommes, utilisé par eux pour édifier une société accueillante pour nos enfants et petits-enfants.

Responsabilité et pouvoir humain sur les génomes

Je suis encore en ce dernier trimestre de 2020 président du Comité d'éthique commun aux quatre grands organismes de recherche chargés en France d'améliorer l'usage que l'homme fait de son environnement, la terre, en France, et, dans les pays du Sud, la mer et les océans (Inrae[1], Cirad[2], Ifremer[3], IRD[4]).

1. Inrae: Institut national de la recherche agronomique, de l'alimentation et de l'environnement.
2. Cirad: Centre international de recherche agronomique pour le développement.
3. Ifremer: Institut français de recherche sur l'exploitation de la mer.
4. IRD: Institut de recherche en développement.

J'ai été douze ans membre du consultatif national d'éthique, ai présidé la Commission du génie biomoléculaire et celle des sciences de la vie à Bruxelles, coprésidé la commission du génie génétique en France. Je suis par conséquent confronté depuis bien longtemps à la question du pouvoir humain et des responsabilités qui en découlent en matière d'intervention sur les génomes. L'évolution rapide des techniques d'ingénierie génétique et l'accroissement considérable de la puissance conférée exigent cependant de se reposer encore et encore la question de la compatibilité entre l'usage de cette puissance et l'aspiration à une vie bonne et désirable. Nous sommes en ce sens au centre des objectifs de ce livre.

Depuis que les premières méthodes de recombinaison d'ADN ont été mises au point à la fin des années 1970, c'est-à-dire dès l'origine du génie génétique, les biologistes ont rêvé d'acquérir une maîtrise parfaite des modifications qu'ils désirent apporter aux génomes, à des fins scientifiques, médicales ou biotechnologiques. Cependant, les progrès n'ont été que progressifs. À l'exception des micro-organismes où la recombinaison homologue, phénomène naturel, a d'emblée pu être utilisée, l'insertion dans les génomes hôtes de brins d'ADN extérieurs s'est révélée aléatoire. L'introduction de mutations dans ces fragments, *in situ* (au sein des cellules ou des organismes) aussi bien qu'*in vitro*, était à l'origine difficile et imprécise. De ce fait, l'éventail des possibilités biotechnologiques restait limité en ce qui concerne les organismes pluricellulaires, humains, animaux ou plantes. Il y a des décennies que l'on évoque les perspectives, à l'origine un brin fantasmagoriques, de la thérapie génique germinale, de la création d'humains génétiquement augmentés, de la production de nouvelles variétés végétales et de lignages animaux manipulés à des fins diverses : qualité agronomique, résistance à des pestes et, en ce qui concerne les animaux, à des maladies, modèles d'affections humaines, donneurs d'organes, etc. Beaucoup des mouvements d'opinion opposés aux « organismes génétiquement modifiés » ciblaient le principe même de techniques en réalité encore rudimentaires, leurs incertitudes aussi bien que leurs objectifs s'ils avaient eu les moyens techniques de leurs ambitions.

La gamme des possibilités au service des biologistes moléculaires et des experts en biotechnologies s'est cependant progressivement étendue, d'autant qu'elle a été parallèle aux progrès en embryologie, techniques de régénération et clonage : recombinaison homologue animale, isolement et culture de cellules-souches embryonnaires, clonage somatique, etc. Sont apparues ainsi les méganucléases, enzymes capables d'effectuer des coupures de l'ADN, et de la sorte des insertions de séquences exogènes, en des sites de plus en plus précis du génome. Le dernier en date de ces outils est la construction Crispr-Cas9 que l'on doit à la Française Emmanuelle Charpentier et à l'Américaine Jennifer Doudna, conjointement prix Nobel de Chimie 2020. Cet outil combine une méganucléase et un ARN guide. Il s'agit d'un système qui rapproche les « biotechniciens » de la réalisation de leur rêve, être capable de modifier – muter, déléter, introduire une séquence étrangère – tout gène de n'importe quelle cellule vivante, avec précision, rapidité et de façon peu onéreuse. En soi, ce progrès n'est pas conceptuellement révolutionnaire puisqu'on l'espérait depuis des décennies. De même, l'éventail de ce que son utilisation pourrait permettre de réaliser a été imaginé et débattu depuis fort longtemps. Cependant, le fait que les moyens d'y parvenir soient maintenant disponibles, que des investissements croissants soient consentis à cet effet pose ces questions avec une toute nouvelle intensité. De plus, il est constant que la puissance technique stimule la folle audace de ceux qui s'en sont dotés. De ce fait, la question de notre responsabilité collective devant notre pouvoir accru d'agir sur les génomes de nos semblables, des bêtes, des plantes et des micro-organismes se pose avec une urgence renforcée et en des termes renouvelés. En particulier, le dessein d'accroître par bio-ingénierie les capacités humaines – le vieux mythe de l'homme augmenté – a pu apparaître à portée de main. Nous avons vu en particulier que, en France, le Dr Laurent Alexandre, après Raymond Kurzweil aux États-Unis et de nombreux autres dans le monde entier, envisageait une telle approche dans le but d'accroître les capacités cognitives humaines. La tendance actuelle est de plutôt confier ce dessein au champ de l'intelligence artificielle dont je reparlerai en détail.

Eugénisme, transhumanisme : mythes, réalité et action bonne

Les fantasmes attachés aux « manipulations génétiques » de l'humain sont innombrables dans le public. Je m'efforce depuis des décennies d'y répondre en fonction de ce que dit la science, au moins ce qu'elle considère être le plus probable. C'est un enjeu essentiel de l'exercice de la démocratie dans des pays de haut niveau de développement technique, démocratie difficile mais à laquelle je ne vois pas plus d'alternative préférable que n'en voyait Winston Churchill. En effet, la condition d'une participation des citoyens à la prise des décisions importantes concernant l'avenir est qu'ils en connaissent les enjeux de manière à pouvoir se forger une opinion. Cette ambition est hélas un peu théorique en un temps où les déceptions accumulées du progrès et de la conduite des affaires publiques ont engendré une contestation croissante de toutes les autorités, politiques mais aussi scientifiques. Contestation engendrant un succès considérable des fausses nouvelles, des rumeurs, de la fausse science, toutes diffusées bien vite dans la multiplicité des réseaux de communication. Pourtant, même si l'ambition d'une information objective apparaît de plus en plus irréaliste, s'y tenir avec détermination est exigible de qui se réfère à la voie bonne.

Le film de science-fiction *Bienvenue à Gattaca* (1997) a fait de la sélection génétique des embryons à la recherche du génome parfait le thème central de son scénario. Avec les progrès de l'ingénierie génétique, les transhumanistes suggèrent que ce « graal » pourrait être approché grâce à la correction des imperfections génétiques dans le génome de l'embryon. L'idée de génome parfait est en réalité absurde. D'abord parce que de nouvelles mutations peuvent intervenir en permanence. Il apparaît que 20 % des maladies génétiques sont dues à des « néomutations » sans antécédents familiaux. De plus, un génome adapté à l'environnement du moment pourra très bien se révéler très délétère dans l'environnement du futur que personne ne peut prévoir. Seule la sélection naturelle dépourvue de toute intention téléologique adapte à l'échelle des générations le génome à un environnement évolutif. Quant au tri systématique de tous les embryons dans un dessein eugéniste (l'amélioration de la qualité génétique de la population entière), c'est un évident fantasme. Il exigerait en effet que l'humanité entière renonce pour faire un enfant aux câlins sur ou sous la couette, méthode assez simple et non dépourvue d'avantages et d'agréments, au profit de l'assistance médicale à la reproduction : injection hormonale pour provoquer une hyperovulation, ponction ovarienne sous cœlioscopie chez les femmes, masturbation masculine pour recueillir le sperme… Ce parcours imposé ne sera jamais simple, agréable ni très bon marché !

Face aux périls perçus du pouvoir biotechnologique sur l'humain, la question est souvent posée de la nécessité d'une régulation et législation à l'échelle de la planète. Une entente internationale aboutissant à des règles contraignantes est en fait illusoire, et d'ailleurs peu souhaitable car ce serait alors selon toute probabilité la soumission de tous aux principes moraux et philosophiques, ainsi qu'aux pratiques, de la ou des puissances culturellement et économiquement dominantes.

Alors au moins, et cette perspective apparaît à première vue attrayante et désirable à la grande majorité des personnes, ne faudrait-il pas hâter la généralisation d'un emploi des méthodes de correction génétique utilisant des outils du type de Crispr-Cas9 à des fins médicales ? En effet, mais il vaut la peine d'y regarder de plus près. Il convient d'abord de préciser ce dont on parle. S'il s'agit d'une correction des mutations génétiques génératrices de maladies génétiques, comment devrait-on procéder ? La première étape serait un diagnostic génétique de l'affection dans la famille concernée. Cela exclut les néomutations qui surviennent de façon imprévisible. Ensuite, une assistance médicale à la procréation (AMP) permettrait de disposer de plusieurs embryons limités à quelques cellules. Parmi eux, d'après les règles de la génétique et selon la transmission de l'affection considérée, certains seraient sains, d'autres, pour les maladies récessives, porteurs, d'autres encore atteints. Le diagnostic préimplantatoire (DPI) distinguerait ces types d'embryons. Cependant, à ce stade, il serait à l'évidence plus simple d'écarter les embryons atteints, le cas échéant porteurs sains dans une perspective eugénique, plutôt que de choisir les embryons défectueux afin de tenter de les corriger avec toutes les incertitudes attachées à cette opération. En d'autres termes, ce qui serait nécessaire à la réalisation d'une thérapie génique germinale conduirait en fait plutôt, après DPI, au tri d'embryons. C'est pourquoi les fervents partisans de l'emploi des nouvelles techniques améliorées d'« édition » du génome à l'aide de Crispr-Cas9 pensent en réalité à la création de lignages d'« hommes augmentés » et non d'hommes réparés. La question éthique est alors toute différente, pour au moins trois raisons dont l'une a déjà été signalée : qui peut garantir qu'une modification génétique apparemment « améliorative » aujourd'hui ne se révélera pas incroyablement délétère pour les générations futures qui vivront dans un environnement naturel et humain que nul ne peut connaître ?

La seconde raison est que le dessein de telles pratiques serait la création de lignages « surhumains, transhumains », selon l'idéologie qui est d'autant plus revenue à la mode que d'énormes puissances technologiques et financières comme Google s'y sont engagées à corps perdu. Mais alors la science, dont la grandeur est de contribuer, par la médecine et l'outillage, à atténuer les conséquences des différences de nature, à donner aux faibles et aux personnes handicapées les mêmes moyens qu'aux forts, changerait son fusil d'épaule pour prendre en charge la création de nouvelles inégalités de nature ! Sans compter que, si l'on pense, comme moi, qu'un homme amélioré est d'abord un homme plus créatif, plus solidaire, plus généreux, une telle épiphanie est davantage accessible à l'éducation qu'à l'édition performante des génomes, même si sa réalisation en est simplifiée !

Transhumanisme : quelle action bonne dans le torrent des pulsions, des pouvoirs et des fantasmes ?

Je suis un scientifique, soumis comme tous mes pairs à la passion de connaître, de comprendre, de progresser. Je suis aussi très conscient de cette « témérité irrésistible qu'un délire sacré inspire au génie » dont parlait Charles Nicolle en condamnant la démarche de son maître Louis Pasteur. Engagé dans ses recherches sur la vaccination contre la rage, ce dernier avait demandé à l'empereur Pierre II du Brésil de mettre à sa disposition des condamnés à mort pour expérimenter sur eux ses candidats-vaccins. Charles Nicolle avait expliqué que, dans ce cas, « la conscience du savant étouffait la conscience de l'homme ». L'histoire de la médecine est jalonnée d'épisodes de ce genre. Le désir d'atteindre son objectif scientifique et médical est un puissant stimulant pour le chercheur à relativiser toute autre considération de nature à entraver son élan. Cela débute souvent par une présentation au minimum optimiste et souvent mythifiée des bienfaits escomptés de l'entreprise dans laquelle il souhaite s'engager sans entrave. Je suis très familier de la tentation qui pousse des scientifiques à privilégier dans leur expression publique non ce qu'ils croient – ou savent – vrai, mais ce qu'ils jugent utile à ce qu'ils souhaitent. Ils le souhaitent d'ailleurs parfois si fort qu'ils s'en convainquent eux-mêmes. Après la naissance par clonage de la brebis Dolly, on a présenté les perspectives mirifiques du « clonage thérapeutique ». Il permettrait aux paralytiques de remarcher, aux malades atteints d'Alzheimer de retrouver la mémoire, aux victimes d'infarctus du myocarde de récupérer du cœur à l'ouvrage, etc. Il suffirait de fabriquer un clone embryonnaire de chaque malade et d'utiliser ses cellules-souches pour réparer les lésions. J'ai alors fait remarquer, goguenard, que compte tenu de la très grande inefficacité de la méthode de clonage, on risquait de ne pas soigner grand monde ainsi. En revanche, observai-je, les efforts déployés pour obtenir des embryons clonés hâteraient sans doute la mise au point du clonage reproductif – la naissance d'un enfant cloné – auquel je m'opposais[1]. Je me suis trouvé très isolé dans mon réalisme au sein de la communauté scientifique mondiale qui, pourtant, savait vrai ce que j'avançais. À moins que pour une part elle se soit convaincue elle-même des illusions qu'elle véhiculait. Cependant, cloner l'humain est si tentant… J'avais raison, sans surprise. Plus personne ne parle plus en 2020 de « clonage thérapeutique », des approches bien plus réalistes en ont rendu caduque la perspective.

À l'époque, j'eusse aimé moi aussi permettre aux paralytiques de remarcher, mais c'est le

1. Axel Kahn et Fabrice Papillon, *Copie conforme : le clonage en question* [Nil, 1998], Pocket, 1999. Voir aussi Axel Kahn, *Un type bien ne fait pas ça, op. cit.*

développement actuel de la robotique, de la microélectronique et des interfaces cerveau-machine qui devraient le permettre. Cependant, je l'ai dit, le devoir pour un « sachant » d'informer les citoyens de ce qu'il considère sinon vrai au moins le plus probable, m'apparaît impératif. Je n'y déroge pas. C'est dans cet état d'esprit que j'ai été fort présent dans les médias au mois de novembre 2018 pour commenter la naissance des deux premiers « transhumains » de l'histoire de l'humanité, les petites filles chinoises Nana et Lulu.

Utilisant l'édition de précision du génome à l'aide de Crispr-Cas9, le scientifique chinois de Shenzhen He Jiankui révèle alors qu'il a invalidé (c'est-à-dire inactivé) le gène codant le récepteur CCR5 dans les embryons qui deviendront les deux petites filles. Les deux copies (allèles) du gène CCR5 sont bien inactivées chez Lulu, une seule chez Nana. Lulu se trouve par conséquent dans la situation de certaines femmes prostituées africaines qui, de façon stupéfiante, restent indemnes de l'infection par le VIH, virus du sida. La cause en est une inactivation naturelle des deux allèles CCR5, comme chez Lulu. Le VIH utilise en effet le récepteur CCR5 pour pénétrer dans les cellules humaines. He Jiankui déclara avoir voulu par cette manipulation génétique protéger les enfants d'une contamination. Le père, ajouta-t-il, est séropositif pour le VIH, et par conséquent potentiellement infectieux. D'emblée, je condamnai cette justification comme absurde. Grâce à la trithérapie qui abaisse le titre viral, au lavage des spermatozoïdes et à l'injection directe dans des ovocytes

(ICSI), des hommes contaminés sont aujourd'hui, s'ils le désirent, pères sans aucun risque ni pour leurs enfants ni pour leur conjointe. L'action du scientifique de Shenzhen, bientôt sanctionné par les autorités de son pays, a également été critiquée par les partisans avertis du transhumanisme, conscients de ce qu'il n'existe aucun recul pour juger de la sécurité d'une telle modification et de sa précision. Le système Crispr-Cas9 peut introduire de manière imprévisible des altérations non désirées de l'ADN ailleurs qu'au site ciblé. Cette incertitude est bien illustrée par les études précises des modifications introduites dans les gènes des deux petites Chinoises. Lulu n'a en effet plus de copie fonctionnelle du gène CCR5 mais les mutations inactivatrices ne sont pas exactement celles anticipées. Chez Nana, un gène fonctionnel persiste, la fillette est seulement hétérozygote pour la mutation. Ici, rien ne justifiait de toute façon de prendre le moindre risque. Folie. Rien mais…

Le projet transhumaniste se fixe pour but la création de lignages humains améliorés. Il compte pour cela sur la panoplie des méthodes NBIC (nanotechnologies, biologie, informatique, sciences cognitives) pour y parvenir, mieux et plus rapidement que par le moyen de la sélection naturelle. Que pourrait être un humain amélioré, augmenté ? Plus généreux, solidaire, créatif ? Sans doute pas dans l'esprit des scientifiques qui se proposent de s'engager dans cette voie. Cela n'est en effet selon toute évidence pas accessible à la seule réécriture d'une petite portion de génome. Résistant à des virus comme ici, à d'autres menaces de l'environnement ? Mais lesquelles menaceront l'humanité dans cinquante ans ? Personne ne le sait, bien entendu ! L'évolution et la sélection adaptent au fur et à mesure les êtres à leur environnement. Et des humains ignorants de ce qu'il sera se proposeraient de les devancer ? Imaginons que les biologistes des années 1950 aient été aussi habiles que leurs successeurs d'aujourd'hui et de demain. À quelle maladie virale auraient-ils cherché à rendre des lignages résistants ? La variole ? La poliomyélite ? Qui ne menacent plus grand monde au XXIe siècle comme le sida cessera sans doute de le faire. *Hubris* caractérisée ! Les mutations à l'origine des cancers sont acquises et de ce fait ne peuvent être radicalement prévenues.

Alors, produire pour un usage particulier des femmes et des hommes très forts, très grands, de futurs champions sportifs, des soldats redoutables ? Mais Kant ne nous a-t-il pas enjoints catégoriquement de « considérer l'humain en ta personne comme en la personne de tout autre toujours aussi comme une fin et jamais uniquement comme un moyen » ? Moyen de renforcer les performances de ses équipes olympiques ou de ses troupes armées, par exemple ? Une telle finalité d'instrumentalisation de l'humain serait à l'évidence inéthique.

L'immortalité est un objectif souvent avancé. Dans la réalité, aucun progrès n'a été accompli dans ce sens. Même sur les plus simples des animaux modèles qu'utilisent les chercheurs pour explorer les mécanismes de la sénescence, le ver *Caenorhabditis elegans*, la mouche *Drosophila melanogaster*. On sait accroître leur longévité mais il ne s'agit que d'une variation limitée de leur horloge biologique, nullement d'une maîtrise progressive de l'immortalité. Les humains peuvent depuis des temps reculés dépasser les cent ans d'âge, ils sont simplement de plus en plus nombreux à y parvenir, grâce aux progrès de l'hygiène et de la médecine.

Outre l'immortalité, le rêve des transhumanistes est d'accroître les capacités cognitives de nos semblables. Grâce à la mise au point d'interfaces améliorées et internes entre le cerveau humain et l'intelligence artificielle. Et aussi en sélectionnant des modifications génétiques qui pourraient y contribuer. Dans cet esprit, nous retrouvons nos deux petites filles Lulu et Nana, et le gène CCR5. Le récepteur éponyme fixe des chémokines, intermédiaires de l'inflammation. Des souris transgéniques, fabriquées pour constituer un modèle des manifestations neurologiques et comportementales du sida, sont protégées par une invalidation des gènes CCR5. On peut le comprendre aisément car l'inflammation est un médiateur reconnu des dégâts et symptômes neurologiques de la maladie. De même et pour la même raison, les souris dépourvues de récepteur CCR5 résistent mieux que leurs congénères intactes à des « chocs » mimant un peu des traumatismes ou accidents vasculaires cérébraux chez les humains. Des indications existent pour transposer ces résultats chez les malades de notre espèce. Cependant, CCR5 pourrait agir encore plus directement sur le fonctionnement du cerveau et les performances cognitives.

Des chercheurs de l'université de Californie suggèrent un effet inhibiteur direct de CCR5 sur la synaptogenèse, c'est-à-dire l'établissement de nouvelles connexions cérébrales, support cellulaire des fonctions cognitives. Ils ont même démontré en 2016 que les souris dépourvues de CCR5 ont une mémoire augmentée. Des études génétiques en cours pourraient impliquer le gène CCR5 dans l'aptitude scolaire.

C'est loin d'être la première fois que des gènes susceptibles d'interagir avec les fonctions cognitives sont étudiés, chez les souris comme chez les humains. Ainsi, les journaux américains puis internationaux avaient longuement discuté en 1999 de l'article d'une équipe du MIT (Massachusetts Institute of Technology) publiée dans *Nature*[1]. L'ajout de gènes codant un récepteur cérébral (au NMDA) augmentait la mémoire des animaux. J'avais à l'époque été sollicité par tous les médias nationaux pour expliquer et commenter ces résultats. Mes remarques d'alors valent pour les données récentes concernant CCR5. La transposition de la souris à l'homme est difficile. La mémoire est certes un élément de l'intelligence mais ne la résume pas. Hyperdéveloppée chez certains patients autistes, elle contribue plutôt à les enfermer dans leur « citadelle intérieure », les rendant peu disponibles aux sollicitations et contacts nouveaux. Dans le cas de CCR5, une validation des relations chez les humains entre « intelligence » et CCR5 serait aisée à

1. Ya-Ping Tang, « Genetic enhancement of learning and memory in mice », *Nature*, n° 401, p. 63-66, 1999.

obtenir : comparer les performances cognitives des femmes africaines déficientes à leurs collègues qui ne possèdent pas ce trait. Les scientifiques californiens auteurs des travaux explorant l'influence de CCR5 sur les fonctions cérébrales pensent la même chose et condamnent comme une folie la tentative de transposer leurs données préliminaires chez les humains. Aux inexactitudes liées à l'outil Crispr-Cas9 s'ajoute l'ignorance persistante des conséquences chez nous de l'inactivation du gène CCR5. D'ailleurs, début mai 2019, une note de chercheurs du MIT rapportait que la mutation inactivatrice de CCR5 était susceptible de réduire de deux ans en moyenne la longévité des personnes la portant. On est sans doute loin d'être au bout de l'inventaire des conséquences de ces mutations. Après tout, si le gène CCR5 a été sélectionné chez la plupart des animaux au cours de l'évolution, ce n'est bien entendu pas pour les effets de son inactivation sur la contamination par le sida ! C'est pour les avantages qu'il confère. Cette simple évidence témoigne, toute autre considération écartée, de la folie de l'entreprise. La petite Lulu sera de ce point de vue un cobaye malgré elle. Mais l'augmentation du QI des petites était-elle la vraie raison de l'activisme du Pr He Jiankui ? On ne peut le dire, c'est bien possible : les fantasmes et pulsions eugénistes sont si forts en Chine. Pas qu'en Chine, cependant, je l'ai dit... Considérons par conséquent cette question dans son essence philosophique.

Imaginons que l'on parvienne en effet à fabriquer des lignages d'humains vraiment exceptionnels, plus intelligents, rapides, à longévité accrue, presque immortels. Fantasme, mais imaginons néanmoins ! Dans l'histoire de l'humanité, les technologies de domination ont toujours été mobilisées d'abord au profit des dominants. Dans le domaine intellectuel, ils se réservent les meilleures écoles, les meilleures universités, les meilleurs médecins. Créer des familles de personnes « augmentées » de la sorte ne sera jamais facile, cela n'est pas obtenu grâce à une pilule, à un vaccin, mais par une intervention technologiquement délicate sur des embryons individuels. Les dominants se la réserveraient, c'est certain. Même dans le domaine sportif, le dopage des plus faibles pousse les plus forts à se doper aussi, mieux s'ils le peuvent, pour conserver leur prééminence. C'est par conséquent la légitimité de l'engendrement d'une nouvelle aristocratie de « surhumains » qu'il faut interroger, en totale contradiction, je l'ai dit, avec les buts traditionnels de la science.

4

Raisonnable et humain dans un monde de robots intelligents

Pour Jean Kahn, l'injonction à être « raisonnable et humain » n'avait de sens qu'en référence à la raison humaine. Cependant, le XXIe siècle est et sera celui de la montée en puissance d'une raison non humaine, puissante, impressionnante, en progression rapide. Des machines dotées d'une intelligence artificielle vraiment adaptative et innovante ont fait leur apparition dans la dernière décennie, elles n'en sont encore qu'aux balbutiements de leurs capacités et de leurs pouvoirs. Quelle place restera-t-il alors à la raison humaine ? Dans quel espace l'humanité pourra-t-elle encore se déployer ? C'est la question de loin la plus importante de notre histoire, peut-être depuis l'invention de l'écriture. Je me devais de la connaître mieux pour cette raison, et aussi parce que l'injonction paternelle y prenait une dimension nouvelle.

Des big datas stupides à l'ubérisation de la société

Je sais que mon père, intellectuel exigeant et puissant, eût été incrédule et indigné à la proposition que son intelligence complexe puisse être surpassée en certains domaines par la puissance brute de machines dépourvues de toute intelligence. C'est exact, pourtant, j'ai longuement évoqué déjà[1] la concurrence de plus en plus évidente entre la subtilité de l'esprit humain et l'impressionnant pouvoir du quantitatif massif qu'illustre le big data échantillonné par des algorithmes de plus en plus performants. L'« intelligence artificielle », encore avant 2010 d'une radicale stupidité, l'emportait pourtant déjà en maints domaines sur les ressources de l'intelligence humaine. De plus, contrairement à cette dernière, elle croissait sans cesse.

Certes, mon père se réjouirait d'abord de l'aide inestimable apportée par cette intelligence artificielle de première génération à la pensée, libérée d'avoir à retenir des masses de données maintenant accessibles d'un clic, d'aller les consulter à travers la ville ou le monde, dans les grandes bibliothèques, les musées, etc. Le penseur, le scientifique, l'écrivain ont en effet toutes les raisons de se féliciter d'avoir accès à la plupart de ces informations depuis leurs ordinateurs et autres appareils mobiles. Puis il se serait sans doute vexé de la prise de pouvoir du quantitatif

1. Axel Kahn, *Être humain, pleinement*, *op. cit.*

sur le qualificatif, illustrée dès 1997 par la victoire de l'ordinateur Deep Blue d'IBM sur le champion d'échecs Garry Kasparov. Je l'aurais pourtant rassuré en lui expliquant que, en réalité, ces machines impressionnantes et le monde du big data n'étaient en somme qu'un concentré d'intelligence humaine. Certes, en théorie, un ordinateur joueur d'échecs qui serait capable de tester l'efficacité de tous les coups en réponse à ceux de l'adversaire, et cela des dizaines de coups en avance, serait toujours stupide mais néanmoins imbattable. Cependant, même avec les machines modernes, c'est impossible ! Peut-être cela changera-t-il avec le numérique quantique dont je m'apprête à reparler ? En fait, des « petites mains » ont entré dans l'immense mémoire de Deep Blue des milliers de parties jouées par de grands maîtres, leurs stratégies, que la machine a simplement utilisées en se servant d'algorithmes créés par l'homme. Disposant d'une mémoire et d'une rapidité d'exécution avec laquelle aucun humain ne peut rivaliser, Deep Blue devait l'emporter sur Garry Kasparov. Il n'est pourtant qu'un concentré d'intelligence humaine, sans intelligence propre. Et la même observation vaut pour tout le champ de l'« intelligence artificielle stupide » limitée au big data.

D'ailleurs, je suis moi-même passé par les mêmes phases – vexation puis satisfaction de la puissance humaine – dans l'exercice de mon métier de chercheur en génétique. Au début de ma carrière, l'ingéniosité était reine pour trouver des moyens aussi parcimonieux que possible d'identifier des mutations géniques, d'isoler les fragments recherchés de gènes à partir de « banques », c'est-à-dire de les cloner après les avoir intégrés au hasard dans d'immenses collections bactériennes. Plus rien de tout cela n'a cours aujourd'hui, les machines séquencent en un tournemain tout l'ADN, trouver l'aiguille dans une meule de foin a cessé de poser le moindre problème puisque nous possédons la technique nécessaire pour l'explorer à toute vitesse, brin par brin. La même observation vaut pour le jeu d'échecs.

Pourtant, en ces prémices d'une intelligence artificielle limitée au big data, la notion de vie privée appartenait déjà au passé, éveillant la perspective d'un nouveau type de totalitarisme plus puissant que celui imaginé en son temps par George Orwell[1]. La certitude que les mystères de l'âme humaine échapperaient pour leur part toujours à la force brutale du nombre était en effet une fatale illusion, dont témoigne la stratégie des groupes majeurs qui offrent des services informatiques tels Google et Facebook. Par l'intermédiaire des réseaux sociaux, des messageries, des agendas électroniques, de Google Earth capable de détecter les aménagements des propriétés, de la mémoire conservée de l'utilisation du commerce en ligne et de la consultation des sites innombrables à l'aide des moteurs de recherche dont ces groupes ont une quasi-exclusivité, de la localisation permanente de tous les détenteurs de portables, de leurs appels téléphoniques et SMS, de l'informatisation des

1. George Orwell, *1984* [1949], Folio-Gallimard, 1972.

données médicales, ils savent stocker des millions de milliards de ces données et, grâce à leur emploi, sont capables à l'aide d'algorithmes puissants de réaliser les recoupements pertinents et de les extraire à volonté. Ils acquièrent de la sorte un pouvoir formidable sur chacun. Sans recourir à des moyens illégaux, à l'espionnage individuel généralisé envisagé par Orwell et plus efficacement en fait que le Big Brother du livre, les maîtres modernes du big data, des réseaux sociaux et de l'informatique en ligne savent ce que sont les gens, ce que veut individuellement chaque consommateur, ses opinions et préférences sexuelles, ses loisirs et hobbies, habitudes et fantasmes, son état de santé, tout, en somme au-delà même de ce qu'il sait de lui-même. Cette espèce de sport numérique d'un nouveau genre porte un nom : l'analyse prospective. Or, bien entendu, quiconque sait tout d'un autre, peut prévoir ses actions et réactions, les orienter et les manipuler, a pris le pouvoir sur lui. Les chercheurs d'ancienne manière en sciences sociales chargés jadis de conduire des enquêtes dans le but de prédire les choix et les goûts des consommateurs ont de quoi se montrer impressionnés ; ils ne font plus le poids ! L'analyse des achats, comportements et autres activités des femmes en début de grossesse permet par exemple de détecter 95 % des femmes enceintes dans la population générale et d'inonder dès lors les futures mères de publicités et offres calibrées en fonction de l'étude initiale.

D'un autre côté, le partage des informations et l'extension des possibilités de communication entre des personnes dispersées sur toute la surface du globe que permet Internet constitue bien entendu un formidable outil de culture et d'éducation – le cas échéant de mobilisation –, d'ailleurs aussi bien pour les causes les plus nobles que les plus menaçantes pour la liberté et la dignité des personnes : la Toile est neutre, elle informe et libère autant qu'elle désinforme et ligote. La même ambivalence vaut pour des plates-formes aux limites d'emblée infinies. Le partage de pair à pair de contenus divers a été dès les débuts d'Internet à l'origine du rêve d'une société post-capitaliste organisée autour des valeurs de la liberté et de la gratuité, utopie puissante mais bien singulière et qui a abouti à ce que ce secteur, à rebours des illusions naïves de certains pionniers, fasse exploser tous les compteurs de la capitalisation boursière : Google, Apple, Facebook, Amazon, Microsoft… les Gafam en somme. En effet, les réseaux et les plates-formes sont devenus bien vite les véhicules principaux de la publicité mondiale de marques et leur utilisation par des milliards de terriens a permis le recueil de données inestimables pour affiner tous les types de campagnes commerciales et promotionnelles. Une autre manifestation aux conséquences ambivalentes de ce mouvement est la remise en cause de la spécialisation et de la compétence, un ébranlement du concept d'experts qui aurait bouleversé tous les professeurs d'antan, mon père Jean par exemple, mais bouleverse encore le président d'université que j'ai été, lui dont la mission était d'organiser avec tous les enseignants les meilleures conditions d'une acquisition par les jeunes des connaissances et des compétences. Dès l'année 2001, Wikipédia a illustré le premier cette tendance. Les encyclopédies de jadis, *Encyclopedia Britannica* et bien d'autres, réunissaient les contributions informées et savantes de spécialistes des sujets traités. Cependant, des bribes de savoirs parcellaires existent chez nombre de particuliers divers, leur nombre est en une certaine mesure susceptible de remplacer l'étendue des connaissances des quelques érudits professionnels. Bien entendu, et Wikipédia en témoigne, une telle élaboration d'un texte à partir d'une masse d'apports parfois minuscules peut nuire à son équilibre, en faire une construction bancale, disproportionnée, parfois informe. En matière savante, la qualité des occurrences de Wikipédia exige presque toujours l'intervention des « sachants ». Sa fiabilité dans les autres domaines, en particulier dans celui des opinions et des biographies, est par essence instable, incertaine, sujette à toutes les manipulations malgré les efforts des administrateurs, reflétant les inimitiés, les haines, les désirs de vengeance et les situations de force. Les personnes publiques importantes sont aujourd'hui obligées d'appointer des spécialistes chargés de faire la veille et de « nettoyer » Wikipédia des attaques illégitimes (ou parfois légitimes) les concernant. Wikipédia s'apparente à un réseau social interactif, il en partage obligatoirement certaines des caractéristiques.

L'économie participative, théorisée aux États-Unis au début des années 1980, est sans conteste l'un des avatars les plus perturbants de l'entrée dans l'ère du numérique, ses manifestations sont au cœur de l'actualité : Airbnb dans le domaine du logement et Blablacar dans celui du covoiturage constituent d'ores et déjà de considérables succès qui suscitent des initiatives diverses : Bricolib, Yakasaider, Gchangetout, etc. La société Uber de voiturage par des particuliers-conducteurs défraie la chronique dans le monde entier du fait de la concurrence frontale qu'elle instaure avec les chauffeurs de taxi. Son principe est typique de ce genre d'économie : grâce à une plate-forme partagée, des personnes désirant se faire conduire d'un lieu à un autre sont mises en relation avec des citoyens lambda désireux d'utiliser leur véhicule personnel pour se livrer à cette activité, à temps très partiel ou de manière plus importante. La célébrité d'Uber et la publicité faite aux conflits dans lesquels elle a été et reste impliquée en ont fait un symbole, de sorte que l'on évoque aujourd'hui une société « ubérisée », fondée sur la généralisation des principes de l'économie participative : la liberté laissée à l'initiative individuelle grâce à une déréglementation maximale, la mise en rapport direct des clients, utilisateurs, particuliers et intervenants occasionnels, en réalité les mêmes selon les circonstances et les besoins, en court-circuitant les intermédiaires et en rejetant toute notion de domaine réservé. Selon cet idéal, à terme, toute demande singulière peut être satisfaite de gré à gré par quiconque en revendique la capacité, la séparation entre consommateurs et hommes de métier s'estompe puisque chacun des premiers peut détenir une parcelle de savoir-faire susceptible de répondre à l'attente de semblables qui leur rendront la pareille dans un autre domaine. Une application locale d'une telle vision à l'administration de la cité tendrait à rejeter toute réglementation centrale et à se passer des corps de fonctionnaires d'État experts en matière de sécurité, de justice, d'enseignement et de fiscalité, selon l'idéal de l'anarcho-capitalisme et de son leader Ron Paul, forme intégriste d'un libéralisme contestant la notion même d'État, particulièrement implanté aux États-Unis. C'est bien entendu là aussi la contestation radicale de toute politique sociale à l'échelle d'une nation et la promotion exclusive de la responsabilité individuelle, à la rigueur d'une certaine dose de solidarité communautaire.

Les avantages attachés à cette économie et vantés jusqu'à les assimiler parfois à un progrès décisif vers un nouvel âge d'or procèdent sans surprise des valeurs du libéralisme philosophique lui-même : l'équité, la responsabilité, l'autonomie, la souplesse de réaction et d'adaptation, la remise en cause des positions établies, vieilles forteresses corporatistes à prendre d'assaut, la baisse des coûts au profit des consommateurs. La lucidité conduit cependant à objecter que les règles habituelles du capitalisme moderne s'appliquent en réalité bien vite à ce domaine et en dissipent alors certaines illusions. Les plates-formes et les bases de données sur lesquelles reposent toutes ces activités ne restent pas très longtemps librement partagées, elles deviennent des biens privés dont la valeur boursière flambe, comme cela a été le cas général du big data, des réseaux sociaux et de leurs logiciels d'utilisation depuis quelques années déjà. Les chauffeurs Uber dépendent par exemple de la société éponyme qui possède la plate-forme et les systèmes d'exploitation indispensables à leur activité, ils en sont en quelque sorte des employés jouissant d'une franchise mais non des garanties attachées au travail salarié. À terme, une compagnie peut acquérir une telle avance sur ses concurrentes que l'évolution vers de quasi-monopoles bien connus dans la société capitaliste et qu'illustre Google dans son immense champ d'intervention n'est nullement impossible, voire est des plus probables avec la menace sur les prix qui en découle alors pour les consommateurs.

En outre, et là réside sans doute pour moi ce en quoi l'« ubérisation de la société » pourrait en ébranler radicalement certains des piliers, elle tend vers une remise en cause radicale de la division spécialisée du travail issue du néolithique, une contestation, je l'ai dit, du savoir expert et de la notion de compétence. Jadis, tous les chasseurs-cueilleurs se livraient à toutes les activités nécessaires à leur subsistance (la chasse, la cueillette, la cuisine, la construction du logis, etc.), selon peut-être – en réalité, on n'en sait rien – la seule différenciation liée au sexe. Puis, il y a près de dix mille ans, certains se sont spécialisés dans l'agriculture et l'élevage, ils se sont mis à produire de quoi nourrir aussi les prêtres, les guerriers, les artisans, etc., eux-mêmes occupés par d'autres activités. Depuis, la spécialisation n'a cessé de croître, justifiant le développement de connaissances et de compétences de plus en plus pointues concentrées au terme d'une longue formation chez des individus dédiés, fiers de leur discipline et de leur métier. Certes, ils sont sans pareil dans leur domaine ! Cependant des traces de ce savoir-faire remarquable ne se trouvent-elles pas dispersées entre un très grand nombre de sujets divers ? Si tel est le cas, leur combinaison grâce à l'utilisation de plates-formes collaboratives ne permettrait-elle pas de reconstituer à partir de la multitude le même niveau de compétence que celui du spécialiste incontesté ? C'est bien le pari fait en son temps par Wikipédia ! La Révolution française se fonda, elle aussi, sur une pensée de cet ordre et sur une contestation des privilèges accordés aux corporations de l'Ancien Régime pour supprimer les écoles de médecine en 1793, confiante en la capacité des citoyens dans leur diversité à faire aussi bien – à l'époque, ce n'était guère difficile – que les praticiens formés à l'université. L'expérience ne fut en ce temps-là guère concluante et les facultés de médecine furent réinstituées par Napoléon Bonaparte. L'économie participative parviendra-t-elle à reprendre le flambeau des révolutionnaires républicains de l'an I ? Et alors, avec quels résultats ?

Les sceptiques rétorqueront que la crainte d'une telle évolution est illusoire, contredite par la poursuite de la spécialisation de plus en plus poussée qu'exigent les développements scientifiques et techniques, en médecine comme en tout domaine. Cependant, la réponse à cette exigence de savoir-faire expert fait de plus en plus appel, elle aussi, aux robots et à l'intelligence artificielle, produits de la révolution numérique. De la sorte, qui a accès à de tels outils a besoin d'un minimum de formation et de savoir-faire pour piloter des systèmes, gérer des situations sinon hors de son champ de compétence, l'une des manifestations de l'économie participative. Détailler les conséquences ultimes possibles de ce courant que rien n'arrêtera serait un exercice de science et de société-fiction un peu vain ; je ne m'y engagerai pas. Il me suffira pour l'instant d'observer combien nous vivons en ce moment une transition majeure de la dynamique de l'évolution humaine. Il y a deux millions d'années que les humains ont commencé à démultiplier le pouvoir de leur corps grâce aux outils. Puis, des bouliers et autres dispositifs de calcul jusqu'aux robots dotés d'une mémoire presque infinie et d'une intelligence artificielle en évolution constante, ils ont utilisé l'outil pour accroître dans des proportions formidables les performances de leur esprit. Une telle puissance maintenant extérieure au cerveau humain aboutira avec certitude à un profond bouleversement des relations sociales, du type de travail assuré par nos semblables et de l'espace qui lui sera dévolu. Autant le savoir et s'y préparer.

Et les robots devinrent (artificiellement) intelligents

Les progrès techniques dans le domaine des ordinateurs sont vertigineux, ils seront bouleversants. Rappelons quelques chiffres pour fixer les idées.

Les ordinateurs modernes les plus puissants traitent presque 100 millions de milliards d'opérations élémentaires par seconde. Ce sera sous peu 1 milliard de milliards. Les puces les plus récentes contiennent, en 2020, presque 40 milliards de transistors par centimètre carré. Un transistor transmettant un signal élémentaire 0 ou 1, on peut le rapprocher des synapses biologiques qui, elles aussi, sont stimulées ou non par des neuromédiateurs. Cette assimilation n'est proposée que pour fixer les idées. Imaginons un cube formé de 100 puces de ce type superposées. Il contiendrait dans un centimètre cube 4 000 milliards de transistors, à peine moins que la densité des synapses dans le cerveau humain (10 000 milliards par centimètre cube). Si la loi empirique de Moore postulant un doublement de la capacité des puces tous les deux ans continue de s'appliquer, le cube formé des empilements de puces réunira 16 000 milliards de transistors en 2022, plus que notre centimètre cube de cortex ne comporte de synapses. Laissons le temps se dérouler et la loi de Moore continuer de s'appliquer. Dans seize ans, les cristaux de silicium, espacés aujourd'hui de 50 nanomètres sur la puce vedette évoquée, devraient être à moins de 7 nanomètres les uns des autres. À cette échelle, les lois de la mécanique quantique s'appliqueront, le basculement dans l'informatique quantique sera inéluctable. En attendant d'en rappeler certains paramètres, explorons les conséquences de l'impressionnant accroissement de la puissance des ordinateurs à transistors.

Les capacités de l'analyse prospective présentée dans la section précédente s'en trouvent bien entendu démultipliées. Cette approche des comportements prévisibles des personnes utilise les outils de connexion Internet de la toile et autres dispositifs, le big data et les algorithmes ; elle constitue aujourd'hui la méthode principale d'accès à la prédiction des comportements individuels, en particulier à la motivation et aux déterminants d'achat des consommateurs. Reprenons l'exemple des femmes enceintes introduit plus haut. Les différentes actions quotidiennes de quelques milliers de femmes enceintes repérées par piratage informatique de données de santé ou, avec plus de vertu, sur la base du volontariat, sont suivies : à quelle heure envoient-elles leur premier coup de téléphone ? se connectent-elles sur les réseaux ? Quels sites consultent-elles ? Quels achats font-elles ? Où se déplacent-elles à l'extérieur ? Quels spectacles les attirent ? Que lisent-elles ? Que consomment-elles ? Comment arrangent-elles leurs jardins ?... Et cela pendant plusieurs mois. Les données sont stockées et des algorithmes dédiés créés, appliqués à la population féminine générale. 95 à 98 % des femmes reconnues par les algorithmes sont enceintes et sont démarchées pour l'acquisition de produits de grossesse et de maternité. Il ne faut pas être épouvanté par ce chiffre, celui qui importe est l'autre, à savoir les 2 à 5 % des comportements individuels qui échappent à la puissance des algorithmes. Ce phénomène d'un petit pourcentage de personnes dont les décisions et comportements échappent aux prévisions de l'analyse prospective la plus poussée conduit à formuler une hypothèse : et si cette petite proportion était la manifestation de l'aptitude humaine à la déviance, à l'originalité, à l'imprévisibilité, à la fulgurance créative ? Et s'il en avait de tout temps été ainsi ?

L'immense majorité de notre vie se passe à refaire ce qu'on a toujours fait, ce qu'on nous a appris, à reproduire à l'identique ce qui existe déjà. Cela vaut aussi pour nombre d'œuvres où l'imitation l'emporte sur l'innovation créative. De nombreux livres, qui ne sont pas simplement des romans de gare, ressassent à l'envi des situations éprouvées pour lesquelles l'appétence du public est notoire. Il en va de même pour nombre d'objets d'arts plastiques, de tableaux peints. Je n'ai aucun doute qu'un jour les « nègres » chargés de cette production, et si cela devient économiquement rentable, seront remplacés par des machines numériques dûment programmées et apprenant toujours grâce aux enquêtes sur l'évolution des goûts des gens. La question se pose par conséquent du champ – ou simplement du créneau – qui restera l'apanage de l'esprit l'humain dans ce nouvel ordre numérique des choses, pourtant encore d'une confondante stupidité. Les premières réponses intuitives sont de l'ordre de l'émotion et de la fulgurance créative. Considérons tout d'abord l'émotion. Elle résulte en principe d'une interaction entre le corps et le psychisme, créée souvent par une perception et une sensation, ou bien le souvenir qui en reste imprimé dans la mémoire. Or la machine n'a pas de corps, elle ne ressent pas la rougeur qui enflamme les joues, la moiteur des aisselles et des paumes, elle ne sait ce qu'est la sensation de la tumescence des organes génitaux, ce que peut signifier le cœur qui se met à battre la chamade, la gorge qui « se noue », la notion du plaisir lui est étrangère. Des dispositifs peu sophistiqués peuvent nous apporter de la jouissance mais essayons donc de faire jouir une machine ! On peut bien entendu programmer une machine à ressentir des émotions « électroniques », mais nous n'avons nulle certitude sur la signification réelle du dispositif pour son économie « psychique » – terme dont l'utilisation est ici contestable puisque l'univers psychique résulte d'un dialogue du corps et de l'esprit. Pablo Picasso a déclaré que l'art était sexué ou n'était pas, affirmation en grande partie évidente. Or l'intelligence artificielle est par essence asexuée, même si les programmateurs y introduisent des paramètres de genre, de toute façon ici déconnectés des sensations et des émotions. Les robots considérés sont non seulement sots, ils sont aussi désespérément chastes[1]. Jusqu'à plus ample informé, le monde du corps, de la sexualité, des émotions et de l'art reste par conséquent l'apanage de l'humain. J'aborderai dans un instant la signification de ces données et réflexions dans le champ de la médecine, de l'humanité et du bonheur.

L'affaire est entendue : ce que produit la machine sans sensibilité ni émotion n'est pas de l'art, selon

1. J'ai initié cette réflexion dans « L'humain, la machine, l'émotion et le créateur », *TheConversation.com*, 2016.

les critères convaincants de Pablo Picasso. Pourtant, la cote de productions numériques, de tableaux surtout, atteint à la fin de l'année 2020 des centaines de milliers de dollars. Comment cela est-il possible ? Notre robot à la mémoire phénoménale et dont les actions élémentaires se déroulent à la vitesse des transmissions électroniques est totalement dépourvu d'imagination, certes, mais sinon impressionnant. Il est capable de piloter des agencements innombrables d'artefacts, taches colorées sur l'écran. Par ailleurs, des petites mains humaines ont entré dans sa mémoire électronique les goûts des consommateurs de différents niveaux sociaux et de cultures variées. Chaque fois qu'un agencement aléatoire – ou partiellement prédéterminé selon des paramètres programmés – correspond aux schémas du succès et des cotes les plus élevées, il est mis de côté, pour être soumis avec d'autres images sélectionnées de la même manière à un nouveau cycle de sélection. On peut concevoir alors que le tableau numérique produit ait un immense succès. Le robot-artiste n'a aucun talent, il ne produit pas d'art mais les amateurs ne le savent pas, cela leur plaît énormément, au point de dépenser des fortunes pour l'acquérir.

Ce processus grossier mais performant ne devrait pas valoir pour la manifestation du génie. J'aime formuler l'hypothèse que la fulgurance créative déjà évoquée et qui se manifeste « à la marge », est seule capable d'engendrer un authentique chef-d'œuvre. Cela, c'est le domaine authentique de la créativité artistique, une des spécificités de l'esprit humain façonné par ses interactions avec les manifestations du corps, leur perception, les sensations et les émotions qu'elles engendrent, et ce monde-là, celui de la perception du beau, condition de sa création, n'apparaît pas accessible à la machine. Le même type de raisonnement vaut pour la fulgurance scientifique, la gravitation de Newton, la relativité d'Einstein, l'intuition mathématique d'un Ferdinand Jamin, etc. J'aime le penser, pourtant je ne puis l'affirmer alors que, en fin de compte, les robots vont devenir « intelligents ». Une intelligence de robots, certes, mais une intelligence quand même.

Le prix Alan-Turing 2019, le Nobel du numérique, a récompensé le Canadien de Montréal Yoshua Bengio, le Français Yann Le Cun, travaillant pour Facebook à New York, et le Britannique Geoffrey Hinton en poste à Toronto, pour leurs travaux sur l'apprentissage profond, le *deep learning*. Leurs recherches et les techniques qui en dérivent ont pris leur essor dans la première décennie du XXIe siècle. Elles débouchent sur une vraie et immense révolution du champ de l'intelligence artificielle qui devient dès lors potentiellement « intelligente ». Alan Turing, le père du concept et du terme d'intelligence artificielle, avait fait le pronostic dès 1948 qu'une machine mimant le fonctionnement du cerveau humain pourrait devenir intelligente[1]. Les innovations des lauréats 2019 du prix s'appuient sur une évolution en ce sens. Les

1. Alan Turing, « Computing machinery and intelligence », *Mind*, n° 59, p. 433-460, 1950.

puces de transistors traitant un signal ont une architecture en couches superposées comme le sont les neurones dans le cortex et les noyaux centraux du cerveau. Le signal est de la sorte traité séquentiellement avec des récurrences multiples aux niveaux précédents. Cette organisation est compatible avec un apprentissage de la machine puisque les effets intermédiaires et finaux des signaux rétroagissent avec les niveaux antérieurs et les « informent » des conséquences induites, modifiant de la sorte certaines de leurs propriétés. La prescience d'Alan Turing était remarquable, un tel dispositif de base mime en partie ce que l'on connaît des circuits de la mémoire physiologique. Des perceptions et réflexions engendrent des sensations, des émotions, elles aboutissent à des énoncés et à des images qui rétroagissent sur les dispositifs sensoriels et psychiques, de sorte que le traitement ultérieur des signaux initiaux en sera modifié. Lorsque des stimulations entraînent de façon répétée les mêmes effets, l'esprit établit des relations de causalité entre eux, il a déduit, il a appris. La machine fait de même. Cependant, elle ne peut fonctionner vite et bien à partir de rien, les programmateurs humains y ont introduit des masses de données et les algorithmes de base de l'apprentissage profond. De façon un peu comparable, les enfants sont façonnés par l'expression du programme génétique, sculptés par les influences épigénétiques, éduqués par des maîtres. Riches de *hardware* biologique et de ce *software* événementiel et éducatif, ils deviennent plus autonomes pour penser et agir de façon originale…

dans 2 à 5 % des cas, pour reprendre mes remarques sur l'analyse prospective. Les machines seront-elles capables d'une pareille autonomie ? Pourquoi pas ?

Pourtant la pensée artificielle des robots restera différente de la nôtre en tant qu'imperméable à une émotion qui lui soit propre alors que, chez les humains, raison et passion sont en dialogue constant, que l'émotion influence la mémoire et son utilisation pour décider et agir. On peut concevoir que les programmateurs dotent les robots de données et d'algorithmes reproduisant, comme évoqué plus haut à propos de la sexualité, certains processus des émotions humaines. Cependant, il s'agira là d'un transfert passif car la plupart des émotions sont issues du corps, agissent sur le corps, parlent au corps. Or les robots n'ont pas de corps qui leur soit propre, ce qui a d'immenses conséquences sur la solution à la question posée : comment rester raisonnable et humain dans ce monde que je décris ? Il n'empêche, les perspectives de l'intelligence non humaine des robots sont vertigineuses, j'en donne un exemple à partir d'un programme de jeu de go, une vingtaine d'années après les performances de Deep Blue au jeu d'échecs. Le jeu de go est plus complexe que le jeu d'échecs ; il comporterait 10^{700} positions de jeu possibles, beaucoup plus que le nombre d'atomes dans l'univers. En comparaison, une partie d'échecs ne représente que 10^{250} positions possibles. En 2015, la petite société d'intelligence artificielle, Deep Mind, rachetée par Google, présente son programme Alphago, conçu sur le modèle de Deep Blue. Des données de nombreuses parties jouées par des grands maîtres ont été entrées dans le programme, qui les utilise avec la puissance des ordinateurs à cette date. Alphago l'emporte sur le champion coréen de jeu de go, Lee Sedol. Cependant, Alphago reste stupide, il n'est qu'un concentré inouï d'intelligence humaine. Une année plus tard, en 2016, Deep Mind présente Alphago Zero. Le programme a été bourré d'algorithmes d'apprentissage profond mais est vierge de toute donnée découlant du jeu de go, excepté ses règles. Alphago Zero joue contre lui-même des millions de fois en quatre jours. Il analyse chaque partie et en tire des enseignements, il améliore son niveau de jeu. Il devient imbattable par des champions humains. Allongeant sa période d'apprentissage, il surpasse tous les programmes existants et élaborés ensuite. Les grands maîtres du jeu de go déclarent être inspirés par la façon de jouer de la machine, élever grâce à elle leur niveau de jeu. La transition d'Alphago à Alphago Zero illustre le tournant radical de la sottise inéluctable à la probable intelligence artificielle des robots. C'est un événement extraordinaire dans l'histoire des robots et de l'humanité. Avant, les machines d'une puissance inouïe concentraient des acquisitions et productions humaines qu'elles utilisaient avec une incroyable efficacité ; elles étaient incapables de créer par elles-mêmes des données primaires et dépendaient pour utiliser celles dont elles avaient été nourries d'algorithmes de plus en plus habiles conçus et installés par des humains. C'est ainsi que jouait Alphago. En revanche, Alphago Zero ne sait rien du jeu, hormis ses règles. Les données de stratégies et les algorithmes pour les utiliser proviennent de la machine elle-même qui les acquiert et élabore à partir de l'expérience et de son analyse. Autonome sur ce point, elle en remontre aux meilleurs joueurs, incroyable inversion de l'humain auquel la machine doit tout à la machine qui, forte de ce qu'elle a appris seule, fait du joueur expérimenté son élève. Bien entendu, cela ne vaut que dans l'espace étroit du jeu de go, la machine est ignorante et impuissante en tout autre domaine. Cependant, au nom de quoi le resterait-elle ?

Sa puissance brute est appelée à exploser avec l'avènement du numérique quantique, de toute façon inéluctable du fait de la miniaturisation des composants de silicium. En effet, la miniaturisation des composants électroniques connaît ses limites. En deçà de 8 nanomètres, les transistors au silicium presque pur cessent de fonctionner normalement. Car, à cette échelle, les lois quantiques de la matière se superposent, puis remplacent celles, déterministes, des objets plus volumineux. Mon père Jean, malgré son notable éloignement des raisonnements scientifiques, n'aurait sans doute pas eu de difficulté à maîtriser la logique binaire d'un langage à deux lettres (0 et 1), celle d'une sorte de tube, le transistor, ouvert ou fermé, qui laisse ou ne laisse pas passer des grains de matière, les électrons. La mécanique quantique, en revanche, il ne l'aurait pas comprise, pas du tout. Personne ne la comprend, en réalité. Le « tube » est ici à la fois ouvert et fermé, semi-ouvert et semi-fermé, etc. Et puis, dans le tube, c'est à la fois un grain de matière et une onde que l'on trouve, ici ou ailleurs, ici et ailleurs en même temps. Que les savants modernes aient refusé de « comprendre » et se satisfassent d'une formalisation mathématique du phénomène aurait dans doute indigné papa. Aurais-je osé tenter de lui expliquer qu'une particule quantique existe elle aussi, comme le transistor, sous plusieurs états, de spin, de localisation, d'origine, etc. Pas seulement deux, mais une infinité d'états. Qu'elle garde toute sa vie le souvenir de ses conditions initiales d'émission, qu'elle peut se trouver ici et là... en même temps, tourner dans le sens des aiguilles d'une montre... et dans le sens contraire, en même temps. Rien de déterministe ici, mais une application rigoureuse des lois probabilistiques : un objet quantique peut adopter un état 1 et un état 0, plus tous les états intermédiaires. Avec une probabilité particulière pour chacun. Je souris en imaginant l'effarement de Jean, son sentiment que son fils, comme les autres, est devenu fou !

L'ordinateur quantique a été imaginé il y a longtemps déjà en tant que possibilité théorique. Mais il est bien malaisé à construire ! Déjà parce que tout système quantique se fige dès qu'il est observé, basculant alors dans le monde de la mécanique déterministe. Son instabilité exige de travailler à une température très basse, proche du zéro absolu. Pourtant, par plusieurs astuces, utilisant différents systèmes de particules et d'atomes, peu à peu, on y est parvenu. Aux transistors classiques par octet, les bytes, répondent maintenant des quanta-bytes, qu-bytes. Les bytes peuvent adopter 2^8 états combinés (2 x 2 x 2…8 fois, soit 256) ; les qu-bytes, en principe une quasi-infinité, chacun avec sa probabilité propre… Des calculs savants proposent que, au-delà de 50 qu-bytes, un ordinateur dépasse le nombre d'opérations réalisables par n'importe quel ordinateur à transistors : c'est ce que l'on appelle le « seuil de la supériorité quantique ». À 300 qu-bytes, ce nombre dépasse celui des atomes de l'univers entier. Or des ordinateurs à plus de 50 qu-bytes sont dans les tuyaux.

Ces nouvelles machines ne détrôneront pas en tous domaines les anciennes car elles possèdent des limites intrinsèques : la lecture des résultats d'un calcul, d'une opération réalisée par l'ordinateur quantique efface toutes les données intermédiaires du déroulé, on connaît l'entrée et la sortie, c'est tout. Les opérations séquentielles, les interventions intercurrentes ne seront donc pas autorisées. Il est probable de ce fait que les ordinateurs d'un futur lointain seront mixtes, classiques et quantiques. Peut-être utiliseront-ils les propriétés quantiques de micropuces au silicium ? Mais quelles possibilités nouvelles extraordinaires ! Là où les ordinateurs à langage binaire agissent séquentiellement en alignant des suites de 0 et de 1, l'ordinateur quantique fera tout en même temps. Cela se prête à merveille à l'analyse et à la création de la complexité, par exemple à l'étude de phénomènes régis par les lois mathématiques des combinaisons. Prenons un exemple. Combien d'agencements existe-t-il de vingt convives autour de la grande table de la salle de réception d'un château ? La formule est connue de tous les lycéens, c'est factorielle de (20 – 1), soit (19 x 18 x 17...). Il existe cependant un tel nombre de combinaisons à analyser (2,43... milliards de milliards) qu'une telle tâche dépasse les capacités des ordinateurs classiques. Pas celles des ordinateurs quantiques, cependant ! Champions de la complexité, ces derniers seront déterminants pour la compréhension détaillée d'un processus biologique, d'une dynamique économique... Les données personnelles sont en principe protégées aujourd'hui avec plus ou moins d'efficacité par les clés de sécurité développées par la cryptographie moderne. Patatras, le temps de l'insouciance est fini : les ordinateurs quantiques seront très puissants pour détecter des tentatives de *hacking* mais ne feront qu'une bouchée des protections cryptographiques multifactorielles actuelles.

La médecine, le corps et le bonheur humains dans un monde de robots intelligents

Jusqu'où iront les progrès des robots dotés d'une intelligence artificielle apprenante à la veille, à l'aube même, de la révolution quantique ? Il est impossible de le dire, la seule certitude est que ce sera renversant. Presque aucune des limites assignées aujourd'hui à l'intelligence artificielle n'apparaît infranchissable. Elle n'est performante pour l'instant que dans la réalisation d'une seule tâche à laquelle ses concepteurs l'ont préparée. Cela n'est pas entièrement vrai de *chatbots* polyvalents récents et en développement, qui seront dans l'avenir de mieux en mieux armés pour apprendre. Ce peut n'être en réalité qu'une question de nombre total d'opérations réalisables par la machine et, avec l'avènement du numérique quantique, ne plus poser de problèmes. Les robots, dit-on, n'ont aucun bon sens. Cependant ce n'est pas là une capacité innée ; les enfants n'en ont guère en certains domaines, cela s'acquiert. Et qu'en est-il de la conscience morale ? avance-t-on comme frontière infranchissable différenciant l'humain et l'artificiel. Cela n'est en réalité pas si certain. Bien entendu, il est aisé d'injecter à un appareil les règles déontologiques ou les normes morales en vigueur. Mais qu'en est-il de l'acquisition spontanée par une société d'ordinateurs et de robots dotés d'intelligence artificielle d'un comportement altruiste, de l'établissement de relations électives ? La question s'impose à moi puisque j'ai donné au bien la définition d'une disponibilité à l'autre dans le respect du principe de réciprocité. On peut en réalité concevoir une forme de collaboration avec renforcement de liens électifs au sein d'une « société d'ordinateurs ». Imaginons un groupe de dispositifs numériques soumis à un phénomène de sélection en fonction de leur niveau de performance. Faisons maintenant l'hypothèse que ces machines interagissent et apprennent les unes des autres, ce qui accroît leur puissance et leur succès évolutif puisque, plus savantes, elles seront de ce fait sélectionnées, les autres éliminées. Alors les appareils qui auront le mieux échangé, ceux qui auront développé une vraie affinité « pour autrui », qui en d'autres termes seront dotés de la meilleure compétence sociale, seront les vainqueurs de la sélection, eux et leurs aptitudes à l'échange et à l'entraide qui évoquent certains traits des rapports moraux. La limite évidente de ce scénario est celle des sentiments qui sont indissociables de la conscience morale humaine, et dont la plupart requièrent le corps, s'expriment par le corps. J'ai déjà observé qu'on est en général heureux de faire le bien, ou que sinon il y a peu de chances qu'on le fasse. Là encore, on peut ressentir comme une dilatation de son cœur dont le rythme s'accroît, un sourire décore le visage. Mais pas chez les robots puisqu'ils n'ont pas de corps.

Pourraient-ils en avoir un ? Coupler de la peau et des organes humains à un robot nous fait entrer dans le mythe du cyborg dont l'approche n'est pas la même et que j'aborderai plus loin. Les organes sensoriels humains resteraient de nature différente, seraient faits d'un autre matériau que le centre de l'intelligence numérique, rien de comparable avec un être qui ressent, perçoit et pense grâce au même type de molécules et de cellules, toutes dérivées de l'embryon initial. Alors, peut-on concevoir des téguments et autres récepteurs sensoriels électroniques ? N'allons pas plus loin dans la plus débridée des sciences-fictions, je m'y suis déjà aventuré suffisamment. Et demeurons sur ce constat : les plus humanoïdes des robots se distinguent radicalement de leurs modèles humains en ce qu'ils sont dépourvus de corps de la même essence que les composants de leur pensée numérique. De ce fait, leur cognition ne peut être soumise au dialogue permanent avec les émotions comme cela est le cas de l'intelligence humaine. Même si les débats sont vifs pour en apprécier les conséquences exactes, personne ne doute que l'intelligence artificielle bouleversera les métiers humains, cela est déjà le cas avec le seul big data, les plates-formes participatives et l'analyse prospective. Qu'en sera-t-il des métiers du corps, du corps et de l'esprit, de la médecine ?

Commençons par un souvenir en forme d'aveu. Je suis en ce temps-là assistant des hôpitaux dans un service d'hématologie et reçois en consultation un Amiénois d'une quarantaine d'années. Il se dit épuisé, n'a pas d'antécédents notables et n'a jamais quitté la France. Sa peau très pâle est constellée d'ecchymoses. Je note de petits hématomes sous-unguéaux, des gencives gonflées et faiblement hémorragiques. L'hémogramme et le myélogramme éliminent une hémopathie et trouvent seulement une anémie modérée. Le diagnostic est évident, je ne sais pourtant pas le poser : je n'ai jamais vu de scorbut, je n'y pense pas. Cet homme arguant de brûlures gastriques s'était mis depuis plusieurs mois à un régime presque exclusivement lacté. Certes, je suis impardonnable. Un système expert d'aide au diagnostic n'aurait, lui, jamais hésité. Depuis, la puissance des dispositifs disponibles a explosé ; elle continue de progresser. L'exercice futur de la médecine devrait en être bouleversé. Dans un scénario plausible sinon certain, le patient répondra dans l'avenir à un questionnaire interactif en ligne, puis passera dans un système d'imagerie corps entier par ultrasons qui analyse aussi les paramètres physiques des organes. Des photos cutanées seront, le cas échéant, traitées par analyse d'images, les bruits enregistrés du corps subissant un traitement spécifique. Des robots feront alors, comme aujourd'hui, une batterie standard d'examens biologiques. Après avoir confronté les résultats avec la totalité des données connues, la machine pourra prescrire, parfois réaliser, des investigations complémentaires. Elle portera enfin le diagnostic le plus probable, prescrira le meilleur traitement selon les circonstances. Grâce à l'apprentissage profond, ces nouvelles machines apprendront de leurs hésitations, de leurs insuffisances et s'amélioreront sans cesse. Ces évolutions seront parallèles au perfectionnement continu de la chirurgie assistée par ordinateur. Assistée aujourd'hui, sans doute demain de plus en plus en « pilotage automatique ». Les techniques d'épidémiologie reposent déjà de manière croissante sur un suivi numérique qui devient autonome et le sera dans des proportions croissantes à mesure qu'y seront connectées les « machines à diagnostics » envisagées plus haut. Enfin, les approches de l'analyse prospective s'appliquent à de larges secteurs de l'éducation à la santé, et de la sorte de la prévention. L'incertitude persistante quant au déroulement de ce scénario m'apparaît être surtout d'ordre économique ; il pourrait accentuer les inégalités de santé.

Quelle restera par conséquent la part de l'humain dans la médecine de demain ? Dois-je dissuader mes petits-enfants s'ils le désirent et me demandent conseil de commencer des études médicales ? Certes non, car le « docteur électronique », savant et habile, ne saura aisément surmonter un paradoxe : la médecine est un métier qui s'intéresse au corps et à l'esprit en résonance avec lui, qui émane de lui. Or, j'y reviens, la machine n'a pas de corps. Cette digression n'est pas étrangère à la pratique médicale dont l'efficacité repose sur deux piliers. L'un est technoscientifique, façonné à partir des connaissances et des compétences acquises dans les écoles de médecine. L'autre est relationnel ; il implique la capacité de sympathie, de solidarité du soignant, la confiance qu'il inspire, la capacité qu'il a de convaincre ses patients d'adhérer aux traitements prescrits. Or la prise en compte croissante du diagnostic et de la dimension technique de la médecine par des robots intelligents ne fera non seulement pas disparaître le second ressort de l'efficacité des soins, elle en accroîtra à l'inverse le caractère décisif. Il reviendra à des médecins de chair et de sang, dans l'avenir dont j'ai fait l'hypothèse, d'interpréter les données fournies par les machines dans le contexte d'une histoire et d'un vécu personnels, de les expliquer, de gagner l'adhésion, et de la sorte de consolider l'observance des traitements. Dans ce contexte, le rôle d'un sourire, la cordialité d'une poignée de main, la bienveillance d'une parole demeureront essentiels en médecine. Et aussi dans la diversité des métiers du soin et de l'accompagnement où je doute que les robots remplacent avantageusement l'approche attentive et empathique du soignant souriant et doux.

Je sais, ils ne sont pas tous comme cela, mais seuls ils le peuvent pleinement, et le doivent. Pour revenir au médecin du futur, il devra avoir une formation suffisante à la logique des machines, c'est-à-dire en informatique et intelligence artificielle, pour utiliser avec discernement les éléments qui lui seront fournis. Le problème majeur est que cette évolution de la fonction médicale est fort éloignée des études médicales actuelles dont une refonte profonde doit de ce fait impérativement être envisagée. Dans l'avenir, en bref, les connaissances et les compétences liées à la psychologie et aux différents aspects de la relation devront prendre une place très importante, à côté d'une familiarisation suffisante avec les méthodes informatiques d'intelligence artificielle utilisée. Ces dernières, en revanche, prendront de plus en plus en charge les aspects cliniques, diagnostiques, pronostiques et thérapeutiques de la médecine. En définitive, l'arrivée en force du robot médecin, savant et intelligent, pourrait, si on reste sur ses gardes, n'avoir que des avantages : permettre des diagnostics et des traitements plus sûrs, ce qui est l'une des fonctions essentielles de la médecine. Le plus humain, prévenant, attentionné et empathique des médecins qui se trompe presque toujours dans ses diagnostics est un très mauvais médecin. Mieux vaut une machine experte et performante. La prise en charge par les dispositifs dotés d'intelligence artificielle des phases diagnostiques et techniques du soin enlèvera aux docteurs l'alibi de n'avoir plus de temps à consacrer à la dimension relationnelle humaine de son art.

À la condition, cependant, de n'en point déléguer la charge aussi à la machine !

Un dernier aspect mérite une considération particulière. Pour l'essentiel, le domaine étanche de la vie privée est une conception qui appartient au passé. Lorsque les données de santé seront toutes informatisées et enrichies en temps réel, la question de leur confidentialité tendra à devenir insoluble. Il existe une riche spécialité des sciences informatiques qui se consacre à cette question, la cryptologie. Leurs plus grands spécialistes conviennent de ce que l'inviolabilité des données est un concept idéal. En pratique, tout peut être violé en cas d'intérêt majeur à le faire. Ce sera un jeu d'enfant avec le numérique quantique, au moins tant que les clés de sécurité ne dériveront pas elles-mêmes d'une cryptologie quantique. Cet état de choses est un défi au principe d'égalité et de justice : l'accès à des informations sur autrui confère toujours un pouvoir sur lui. En matière de santé, ce défi est particulièrement redoutable parce qu'il pose la question de l'accès libre à l'emploi, à la couverture assurantielle, au prêt, etc. Le médecin de demain n'est ici pas seul concerné, toute la société l'est. Il lui revient certes d'agir en faveur de la confidentialité maximale des données, en particulier de santé. Mais aussi, conscient de ce que cette confidentialité ne peut être totalement garantie, d'assurer au mieux la protection de la citoyenneté des personnes en dépit des fuites inéluctables les concernant. Cela ne sera pas possible dans les pays totalitaires, surtout s'ils sont à la pointe du développement des technologies du numérique, telle la Chine. D'ores et déjà, cette immense nation scientifique, la première puissance mondiale sous peu, utilise l'éventail des possibilités de l'intelligence artificielle pour soumettre un par un ses 1,4 milliard de citoyens à un inexorable contrôle social et de conformité aux standards du régime.

Une fois brossé le tableau du monde numérique qui s'installe, il est temps de reposer la question par laquelle débute ce chapitre, reprise à propos des médecins : dans cet univers robotisé, restera-t-il un créneau où il sera possible d'être humain, pleinement ? Raisonnable et humain ? Mon optimisme lucide s'enracine dans le rôle du corps dans notre recherche du bonheur. En effet, même chez le plus cérébral des intellectuels et le plus mystique des croyants, le bonheur ne peut être totalement déconnecté du corps. Il participe aux plaisirs, au bien-être, justifie même les souffrances que s'inflige l'anachorète en imitation du Christ ou en sacrifice et dévotion à une autre divinité, dans le désir de libérer son esprit. De ce fait, impossible d'être heureux d'un bonheur humain dans la société de robots certes subtils mais dépourvus de corps. Aujourd'hui comme depuis toujours et demain encore, c'est au sein d'une société humaine que chacun, aspirant au bonheur – nous y aspirons tous – devra tracer son chemin. Corps à corps, yeux dans les yeux, vibrant, en résonance l'un avec l'autre, tel devra demeurer un monde où il sera possible de vivre, de ressentir de la sympathie, d'être poussé à tendre la main, accompagner et avoir une compagne ou un compagnon, des amis, enfanter, se sentir bouleversé par nos enfants. Des obstacles terribles seront à surmonter, la sphère privée n'existera plus, sauf si on n'intéresse personne. Je ne me réjouis en rien de ce monde qui se construit mais le sais inéluctable, c'est celui dans lequel il faudra vivre, si on désire vivre. Mon propos est de dégager le cadre dans lequel un humain le pourra, pourtant. Un immense danger menace cependant cet ultime refuge de l'humanité. Il n'y a pas d'humanité sans pensées, de bonheur sans pensées. Or nous serons entourés par de redoutables machines pensantes, fort intimidantes, auxquelles nous pourrions être tentés de laisser peu à peu le soin de penser à notre place. Ce serait alors la fin de l'humanité des animaux que nous sommes, la fin du bonheur humain possible.

Le soldat humain et les robots

Pour quiconque s'intéresse à la question morale, cherche à déceler l'image du bien dans les activités humaines, les situations extrêmes où on ne l'imagine guère, où on le pense n'avoir aucune place, obligent la pensée à sortir de sa zone de confort et la confrontent à de redoutables défis. Qui ne peuvent être relevés, parfois ! Invité en 2011 à donner la conférence inaugurale de l'École des applications militaires de l'atome à Cherbourg, je proposai, un peu par provocation bravache, de l'intituler « Quelle place pour l'éthique dans le métier des armes ? ». Devant les états-majors des trois armes et des forces stratégiques, je commençai par biaiser, je dois l'avouer, en considérant que la décision nationale d'activer l'arme nucléaire ne pouvait être abordée sous l'angle de la responsabilité morale des troupes et de leur commandement. M'étant de la sorte lâchement défaussé de la tâche impossible de parler d'éthique à propos des ogives embarquées dans des sous-marins et sur des avions, je m'en tirai en rappelant platement que cela ne peut être bien, et que la question n'est en rien de cet ordre dans les circonstances où le président de la République déclencherait le feu. J'abordai un peu plus confortablement le dilemme général de la tension morale dans un métier dont l'objectif principal est de neutraliser et/ou de détruire l'ennemi.

Cette question hante depuis toujours les chefs militaires et certains soldats de rang inférieur. Mon dialogue à ce sujet avec l'armée est de ce fait ancien. J'en rapporterai d'abord un épisode éclairant. Au début des années 2000, je suis contacté par des collègues neurobiologistes qui travaillent pour la Direction générale de l'armement (DGA). Ils désirent m'entretenir de la dimension éthique des recherches en neurosciences qu'ils supervisent, et de stratégies mises en œuvre aux États-Unis. Ils me reçoivent dans les locaux de la DGA, dans ce qui n'est pas encore l'Hexagone Balard. Je les avertis d'entrée de jeu de ce que l'objet des armées ne saurait en lui-même être moral, mais je conviens que les métiers des armes peuvent être exercés de façon plus ou moins soucieuse des principes éthiques. Je les écoute donc. Ils me parlent de leurs travaux puis évoquent un programme américain dont je ne sais s'il est discuté ou vraiment engagé. La question est de développer la réactivité du soldat, du serveur de systèmes d'armement, de sorte qu'il entre en action avant l'ennemi. Telle est d'ailleurs aussi leur préoccupation en agissant sur la vigilance. Le point de départ du programme américain est une série de résultats déjà anciens du neurobiologiste Benjamin Libet. Ses travaux démontrent en effet que la première trace cérébrale d'une sensation ou d'une action précède de quelque 350 millisecondes ou plus la conscience qu'on en a. Dans le cas d'une action, celle-ci est en outre différée de quelque 150 millisecondes supplémentaires, ou plus. Le paradoxe apparent de ces données réside en ce qu'un signal électrique annonciateur d'une décision semble précéder la volonté de la prendre. Cela dit, cette décision peut encore être modifiée ou abandonnée. C'est dans ce délai de 350 millisecondes que s'exercerait alors, de façon ultime, le libre arbitre instruit par la conscience morale[1]. Ces résultats ouvrent des perspectives fascinantes sur la liberté et la conscience. Ils sont en phase avec l'accent croissant mis par la psychologie moderne sur les mécanismes inhibiteurs dans la détermination des comportements, comme je l'ai déjà évoqué à propos de la violence instinctive et des recherches d'Olivier Houdé[2].

Ouvrir le feu 500 millisecondes avant l'ennemi assure l'avantage, les militaires en rêvent. Mes

---

1. Benjamin Libet, *L'Esprit au-delà des neurones*, Dervy, 2012.
2. Olivier Houdé, *L'Inhibition au service de l'intelligence, op. cit.*

collègues de la DGA m'informent alors que des travaux sont menés outre-Atlantique pour capter le signal initial de l'action au niveau cérébral, par des casques capteurs plutôt que par des électrodes implantées dans le cerveau, et de le coupler directement au déclenchement de l'arme. « Qu'en pensez-vous d'un point de vue éthique, professeur Kahn ? » me demandent-ils. Je me rappelle presque au mot près ma réponse : « Mes chers collègues, la guerre n'est pas éthique mais la question morale se pose dans la manière de la mener quand on ne peut s'en dispenser. Cependant la morale et l'éthique appartiennent au champ humain qui se différencie de celui des robots par l'aptitude de nos semblables, et par conséquent des soldats, à convoquer leurs décisions et les actions qui en découlent au tribunal de leur conscience. Même s'ils n'ont que 300 millisecondes pour cela. Leur ôter cette aptitude attente à leur humanité, la nie radicalement. Or la base de la pensée morale est le respect de l'humanité en chacun vu sur ce plan comme un autre soi-même. C'est là la manifestation essentielle du principe de réciprocité que je tiens pour la racine de la morale. Il est impossible d'imaginer plus immoral que le projet que vous m'exposez. »

Cet épisode a stimulé ma réflexion sur la question de l'éthique du soldat, que j'ai enrichie au gré de mes conférences dans diverses écoles d'application des armées et débats avec les officiers généraux des états-majors. Je me suis vite rendu compte combien était essentiel pour eux le besoin de témoigner de leur conscience morale dans des activités qui, par leur nature et leurs objectifs, le sont peu. Valoriser le courage, le sens du devoir, parfois du sacrifice, la fraternité de corps et la bienveillance envers ses troupes ne présente aucune difficulté. Reste que ces vertus sont convoquées pour « neutraliser et détruire l'ennemi », par conséquent le tuer, lui et ceux qui le protègent, s'il le faut, ce qui peine à s'intégrer à l'aspiration à une morale universelle. L'obéissance est une qualité militaire, certes, elle n'est en rien une vertu en soi. De plus, au sommet de la hiérarchie militaire, on commande plus qu'on obéit. Tout cela explique le réel intérêt du commandement, dans la France contemporaine au moins, pour les questions éthiques. L'examen douloureux des comportements de l'armée française durant les guerres coloniales de la seconde moitié du XXe siècle, la guerre d'Algérie surtout, renforcent cette appétence authentique pour la morale de leur métier et de leurs actions. La lecture de textes datant de l'Antiquité et de l'Ancien Régime sur le sujet témoigne de ce que les interrogations sur les valeurs compatibles avec la guerre sont très anciennes. Les militaires modernes restent dans cette démarche rendue plus tendue encore par les bouleversements liés aux technologies. C'est pour être en mesure de les aider tout en progressant moi-même que j'ai revisité le concept de réciprocité dans le contexte du métier des armes.

Certes, en première analyse, l'application de la réciprocité aux principes de bienveillance et de non-malveillance exclut de blesser et de tuer, de faire prisonnier. Personne n'aimerait en être victime. Cependant le soldat qui porte des coups, qui capture l'ennemi, sait qu'il s'expose à être blessé ou tué, capturé. Un niveau de réciprocité entre les combattants est de la sorte rétabli, il irrigue les lois ancestrales de la guerre, l'esprit de chevalerie, l'opprobre sur qui s'attaque aux ennemis désarmés, aux femmes non combattantes et aux enfants. Les conventions de Genève sur le droit de la guerre, la protection des civils et des prisonniers, les soins aux blessés s'inspirent de ces principes ancestraux. Personne n'est dupe, bien entendu. Durant toutes les guerres, les civils ont souffert, ont été affamés, bombardés, des femmes violées, la guerre en dentelle n'existe pas. Un seul élément demeure : les combattants prennent des risques. Alors même que s'accroissait l'asymétrie des forces en présence, ce point persistait, il est en passe de disparaître et de rendre caduque la possibilité d'intégrer la guerre aux situations dans lesquelles le principe de réciprocité peut être convoqué au service d'une interrogation éthique. La disproportion entre la puissance des belligérants est considérable dans la grande majorité des conflits modernes opposant des nations industrialisées du Nord à des pays ou des guérillas du Sud. Pourtant, les troupes américaines ont perdu des milliers de soldats en Irak, les alliés en Afghanistan. L'armée française subit des pertes régulières au Sahel. L'équipage du bombardier peut être abattu, l'appareil peut s'écraser du fait de défaillances mécaniques. Mais le pilote de drones de combat qui, de l'Iowa ou d'ailleurs, actionne les missiles air-sol pour détruire un groupe ennemi, pulvériser une maison où se tient une réunion de chefs terroristes, pratiquer des assassinats ciblés en visant des véhicules, ne risque pour sa part rien du tout, excepté les conséquences psychologiques souvent sévères de cette situation. Il n'existe plus de réciprocité du risque, même incroyablement déséquilibrée, sauf celle que fait alors peser des actions de représailles ciblant les compatriotes du pilote de drone, invulnérable à des milliers de kilomètres du théâtre d'opérations. C'est là un autre ressort du terrorisme moderne.

Ces révolutions des conditions de la guerre et des conflits armés de tous types, après ma rencontre avec les neurobiologistes de la DGA, nous obligent à reposer la question qui court tout au long de cet ouvrage… et de ma réflexion depuis des décennies : et l'homme dans tout ça[1] ? Est-il possible de rester raisonnable et humain, humain pleinement ? Dit autrement, que restera-t-il de l'humain dans le soldat de demain ? Rien, je l'ai dit, si le funeste scénario présenté par mes collègues devenait réalité. Des robots de chair mais sans autonomie ni conscience seraient programmés par une hiérarchie pour l'instant encore humaine. Je ne crois pas à ce scénario. Non pas parce qu'il heurterait l'humanisme des chefs mais parce que le développement de l'intelligence artificielle le rendra – le rend déjà – inutile. Les robots militaires intelligents n'auront pas besoin d'être de chair. L'autonomie

1. Axel Kahn, *Et l'homme dans tout ça ?*, *op. cit.*

croissante des armes modernes rendra de moins en moins indispensable l'intervention à distance de pilotes de drones, aériens ou terrestres. Aujourd'hui, les spécialistes de l'armement et les pilotes d'aéronefs habités pointent la supériorité d'une analyse humaine pour intégrer à l'échelle suffisante tous les paramètres d'un théâtre d'opérations et apprécier l'opportunité d'ouvrir le feu. Le développement de la technologie numérique, les prouesses déjà prodigieuses des machines apprenantes indiquent avec certitude que les drones de demain, appareils aériens ou robots terrestres, pourront acquérir une autonomie suffisante pour apprécier la situation aussi bien, mieux bientôt, que des humains. Le scénario serait alors celui du déploiement d'un arsenal programmé pour répondre à un contexte particulier – guerre conventionnelle ou actions antiterroristes, par exemple – mais doté dans ce cadre d'une large autonomie pour décider de son engagement. C'est là la voie dans laquelle s'engagent toutes les armées modernes du monde. L'armée française, comme les autres – la ministre des Armées Florence Parly l'a annoncé dans son discours sur l'intelligence artificielle le 5 avril 2019 à Saclay. J'ai été mêlé aux débats qui ont précédé ce discours programme qui fera date dans l'évolution des conceptions stratégiques des forces françaises.

La DGA a tenu au printemps 2019 l'exposition annuelle où elle présente ses réalisations. Le Haut État-Major m'avait demandé de prononcer en présence de la ministre et d'une partie de son cabinet, de la fine fleur des armées, une conférence intitulée

« L'éthique du soldat ». J'en préparai le déroulé avec une palette d'officiers généraux à l'Hexagone Balard, puis rencontrai fin mars, une semaine avant le discours de Saclay, deux militaires détachés au cabinet de la ministre en tant que conseillers en intelligence artificielle. Aux uns et aux autres j'expliquai en quoi le passage aux armes autonomes, étant entendu que le cadre de leur engagement restait programmé selon les ordres du commandement, constituait une rupture supplémentaire dans l'évolution du rôle de l'humain dans le métier des armes. Partant de l'idéal rarement respecté d'affrontements farouches mais loyaux où chacun s'expose, on était passé bien vite aux guerres de plus en plus asymétriques, puis au soldat qui frappe à distance de l'ennemi, pilote de drone ou bien commandant et serveur de missiles mer-terre ou terre-terre. Le changement est considérable, cependant tout au long de cette évolution l'exécutant reste un soldat humain. Depuis toujours les chefs en attendent de la discipline ; l'entraînement des troupes s'efforce de la développer, l'indiscipline est punie, parfois de mort en période de guerre. Pourtant la capacité dont il persiste au moins une trace que le soldat désobéisse et déserte, qu'au dernier moment sa conscience le dissuade de libérer la bombe, de mitrailler les civils ou les fantassins au sol, de déclencher le tir du missile embarqué par le drone lointain, d'appuyer sur la gâchette est le prix à payer pour préserver son humanité, tous les chefs l'ont intégré. Les armes autonomes intelligentes dont le cadre d'intervention aura été décidé par les états-majors actionneront elles-mêmes le feu dans les circonstances où le pilote ou serveur humain l'aurait sans doute fait, mais, en tant que personne, aurait pu, au dernier moment, y renoncer. La machine, non, elle n'est pas une personne. Le débat sur les armes autonomes a déjà déchaîné les passions, un moratoire international a été réclamé par les leaders de l'intelligence artificielle, les prix Alan-Turing 2019, Elon Musk, Stephen Hawking et de nombreux autres. La mise en garde contre les robots tueurs a bien entendu rencontré un immense écho international. En réalité, je ne sais pas si au total la sauvagerie de ces armes serait par essence supérieure à celle des troupes. Elles n'hésiteraient pas mais ne seraient pas enclines, mues par la haine, à se venger, à tirer dans le tas suite à un violent traumatisme psychique lié aux combats, à la perte d'amis et compagnons.

J'abordai tous ces aspects de l'évolution en cours avec les officiers généraux de l'Hexagone Balard, en préparation à la conférence que je devais donner en présence de la ministre dans le grand amphithéâtre des lieux. J'observai que, certes, la stratégie de l'action restait déterminée par des chefs humains, mais que, pour la première fois depuis l'apparition de l'homme sur terre et de ses conflits, le combattant, le soldat bien plus tard, cessait de l'être. Est-on si sûr qu'après-demain le commandement lui-même ne sera pas une machine ? Ses ordres seraient exécutés par des robots, aucune désobéissance possible, cette troupe-là ne se mutinerait certes pas. Mes interlocuteurs haut gradés discutèrent volontiers de mes analyses, semblèrent intéressés à ce que je puisse les développer en présence de la ministre et de son cabinet. Quelques jours plus tard, des conseillers de la ministre me convièrent à m'entretenir avec eux rue de Grenelle, une ou deux semaines avant le discours de Saclay où Florence Parly dévoila la doctrine française de déploiement des armes autonomes. Je m'y attendais, les conseillers se montrèrent nettement moins sensibles à mes objections et interrogations que l'état-major. On m'annonça peu après que des contraintes d'horaires obligeaient à déprogrammer ma conférence.

5

Fragilités

Être raisonnable et humain implique de l'être au premier chef envers les personnes fragiles puisque, en raison de leur fragilité, elles requièrent plus que d'autres d'être accompagnées. La morale humaniste dont j'ai tenté de me doter après que le concours de la morale chrétienne m'a été ôté m'a rendu fort jeune attentif aux appels à l'aide, qu'ils soient muets ou exprimés. En quelque sorte, il m'est apparu évident de m'imposer, longtemps après avoir quitté le scoutisme, d'accomplir ma B.-A., quotidienne, pourquoi pas. Je n'ai vraiment rien d'admirable en cela, l'immense majorité des jeunes est poussée à agir de la sorte, c'est l'âge de la solidarité. Plus vieux, cela se dégrade souvent, pas toujours. Pour ma part, l'injonction paternelle a sans doute contribué à entretenir la flamme. Je n'ai de la sorte presque jamais cessé, ma vie durant, de me sentir tenu d'être présent à la fragilité des autres. Cette évidence, pour moi comme heureusement pour beaucoup de nos concitoyens, s'est exprimée à travers mes engagements politiques. Puis, généticien, ma mobilisation déterminée à l'Association française des myopathes (AFM). Bien entendu, mon long parcours qui se poursuit dans les comités d'éthique n'est pas étranger à cette disponibilité aux personnes fragiles, leur tendre la main est un exemple emblématique de l'« action bonne » dont la poursuite est l'objet même de l'éthique. Les valeurs qui la fondent sont les piliers de la morale, l'importance de l'autre qui incite au respect, à la bienveillance, à la lutte contre les maltraitances. Le principe de justice pousse lui aussi à se porter au-devant des personnes fragiles que la nature, la société, la vie ont traité de manière injuste. Au milieu des années 2000, j'ai fondé avec les principaux dirigeants du mouvement associatif engagé dans le domaine du handicap la Firah, Fondation internationale de recherche appliquée sur le handicap. J'en ai été le président depuis sa création et jusqu'à juin 2020. La Firah s'est fixé pour but de tout mettre en œuvre pour aider les personnes handicapées à exercer la plénitude de leurs droits de citoyens, d'avoir toutes leurs chances dans la vie. La mobilisation optimale des moyens et techniques disponibles ne suffit souvent pas, il y faut alors de la recherche, que la fondation sélectionne et finance. En juin 2019, enfin, j'ai été élu à la présidence nationale de la Ligue contre le cancer. Cette familiarité avec les fragilités m'a convaincu que le soin qu'on y apporte fait société, qu'il en est le ciment indispensable, ce qui fait la différence avec seulement le groupe ou la multitude.

Handicap, citoyenneté et inclusion

J'ai à plusieurs reprises rappelé l'article Ier de la Déclaration des droits de l'homme et du citoyen de 1789, « Les hommes naissent et demeurent libres et égaux en droits ». La Déclaration universelle de 1948 ajoute quant à elle la notion de dignité, si délicate à invoquer, ambivalente et pourtant essentielle ; je me suis longuement arrêté sur cette ambivalence. Bien entendu, cela vaut sans préjudice du genre, du sexe, de l'appartenance ethnique, des convictions religieuses, de l'état de fortune, de l'existence ou non d'un handicap. Il s'agit dès lors d'une injonction impérative qui fonde la République française comme la communauté de toutes les nations humaines. Elle s'impose à chacun, à chaque État, à chaque institution. Il s'ensuit que les personnes handicapées, en tant que personnes et que citoyens, ont droit à l'égalité de leurs chances et de leurs droits, qu'elles doivent être incluses dans la société, accéder à tout ce que cette dernière offre aux personnes valides. On est au cœur du projet de société inclusive. Les militants de ce projet indiscutable ont très tôt pris conscience de ce que la société n'incluait pas suffisamment, qu'elle n'était pas même accueillante pour les personnes handicapées qui, au-delà de leur handicap à se mouvoir, à sentir, à voir et à penser, se sentaient rejetées. Ces militants ont senti que ce rejet ajoutait à leur handicap. Afin de bien marquer la responsabilité de la société dans cette limitation surajoutée de leur autonomie, une grande partie du monde associatif a imposé de privilégier l'expression « personnes en situation de handicap », puisque cette situation est au moins en partie créée par la société. Toutefois, ce terme implique que, si cette dernière était totalement inclusive, alors ces personnes ne seraient plus handicapées comme elles le sont aujourd'hui. Une telle expression qui s'est imposée comme politiquement correcte rebondit à l'infini comme un écho permanent dans les réunions associatives, les congrès consacrés au handicap et les discours l'évoquant. Je ne souhaitais pas, refusant de m'aligner sur l'usage accepté de cette formulation, ouvrir une querelle sémantique mais attirer l'attention sur le contresens manifeste, et à mon avis dangereux, qu'elle recouvre. Je me suis efforcé depuis presque quinze ans d'en recommander l'abandon car elle masque l'essentiel de la situation de nos sœurs et de nos frères qui souffrent d'un handicap constitutionnel. Il me faut développer: nos sociétés sont loin d'être parfaites et, en particulier – c'est d'ailleurs d'actualité –, le sexisme, le machisme, le racisme y règnent. Cela est très handicapant, en particulier pour les femmes et les minorités visibles. Cependant, dans une société qui cesserait d'être sexiste, machiste et raciste, être de couleur, être femme ou homme cesserait de constituer un handicap. De façon comparable, lorsque survient une panne de courant et que je ne vois plus rien, je suis vraiment en situation de handicap, comme la personne malvoyante et non voyante, voire davantage. Sauf que, bien sûr, lorsque la lumière se rallume, mon handicap cesse. En revanche, la personne malvoyante, quelque inclusive que soit la société, continue de ne pas voir. Prenons un autre exemple : quelle que soit l'importance de l'inclusion, la personne qui depuis longtemps est en fauteuil continuera, malgré l'amélioration des possibilités d'accès, à se déplacer avec moins de facilité que la personne valide. En bref, le but d'une société inclusive est d'accueillir et d'inclure des citoyens dont la qualité de « personne » soit incontestable et qui, handicapés ou non, vivent leur pleine citoyenneté avec le minimum de contraintes et d'obstacles. La société en crée de supplémentaires, certes, mais aucune société n'existe qui pourrait annihiler toutes les différences qui rendent à certains le chemin et la vie plus rudes qu'à d'autres. C'est ce qui impose à chacun et à la communauté le devoir d'accompagnement. Président de la Firah, je préside aussi le jury d'un prix littéraire consacré au handicap, Handi-livres. Dans la catégorie « livres pour enfants », je me rappelle qu'une année le prix fut attribué à une jolie bande dessinée mettant en jeu un petit personnage, Anatole[1], aux basques duquel une casserole est attachée. Il ne peut s'en libérer, personne n'en a le pouvoir, la petite casserole rebondit sans cesse dans un grand fracas, les passants se gaussent de lui. Enfin, certains entreprennent de l'aider, cela va mieux pour

1. Isabelle Carrier, *La Petite Casserole d'Anatole*, Bilboquet, 2009.

lui. Cependant, la casserole reste attachée, il lui faut la traîner. C'est là une extraordinaire métaphore du handicap.

L'objectif de l'inclusion est d'assurer l'égalité des chances et des droits, la citoyenneté et la participation des personnes handicapées, pour reprendre l'intitulé de la loi de 2005. Cette dernière, dans son énoncé même, est une très grande loi de la République française. Elle dit l'essentiel de ce qui fonde le projet commun d'une société démocratique et solidaire. Ce sont là des personnes, des femmes et des hommes, qui ont plus de difficultés que les autres citoyens pour accéder de manière autonome à tout ce que l'existence peut offrir. Créer un système qui permette de pallier les obstacles auxquels certains citoyens se heurtent plus que d'autres, ceux d'une particulière fragilité, n'est-il pas la plus ardente des obligations de toute société, ce qui la crée, la lie et la justifie?

Bien entendu, nous sommes tous, d'une certaine manière, brimés, bridés, dans notre liberté. Nous avons des limites. Nous ne pouvons pas voler. Nous sommes incapables de rester sous l'eau très longtemps sans respirer. Notre vision est moins perçante que celle des aigles, nous sommes bien plus lents que les guépards. Nous sommes tous limités. Cependant, la société a créé, avec l'évolution des sciences et des techniques, une série d'outils permettant de réduire ces limites. Maintenant, grâce à eux, nous voyons plus loin que les aigles, restons plus longtemps que les dauphins sous l'eau, volons plus vite que n'importe quel oiseau, sommes plus véloces que n'importe quel animal. Pour autant, parmi nous, il en est chez lesquels les limites demeurent beaucoup plus importantes que chez les autres citoyens. On les appelle des « personnes handicapées ». Or cette société, qui doit accueillir et aider les citoyens à surmonter leurs difficultés, n'a pas de mission plus urgente que de secourir ceux qui en ont besoin. Que serait-elle si elle n'aidait pas les enfants fragiles, les mamans ? Si elle ne s'efforçait pas d'optimiser le traitement des malades ? Que serait une société qui renoncerait à mobiliser les moyens disponibles et accessibles pour permettre aux citoyens handicapés d'accéder vraiment à ce qu'elle offre, au même titre que les valides ? Simplement elle ne se justifierait plus. Ce n'est pas là un problème secondaire, il est au centre du contrat social. C'est pourquoi j'appelle la loi du 11 février 2005 une grande loi de la République. Avant la révolution bolchevique de 1917, Lénine a écrit : « Un peuple qui en opprime un autre ne saurait être libre. » Pour paraphraser cela, je dirais qu'une société développée qui n'utiliserait pas ses moyens et ses techniques pour aider au mieux qu'il est possible ceux des siens qui en ont besoin ne saurait être digne ; elle perdrait sa justification essentielle. Maintenant, lorsque l'on passe de la sphère étatique, réglementaire, à la sphère individuelle, qu'en est-il ? Comment faire en sorte que chacun d'entre nous puisse contribuer à permettre aux citoyens handicapés de surmonter les obstacles rencontrés en raison de leur handicap ? Il existe un mot souvent utilisé qui exprime l'essentiel de l'idéal d'une société inclusive, c'est « compagnonnage ». Rappelons ici ce que signifie l'« accompagnement » : il vient du latin *cum panis*, « manger le pain avec ». Les compagnons sont des égaux ; ma compagne, mon compagnon sont des égaux ; ils partagent la nourriture, le pain. Les membres d'une confrérie utilisent l'expression : « Compagnons, en route, en avant ! »

Accompagner exclut totalement la domination, la tutelle, le rabaissement, la sous-considération. Dit autrement, les *accompagner* est en quelque sorte une conséquence évidente de l'obligation de reconnaître la pleine citoyenneté des personnes handicapées. Si cette dernière doit être reconnue, ces personnes sont citoyennes et citoyens au même titre que nous et doivent au maximum jouir de l'égalité des chances et des droits. Elles le peuvent, souvent à condition d'être accompagnées. Le verbe « accompagner » exclut toute une série de comportements qui hélas persistent et ont le potentiel de nuire encore à l'épanouissement des personnes handicapées. La commisération en fait partie : « Regardez-les, les pauvres ! » Non, ils ont tout simplement besoin d'un coup de main – mais il est très fréquent que le compagnon ou la compagne en ait besoin aussi. Parfois la frayeur s'immisce ; on est épouvanté de devoir surmonter la culpabilité d'être valide, on préfère rester à distance. L'expression « les handicapés » est bien entendu formellement à proscrire : ces citoyennes et ces citoyens sont irréductibles à leur handicap, ce sont avant tout des personnes qui rencontrent des difficultés particulières dans certains domaines de la vie, et souvent dans ces seuls domaines. Quand une personne handicapée marche ou voit mal, elle peut, c'est évident, concourir par exemple à l'École normale supérieure (ENS) et être le cas échéant reçue première ! Quand une personne est malvoyante, elle entend très bien… Aussi faut-il reconnaître le handicap pour ce qu'il est et, pour tout le reste, considérer la magnificence intacte de la personne. Elle est une compagne ou un compagnon. *Accompagner* est au total un verbe, un objectif, c'est un mot magnifique. « Accompagner » implique d'être conscient de ce qui peut menacer le compagnon et la compagne, les situations et les handicaps, de les regarder comme appartenant au cercle des siens, comme une sœur ou un frère. Le regard peut exclure, il doit à l'inverse inclure et conforter.

L'accueil sans préjudice du handicap au sein d'une communauté de citoyens égaux n'est pas la seule condition de l'inclusion. Cette dernière exige aussi que tout ait été mis en œuvre pour éviter les situations de doubles, de triples peines, où les premiers obstacles rencontrés conduisent à en accumuler d'autres. Les déficiences motrices et sensorielles, les handicaps cognitifs et psychiques peuvent ruiner le parcours éducatif à l'école puis à l'université. Or, surtout dans le monde actuel, l'insuffisance des savoirs entrave un parcours de vie. Afin de desserrer autant qu'il est possible les freins à l'apprentissage et aux études, d'importants efforts ont été accomplis : à l'école, assistantes et assistants de vie scolaire, classes adaptées, enseignement spécialisé lorsque cela est indispensable, entre autres. Les besoins sont tels, les budgets toujours si serrés que ces efforts apparaissent toujours éloignés des besoins. L'aide aux étudiants handicapés est une mission essentielle des universités, un vice-président préposé fait en général partie de l'équipe présidentielle. Il dispose pour mener à bien sa tâche de l'assistance de salariés mais peut surtout compter sur la mobilisation des étudiants eux-mêmes. À cet âge, on est solidaire, même si on ne le demeure pas toujours. Président d'une grande université française, je l'étais aussi de la Firah et de ce fait particulièrement sensibilisé aux problèmes du handicap. Je témoigne de ce que la mobilisation des étudiants pour aplanir autant qu'ils le pouvaient le chemin accidenté de leurs collègues handicapés vers le meilleur parcours universitaire possible donne tout son sens au terme « accompagnement ».

Les engrenages conduisant à ce que les personnes handicapées accumulent les handicaps dérivés sont hélas nombreux. L'un réside dans la fréquente inégalité qu'elles subissent pour être aussi bien soignées que les personnes valides, en urgence ou en consultation ordinaire. Ces personnes peuvent en effet rencontrer des difficultés pour accéder aux centres de soins, pour répondre au médecin, etc. Les soins dentaires sont trop souvent négligés et l'état dentaire de cette population est épouvantable. Par ailleurs, un fréquent oubli des équilibres diététiques associé à une mobilité réduite fait que l'obésité frappe plus encore les personnes handicapées que les autres. Enfin, dans les centres de soins, les médecins et soignants sont parfois gênés de cette situation et embarrassés d'avoir à soigner et à faire face à une personne handicapée, en considérant que ce dont ils souffrent n'est pas une maladie comme les autres. Les soignants sont souvent déroutés par la situation, considèrent que le handicap n'est pas leur spécialité, se jugent incompétents. Dans ce contexte délicat, une réflexion a été menée puis concrétisée par la Charte nationale Romain-Jacob, du nom d'un fils décédé du vice-président de la Firah, père de deux garçons très lourdement handicapés, dont Romain. Cette charte offre des pistes pour améliorer le quotidien des personnes handicapées (éducation à la santé, accès aux soins et à la santé...). Elle plaide auprès des facultés de médecine et des institutions en formation de soins infirmiers en faveur d'une sensibilisation des futurs praticiens et soignants aux enjeux du handicap, de sorte que ces professionnels soient moins déstabilisés par la prise en charge de leurs patients atteints de handicaps parfois sévères. Ils ont déjà tant de problèmes, il convient d'éviter d'en rajouter, par exemple en leur faisant perdre des chances d'être correctement soignés. Le vieillissement des personnes valides finit lui-même par être handicapant. On parle du handicap associé à l'âge, mais les personnes handicapées qui vieillissent sont triplement handicapées. Premièrement, elles vieillissent comme les autres et en supportent les mêmes conséquences ; deuxièmement, énormément de handicaps sont aggravés par le vieillissement qui va accroître ou provoquer des ankyloses, des raideurs articulaires, de l'obésité, des difficultés respiratoires. Enfin – évoquer ce point me permettra de faire la transition avec la question des aidants –, les accompagnants des personnes handicapées sont avant tout des aidants familiaux, souvent les parents de jeunes adultes handicapés ; or, bien sûr, ils vieillissent eux aussi, avec une certaine avance sur leurs enfants. Lorsque l'âge ou la disparition des parents ne leur permet plus d'intervenir, les enfants vieillissants se trouvent dans une situation tragique ; la seule solution, alors qu'ils ont vécu à leur domicile, dans le cocon familial, se trouve être le placement en institution. Là encore, c'est une situation très difficile, voire épouvantable, et un chantier urgent.

J'ai déjà mentionné la place des aidants auprès des personnes handicapées qu'ils accompagnent. Nous vivons depuis une décennie une transition économique et sociologique qui les concerne aussi. Suivant le type du handicap, de très nombreuses personnes handicapées ont été institutionnalisées, des centaines de milliers ont été placées dans des établissements spécialisés, souvent pour la bonne cause. Mais cette institutionnalisation s'est avérée de plus en plus onéreuse alors que, partout, les dépenses publiques sont appelées à diminuer. D'autre part, on a pris conscience de ce que le placement en institutions spécialisées n'est souvent pas sur le plan psychique la meilleure solution, pas ce qui est préféré par les personnes en cause. Le courant est aujourd'hui fort pour « désinstitutionnaliser », chaque fois que possible, le handicap ; dans le domaine du vieillissement, pour que les gens âgés n'aillent pas en Ehpad mais profitent au maximum de leur autonomie chez eux. Dans certaines situations, notamment pour les enfants qui souffrent de handicaps moteurs cérébraux sévères, cela n'est possible que grâce à des aidants, familiaux, associatifs ou professionnels. La vie propre des aidants familiaux en est bouleversée. Le poids d'aider qui pèse sur eux est tel qu'on assiste à un phénomène singulier, celui d'une sorte de contagiosité du handicap. La personne handicapée aidée handicape considérablement la vie de son aidant. Elle chamboule sa vie personnelle, sa vie relationnelle, elle peut dégrader, beaucoup, sa vie professionnelle. Il est par conséquent crucial que les aidants soient eux-mêmes aidés, il est indispensable de leur ménager des marges de repos – un droit au répit –, de les seconder dans la conduite de leur vie professionnelle. Ce sont souvent des personnes en fin de carrière, leur retraite dépend de leur avancement dans les entreprises. Aménager des dispositifs évitant que la générosité et le dévouement des aidants ne les pénalisent est une priorité. Le handicap est cependant parfois si important que les personnes doivent vivre en institution, alors que leur maintien à domicile repose sur un réseau d'aidants, familiaux et professionnels. Ces situations ne remettent bien entendu pas en cause la citoyenneté de ces personnes, leur dignité et leurs droits. Les respecter impose pourtant d'appréhender l'ensemble qu'elles constituent avec leurs aidants, être hybride social et l'humain réel qu'il convient de prendre en compte. Seuls, non « accompagnés », ces citoyennes et citoyens ne peuvent être inclus. Un malade affecté par ailleurs d'une infirmité motrice cérébrale ne peut se débrouiller aux urgences d'un hôpital qu'en présence d'un aidant habituel. Que l'infirmière ou le médecin enjoigne à ce dernier de sortir, en lui glissant maladroitement: « Cela ne vous regarde pas, on va s'en occuper », alors la personne handicapée se trouve plongée dans un monde hostile et effrayant!

En fin de compte, qu'est-ce qu'une société inclusive? Une école et une université inclusives? Elles le sont certes lorsqu'elles permettent aux personnes, en dépit de leurs handicaps, une bonne réussite scolaire, universitaire, sociale et professionnelle, un bon épanouissement personnel. Un citoyen serein et performant malgré une déficience sensorielle ou motrice est un succès de l'inclusion. Cependant, qu'en est-il de ceux qui ne réussissent pas, qui ne sont pas sereins? Ne sont-ils pas eux aussi nos sœurs et nos frères? Je me rappelle, longtemps après la mort de mon père, avoir interprété comme suit son injonction à être raisonnable et humain: Jean Kahn ne me croyait pas inhumain, il savait son fils Axel, à l'époque militant politique actif et idéaliste, un peu raide; il craignait que cela ne l'entraînât au sectarisme, à n'aimer vraiment que les gens conformes à ce qu'il désirait qu'ils fussent. Être humain, ce n'est pas ça, voulait-il peut-être me signifier; c'est, utilisant sa raison, apprécier l'humanité telle qu'elle existe réellement, parfois performante, voire fulgurante et lumineuse, souvent non. Elle peut même apparaître médiocre, égoïste, véhémente, lâche, elle reste l'humanité dans la diversité des êtres qui traversent des situations variées. De même, la personne handicapée dont on est solidaire n'est pas forcément performante, elle n'est pas toujours parvenue à se jouer de ses handicaps, à réussir.

L'idéal de l'inclusion est d'être complète, à l'école, à l'université et au travail, toujours dans l'intérêt de la personne handicapée. Par exemple, grâce aux assistants de vie scolaire et à d'autres dispositifs, l'inclusion des enfants handicapés à l'école a progressé. C'est dans l'immense majorité des cas une excellente chose, aussi bien pour l'enfant que pour ses petits camarades confrontés de la sorte dès leur plus jeune âge à la réalité de la différence. Il existe pourtant des cas où mettre un enfant, même avec une assistante de vie scolaire, en classe ordinaire, revient à le laisser dans un coin sans qu'on s'en occupe comme il conviendrait. Il faut savoir raison garder ! Une éducation spécialisée reste indispensable, elle est la mieux adaptée à certaines situations. L'inclusion en milieu ordinaire peut sinon déboucher sur de la maltraitance. C'est la même chose au travail. L'inclusion des personnes handicapées y est souhaitable chaque fois qu'elle se révèle possible. Dans d'autres cas, cependant, les ateliers protégés, l'ESAT, sont une meilleure solution. L'intérêt de la personne handicapée doit être au centre des préoccupations, il est souvent le mieux pris en compte par l'inclusion en milieu partagé avec les valides. Pas toujours, cependant. Souvent au travail, à l'école ou ailleurs, on vante la qualité de la personne handicapée, en insistant sur le fait qu'elle est aussi performante que les valides. C'est une fort bonne chose, fréquemment exacte. Beaucoup de documents, de vidéos vantant l'inclusion professionnelle insistent sur le fait que le collaborateur handicapé est sans conteste employable, efficace et compétitif. On utilise même parfois le handicap comme un élément de compétitivité : les personnes souffrant d'un autisme type Asperger ont assez souvent de remarquables capacités d'abstraction et sont parfois des informaticiens de génie. Ils sont très prisés par les sociétés d'informatique. Pour certains directeurs des ressources humaines, une collaboratrice comptable malentendante bavarde moins que les autres, ce qui a un certain avantage. De la même manière, une standardiste malvoyante est moins distraite par les spectacles qui peuvent se présenter au quotidien. Ce discours sur le caractère de performance utile à l'entreprise de l'embauche de personnes handicapées ne doit pas être disqualifié, mais pour autant il a ses limites. Si toutes les personnes handicapées sont des citoyennes et des citoyens, elles ne sont pas toutes performantes, bien sûr ! Et il ne faudrait pas que la condition de la citoyenneté fût la réalité de la performance. Le philosophe handicapé suisse Alexandre Jollien revendique le droit des personnes handicapées à n'être pas performantes, à être fatigables, à se sentir faibles[1]. Ce sont pourtant là, elles aussi, nos sœurs et nos frères ! Il convient par conséquent de se méfier de certains propos et de veiller à n'exclure personne. Cela vaut aussi sur le plan du caractère. Les personnes handicapées ne sont pas toutes agréables, gentilles et paisibles. Pourquoi le seraient-elles ? Elles

1. Alexandre Jollien, *Éloge de la faiblesse*, Le Cerf, 1999.

se révèlent parfois agressives, exaspérantes, peuvent apparaître méchantes. Ne pouvoir accompagner que des personnes souriantes, reconnaissantes, fraternelles revient à méconnaître la réalité de l'âme humaine. Quand on est handicapé, comment ne pas ressentir une certaine rage d'être entouré d'autant de gens valides ? C'est là une injustice effroyable contre laquelle le sentiment de révolte peut être irrésistible.

J'ai alterné dans cette section consacrée au handicap l'utilisation des termes « citoyenneté » et « fraternité ». Il n'y a pas en ce qui me concerne de connotation religieuse dans le mot « fraternité ». Les religions l'ont souvent utilisé mais la République aussi : « Liberté, Égalité, Fraternité. La notion de fraternité avec les personnes handicapées s'est imposée à moi il y a six ans. En 2013 et 2014, j'ai traversé à pied la France en diagonale, par deux fois, sur 4 000 kilomètres au total. Le soir, même après avoir beaucoup marché, je postais sur les réseaux sociaux des photographies et le récit de ce que j'avais vu à travers le pays. Un jour, Jean-Marie Barbier, président de l'Association des paralysés de France, et un « ami Facebook » comme on dit, m'envoie un message. Ce jour-là, je suis en arrivant à l'étape si fatigué que je ne rédige pas mon compte rendu quotidien. Mon ami m'écrit : « Monsieur Kahn, rien ce soir ? Vous ne pouvez pas vous imaginer ce que représente pour moi de voir vos images, de lire votre texte. Vous me connaissez, je suis en fauteuil. Ce que vous faites, je ne peux pas le faire moi-même mais le réalise avec vous, monsieur Kahn. Vous marchez pour moi, ma pensée est dans vos pas. » Ce message m'a bouleversé et je me le suis rappelé l'année d'après au cours de ma seconde diagonale. Parti de la pointe du Raz, j'étais alors à Redon, sur le bord du canal de Nantes à Brest. La journée avait été longue, j'avais parcouru déjà 42 kilomètres. Fatigué, je marchais à grands pas en atteignant le terme de l'étape[1]. Me rappelant le message de Jean-Marie Barbier, j'ai compris à cet instant à quel point j'étais privilégié. J'étais bien las mais avais pu le faire. J'avais vérifié sur ma carte le détail de mon chemin, m'étais émerveillé des odeurs, des sons, du souffle du vent, des spectacles perçus. J'avais des frères et des sœurs qui, eux, ne pouvaient pas marcher comme moi ; lire une carte comme je le faisais ; se projeter dans un voyage comme celui-là, le concevoir, en établir le plan. Ils n'entendaient pas comme j'entends, n'avaient pas accès aux sensations qui, chemin faisant, m'assaillent et me dilatent l'âme. J'ai ressenti à cet instant combien ils étaient mes frères et mes sœurs, je leur ai dédié ma marche, mes efforts, mon voyage et mes joies.

L'homme réparé

J'ai évoqué dans la section consacrée au transhumanisme les deux technologies sur lesquelles comptaient ses partisans et promoteurs : les biotechnologies et le

1. Axel Kahn, *Entre deux mers, op. cit.*

numérique au service de l'intelligence artificielle. Les scénarios de transhumains dopés par les puces au silicium dont j'ai parlé évoquent des interfaces entre le cerveau et l'ordinateur, voire un couplage direct entre les neurones et des composants électroniques permettant un transfert en ligne des signaux. On promet un transfert de tout le contenu mémorisé et émotionnel de l'esprit sur des disques mémoire, comme une collection de big data que des algorithmes puissants mettraient à disposition de la pensée, à la demande. Les circuits neuronaux interactifs et d'une haute plasticité sur lesquels celle-ci repose seraient eux-mêmes dopés par intégration de transistors. Ces perspectives m'ont toujours laissé sceptique. La compatibilité entre les circuits neuronaux biologiques et les circuits électroniques reste à ce jour du domaine de la science-fiction, tout ce que l'on sait faire étant de passer d'un système à l'autre via une interface tel un écran. Surtout, quel serait l'intérêt véritable de tels cyborgs cérébraux ? Les machines seront de plus en plus puissantes et autonomes, et il n'est guère besoin ni commode de les implanter dans un cerveau. Du côté du partenaire humain, il jouit pleinement des performances de la machine intelligente et apprenante sans l'implanter dans son corps ; un tel fantasme crée plus de complications qu'il n'ouvre de réelles perspectives.

En revanche, l'interface homme-machine possède d'immenses perspectives pour réparer des personnes atteintes de handicaps sévères. Les prothèses auditives sont déjà communément utilisées. Les prothèses visuelles se développent et font de rapides progrès. Un dispositif optique de prise d'images les transforme en signaux électriques transmis au nerf optique à son départ de la région sous-rétinienne. Demain, peut-être, les signaux pourront être acheminés aux aires visuelles du lobe occipital. La surface du cerveau peut être vue comme une interface au niveau de laquelle l'activité cérébrale se traduit par des zones de dépolarisation, c'est-à-dire des signaux électriques détectables. Ceux-ci peuvent alors être couplés à des dispositifs microélectroniques et robotiques susceptibles de compenser les déficiences de personnes handicapées. Des signaux captés au niveau des aires de la parole, ou des aires motrices du langage des signes, devraient pouvoir actionner un dispositif de voix artificielle permettant aux personnes muettes de disposer d'un langage sonore. Selon le même principe, des enregistrements au niveau des aires motrices ou à la surface du cuir chevelu commencent à être couplés à des exosquelettes qui permettent à des primates paraplégiques et à quelques personnes malades de remarcher. De manière plus subtile, des électrodes implantées au niveau du cortex cérébral sont susceptibles de recueillir des signaux utilisés pour mobiliser des prothèses expérimentales de membres chez des primates. On n'en est pas à ce qu'une main artificielle redonne à une personne amputée sa dextérité d'antan, ce n'est cependant pas impossible de l'imaginer dans un futur pas trop lointain.

Ces perspectives d'hommes réparés par implantation de prothèses bourrées d'électronique et connectées au cerveau pour être mues en fonction de l'intention et de la volonté des personnes, évoque à juste titre l'image du cyborg dont l'humanité est en partie remplacée, de ce fait menacée par des artefacts techniques. Des êtres-machines inquiétants qui font tant fantasmer les auteurs de science-fiction. Dans de nombreux débats, ou bien à travers les questions du public après des conférences, j'observe que l'on associe souvent les transhumains augmentés et les cyborgs réparés dans une même réprobation. Telle n'est pas du tout ma position que je présente souvent et défends en utilisant une situation fictive et outrée. Un véhicule militaire occidental saute sur une mine dans un des théâtres d'opérations au Moyen-Orient. Trois de ses quatre occupants sont tués, le quatrième ne vaut guère mieux. Tous ses membres sont déchiquetés, ses yeux ont éclaté, il a un grave traumatisme thoracique qui a lésé son cœur. Les moyens de réanimation, de chirurgie et d'équipement prothétique disponibles ont fait de grands progrès, le soldat sera sauvé. Sa circulation sanguine est d'abord branchée sur un système de cœur – poumon artificiel qui le maintient en vie avant qu'on puisse mettre en place dans son thorax une prothèse cardiaque éprouvée. Dans un deuxième temps, on lui implante successivement des rétines artificielles, puis des prothèses des membres interfacés avec le cerveau. Il retrouve la vue, la marche, l'usage habile de ses mains artificielles. Il est un cyborg. Il est cependant, dans le désastre vécu, un humain qui peut s'émerveiller des spectacles qu'il contemple, rêver, désirer, aimer, projeter, accomplir, et non plus seulement un corps délabré et aveugle, cul-de-jatte et manchot en survie incertaine grâce à la machine externe qui compense les défaillances de son cœur et de ses poumons. Je tiens ce scénario futuriste mais non irréaliste pour un triomphe de la médecine et de la technique, la préservation malgré tout de la vie humaine. L'appréciation de la voie bonne en la matière ne peut dépendre du degré d'artificialité de l'homme réparé mais de son degré d'humanité sauvée.

Le fléau social du cancer

Au terme d'une réunion du Comité éthique et cancer que je présidais depuis quatorze ans, la vice-présidente à la fois du Comité et de la Ligue nationale contre le cancer m'informe, en avril 2019, que la présidente en exercice de cette dernière s'apprête à quitter ses fonctions. Elle me demande si présenter ma candidature à sa succession me tenterait. Fort occupé par ailleurs, je commence par décliner. Puis je reconsidère les jours suivants la proposition. L'hématologie et la cancérologie ont été dès 1969 mes spécialités cliniques d'interne puis d'assistant des Hôpitaux de Paris. Ma décision de m'y consacrer, et de mener des recherches en ces disciplines, date de 1963 ! De fait, mes travaux de chercheur portent, jusqu'au début des années 2000, en bonne partie sur les mécanismes des cancers ; mes équipes y obtiennent des résultats importants. Je suis un vieux compagnon de route de la Ligue, et aussi engagé dans diverses actions humanitaires, j'en ai parlé. J'allais avoir soixante-quinze ans. J'ai pris conscience que la présidence de la Ligue était à ce point en phase avec mes parcours de vie, d'humaniste, de médecin et de chercheur que refuser la proposition revenait à n'en plus jamais accepter d'autres: aucune n'était susceptible de me convenir davantage. Or je n'étais pas prêt à renoncer. J'ai été élu en juin, et c'était loin d'être une formalité. La Ligue est une très grande association composée de 103 comités départementaux présents partout en métropole et outre-mer. Les présidents des comités élisent un conseil d'administration au sein duquel le président national est ensuite élu. Comme souvent en milieu associatif, la vie démocratique y est animée, parfois assez décoiffante.

La Ligue est une vieille dame qui aura cent trois ans en mars 2021. Elle a été fondée à la fin de la Grande Guerre, sous le nom de Ligue franco-anglo-américaine contre le cancer, par Justin Godart, homme politique radical-socialiste qui occupe à l'époque les fonctions de sous-secrétaire d'État à la Guerre et est en charge du Service de santé militaire. Il en prend la présidence jusqu'en 1956. Des Ligues seront créées sur le même modèle dans le monde entier, et Justin Godart fonde en 1934 la Ligue internationale contre le cancer. Le fondateur de la Ligue explique alors son action en présentant les cancers comme le « quatrième fléau social », après la tuberculose, l'alcoolisme et la syphilis. Cent trois ans plus tard, les cancers sont devenus le premier fléau social, certains n'hésitant pas à évoquer pour parler des temps modernes de « société du cancer ». De fait, les cancers impactent dans la durée nos sociétés plus que toute autre maladie. D'ailleurs, ils ne peuvent être tenus pour simplement des maladies, ils sont un fait social de première importance. Désormais première cause de mortalité dans les pays les plus développés, dont le nôtre (156 000 décès lui sont attribués chaque année), les cancers affectent et affecteront toutes les familles. Ils frappent et frapperont au cours de leur existence environ une personne sur deux, soit 400 000 cas détectés tous les ans. Certains de ses déterminants sont enracinés dans la vie quotidienne des gens, ce qu'ils respirent, boivent, mangent, rencontrent au travail, la manière dont ils se comportent. Des stratégies d'enrichissement maximal de sociétés privées, jadis des États, ont tué depuis la création de la Ligue 500 millions de fumeurs de cigarettes dans le monde, et l'hécatombe se développe dans les pays les plus pauvres. Il n'existe pas de crime contre l'humanité plus important que celui-là, mû par la seule cupidité. L'alcool est la seconde cause des 40 % de cancers évitables. Le combat contre le lobby de l'alcool est en France d'une particulière difficulté puisqu'il s'attaque à un secteur économique majeur et à une activité traditionnelle, la viticulture, qui ne peut être dissociée de l'identité et de la culture françaises. L'énergie nucléaire, militaire et civile, les pratiques de construction, l'agriculture, l'industrie sont régulièrement dénoncées pour le risque cancérigène qu'elles font planer. L'accroissement de la longévité moyenne des humains est lui aussi l'un des paramètres sociétaux les plus importants du monde moderne. Maladies se développant en majorité après cinquante-soixante ans, les cancers y ont trouvé un tremplin supplémentaire de diffusion. Il est au total peu d'aspects du fonctionnement de nos sociétés qui ne soient liés, d'une manière ou d'une autre, aux cancers. En sens inverse, le progrès des connaissances et des techniques a transformé la compréhension des mécanismes tumoraux, le diagnostic et le traitement des cancers. La quasi-totalité des techniques de la physique, de l'informatique et de l'intelligence artificielle, de l'imagerie, de la chimie, de la biologie, de la génétique et des techniques de recombinaison d'ADN est mobilisée par ce champ thérapeutique. Cet arsenal impressionnant et d'évolution rapide permet un recul progressif de la mortalité des cancers, la guérison spectaculaire de certains d'entre eux et l'amélioration du pronostic d'autres. Dans ce contexte, la Ligue s'est fixé quatre missions : la prévention, la recherche, l'aide aux personnes malades, et enfin la démocratie en santé et les plaidoyers de société.

Malgré tous les progrès accomplis, la majorité des cancers demeurent des maladies graves dont le traitement est souvent lourd, prolongé, pénible. De ce fait, l'annonce à une personne qu'un cancer se développe dans son corps est toujours un coup de tonnerre qui bouleverse son univers psychique et sa vision de l'avenir. Sa vie personnelle, familiale, professionnelle et sociale en devient incertaine.

Une partie importante de son énergie est mobilisée pour le combat à mener. Aujourd'hui, plus d'une personne malade sur deux guérit de son cancer. Pourtant la vie reste compliquée, la guérison sociale, professionnelle et psychique reste souvent encore incertaine et décalée après que la tumeur a été vaincue. Plus d'une personne sur cinq est encore hors de l'emploi des années après la guérison. L'obtention de prêts, l'accès aux assurances, tout demeure compliqué. L'est aussi, et encore plus, le maintien au travail des malades en cours de traitement. Une malade disait il y a peu à son cancérologue : « Docteur, à quoi cela peut-il servir de tenter de me guérir de mon cancer si je dois mourir socialement ? » En une interrogation inquiète, presque désespérée, cette femme résumait la nature complexe des cancers. Ce sont certes des maladies graves, mais ce sont plus encore des affections sociales durables. Le combat acharné contre la redoutable agression des cellules cancéreuses serait bien insuffisant s'il ne s'accompagnait et ne se prolongeait pas d'une mobilisation de la société – en débutant par la Ligue qui s'efforce de la stimuler – pour éviter l'exclusion des personnes affectées ou qui l'ont été.

Résumée de la sorte, la cause de la lutte contre les cancers et aux côtés des personnes qu'ils agressent est indiscutable, comme l'était celle en faveur de l'autonomie des personnes handicapées. En effet, qui peut être favorable aux cancers que la Ligue combat ? Qui peut être contre les personnes malades aux côtés desquelles la Ligue se porte ? J'ai dit « personnes malades » comme je parle de personnes handicapées. Pour les mêmes raisons. Bien entendu pas de « personnes en situation de maladie », alors que – quoique ridicule – ce serait plus approprié qu'en matière de handicap. C'est par conséquent les personnes qu'il s'agit de guérir, si possible. Personnes irréductibles à leur maladie et que l'on doit accompagner en toutes circonstances, dans l'acception du verbe « accompagner » développée plus haut. L'entrée dans la maladie aggrave les fragilités sociales et économiques préexistantes, elle paupérise, surtout les personnes déjà pauvres. L'inégalité des gens face aux cancers s'observe à tous les niveaux, celui des modes de vie et des conduites à risque de contracter un cancer ; de la qualité de l'information en santé ; du lieu d'habitation par rapport aux grands centres de soins spécialisés ; des conditions de logement, propices ou non à un traitement à domicile ; du fait, ou non, de pouvoir compter, à la sortie de l'hôpital, sur un aidant familial ; du degré d'information sur l'existence des soins de support qui aident les personnes sur les plans physique et psychologique dans leur long parcours de soins ; de l'autonomie financière ou de la nécessité absolue, la rémission obtenue, de recourir à des prêts pour mener à bien des projets immobiliers ou professionnels. La Ligue, présente sur tous les territoires, est en position d'agir dans tous ces domaines, de distribuer des aides financières d'urgence, d'informer les personnes sur la maladie, les traitements, sur leurs droits, de leur offrir partout un éventail de soins de support.

La prévention des cancers évitables est une priorité évidente ; elle s'appuie sur l'éducation à la santé partout en région. Elle exige aussi de croiser le fer au niveau national avec de puissants intérêts économiques – ceux du tabac, de l'alcool, de l'alimentation, de l'agriculture, des milieux industriels. En fait, la Ligue est elle-même un très puissant groupe de pression susceptible de mobiliser des centaines de milliers de donateurs, des millions de citoyens via les médias auprès desquels son audience est grande. Ses moyens ne reposant que sur la générosité du public, presque exclusivement des particuliers, elle n'est en rien contrainte dans l'expression de ce qu'elle croit juste. Que ses actions, ses plaidoyers, dit-on, s'adressent à des milieux professionnels, des puissances financières ou aux pouvoirs publics, elle n'est limitée que par son esprit de responsabilité. Or, en matière de cancers, nous nageons dans un océan d'allégations incertaines ou approximatives qui ne sont pas toutes motivées par des intérêts liés à l'argent. C'est parfois la passion militante, voire idéologique, en tout cas souvent biaisée qui motive certaines mobilisations. Lorsque des organisations non gouvernementales en lutte contre des lobbies économiques peuvent arguer du pouvoir cancérigène des pratiques qu'elles combattent, elles s'en privent rarement. Le combat de ces mouvements est souvent sympathique, leurs allégations liées au cancer sont loin d'être toujours avérées. Aussi ai-je transposé à la Ligue la notion dérivée de l'*evidence-based medicine* dont je reparlerai à propos des essais thérapeutiques dans la Covid-19, celle des plaidoyers basés sur les preuves. Nous exigeons pour nous engager dans une campagne d'opinion que ce que nous avançons soit conforté par les données et savoirs disponibles. Qu'il s'agisse au total du plus probablement vrai dans l'état des connaissances.

La position de la Ligue envers l'industrie du médicament est guidée par le réalisme et l'indépendance associés à la défense acharnée de la démocratie en santé et de l'intérêt des personnes malades. Les médicaments contre le cancer sont tous fabriqués par des firmes privées, souvent de grandes sociétés multinationales. Les produits qu'ils mettent sur le marché portent l'innovation thérapeutique en matière de cancer. L'industrie pharmaceutique en profite très souvent pour abuser de sa position dominante et exiger des prix exorbitants de ses médicaments innovants. La Ligue met en œuvre tous ses moyens, sa combativité pour garantir à toutes les personnes atteintes de cancers l'accès au meilleur traitement, se bat pour obtenir que les usagers, c'est-à-dire les patients, participent en France au processus de fixation des prix, à tout le moins en soient informés. À l'autre extrémité, les laboratoires se désintéressent de médicaments anciens devenus très bon marché mais dont l'intérêt thérapeutique reste majeur. Ces produits se trouvent dès lors souvent en pénurie, il s'ensuit des reprises évolutives des cancers qui coûtent des vies. Ce drame survient parce que les produits, faciles à fabriquer, ne coûtent pas assez cher pour intéresser les industriels du médicament. Un scandale qui indigne la Ligue. Elle dénonce l'indécence de comportements mercantiles mettant en danger la vie des gens et propose des solutions. Encore un combat juste que je mène moi-même avec passion et qui bénéficie de ma notoriété et de mon accès aisé aux médias. La médiatisation excessive est irritante, un brin ridicule. Alors autant lui donner un sens, celui de causes humanistes indiscutables. Je ne crois pas que Jean Kahn me l'aurait reproché.

Cette conscience de l'audience nationale de la Ligue, de la puissance de ses mobilisations et de l'influence que cela lui donne, la responsabilité qui en découle, vaut aussi en matière d'arguments utilisés pour lever des fonds. Bien entendu, je l'ai dit, les missions de la Ligue sont indiscutables, elles reposent sur la seule générosité du public. Cela l'incite à définir une stratégie de communication, à la désirer la plus efficace possible pour susciter le désir de faire un don. Pas à n'importe quel prix, cependant. Les campagnes de marketing doivent elles aussi être fondées sur les preuves. Il y va de la crédibilité de tous nos messages et par conséquent de la confiance qu'on nous accorde. Ainsi, la Ligue est de très loin le premier financeur français de la recherche contractuelle sur les cancers, le premier financeur non gouvernemental. Nous sommes attachés à valoriser les résultats des équipes de recherche que nous finançons. Dans les strictes limites, cependant, de ce que ces résultats permettent de conclure et d'espérer. La Ligue n'annoncera jamais en fanfare que, grâce à elle, le traitement radical du cancer est à portée de main. À moins que ce ne soit vrai, bien entendu. Je suis attentif aussi à ne pas fixer des objectifs que je saurais impossibles à atteindre, donner de fous espoirs, fous mais illusoires. L'un d'entre eux a eu un franc succès, à La ligue et, plus encore, dans l'opinion : la perspective d'une éradication des cancers, l'avènement de générations sans cancer, la mise au point d'un vaccin universel contre les cancers. Autant d'annonces irréalistes, fausses sur le plan scientifique, mensongères. En effet, les cancers sont aussi anciens que la vie multicellulaire elle-même. Ils sont apparus avec elle, et il n'existe aucune vie de ce type qui en soit indemne. Le mécanisme de la cancérisation est lié à deux phénomènes essentiels du vivant : la création permanente de diversité génétique et la sélection naturelle. Ce sont là les racines de l'évolution biologique. Dès que la première cellule vivante est apparue sur terre, il y a environ 3,8 milliards d'années, elle a commencé de se diviser en des cellules-filles possédant toutes quelques mutations de leur programme génétique. De ce fait, leurs propriétés différaient par certains aspects. Les cellules ainsi dérivées dotées d'une meilleure capacité à se diviser, à s'implanter et survivre dans un environnement évolutif avaient un avantage sélectif sur les autres et l'emportaient dans la « lutte pour la vie », elles les remplaçaient. Transposé au niveau d'un organisme multicellulaire, c'est là un processus de cancérisation. Un monde sans cancer est, pour des raisons théoriques fondamentales, inimaginable. Les mutations capables d'entraîner des cancers sont d'une incroyable diversité, les tumeurs qui en résultent aussi. Pour cette raison, le développement d'un vaccin préventif contre tous les cancers est une illusion stupide. Pour autant, des succès remarquables ont été et seront remportés contre les cancers. La Ligue s'y implique de toutes ses forces, dans un langage de vérité.

L'être et l'apparence

Les personnes handicapées aussi bien que malades doivent être vues en toutes circonstances comme des égaux dans une situation ou un état particuliers qui ne remettent jamais en cause leur qualité d'être, leur dignité. Ces personnes ne sont jamais réductibles à ce qui leur arrive. Il en découle l'évidence du respect qui leur est dû par autrui et la société, lié au principe humaniste d'altérité, à celui de la réciprocité. C'est ce qui motive la loi sur le handicap de 2005 – son bel intitulé vaut aussi bien pour les personnes malades. Tout doit être mis en œuvre pour assurer l'égalité de leurs chances et de leurs droits, permettre l'exercice de leur citoyenneté et leur participation, objectif essentiel de la démocratie en santé. Il est impossible de dissocier totalement l'être de son apparence car il est d'abord vu, il se voit lui-même, dans le miroir et dans les yeux des autres, il saisit l'effet qu'il a sur ceux qui le voient. C'est pourquoi nos lointains ancêtres *Homo erectus* ont sans doute fait de leurs corps le premier support d'une expression proto-artistique. On les imagine s'être montrés soucieux d'influencer le regard des autres, de les effrayer, de marquer leur pouvoir, de séduire. Il y a environ 250 000 ans, des bâtonnets d'ocre rouge trouvés abrasés dans des grottes d'Afrique du Sud ont probablement servi, bien avant les premières décorations pariétales connues des abris et grottes, à tracer des peintures rituelles sur la peau des humains de l'époque. Aujourd'hui comme jadis, le développement d'un psychisme et de capacités proprement humains n'est possible que grâce à l'interaction entre les êtres, qui débute par la perception réciproque de leur apparence. Le reflet de son image dans les yeux et l'esprit de l'autre est essentiel à la connaissance et à la conscience de soi. L'apparence, aujourd'hui comme dans ces temps lointains, influence le regard et la considération d'autrui, éléments déterminants de l'estime de soi. Or, qui ne s'estime pas risque plus de n'être pas estimé par autrui, cercle vicieux redoutable. Un proverbe allemand, inverse du proverbe français, affirme que l'habit fait le moine. C'est vrai aussi. Pour paraphraser ce proverbe, je peux avancer que l'aspect fait l'inclusion, ou du moins l'influence beaucoup. Au-delà de la solidarité inconditionnelle due à une personne handicapée, il est certes possible de l'apprécier pour son caractère et sa beauté d'âme. Cependant la facilité de l'accueil et du contact dépend aussi de sa chevelure, bien peignée ou hirsute ; de sa peau, soignée, glabre, lisse, ou bien couperosée, mal rasée ; de sa dentition, en bon état ou réduite à des chicots noirâtres ; de ses vêtements, propres et seyants ou crasseux et négligés. C'est pourquoi accompagner une personne handicapée implique aussi une attention fraternelle à son apparence, une assistance, si nécessaire, pour qu'elle puisse exprimer sa coquetterie, l'aide de professionnels de la coiffure, de l'esthétique, du vêtement. Ce ne sont nullement là des paramètres secondaires du projet d'inclusion de ces personnes, mais plutôt à la fois des conditions et des marqueurs de sa réussite. Aussi ai-je fait lancer à la Firah un appel d'offres « Estime de soi et handicap » qui me semble compléter l'éventail des efforts consentis pour se conformer à l'idéal de la loi de 2005.

L'idéal de la prise en charge des personnes atteintes du cancer est la guérison sous tous ses aspects ; les y aider résume toutes les missions et les actions de la Ligue. La disparition de la tumeur et l'éradication de toutes les cellules malignes sont les conditions nécessaires à la guérison. Elles ne sont pas suffisantes pour éviter la mort sociale qu'une personne malade disait redouter à son cancérologue. Le but de la guérison clinique n'est pas seulement de ne pas mourir, il est aussi de vivre pleinement. Cela implique l'apaisement psychologique, l'épanouissement personnel, la reprise des parcours sociaux, professionnels pour qui le désire, et des projets de vie. Celles et ceux qui en ont fini avec la rude épreuve du traitement de leur cancer et du parcours de soins de support ne sont pas de purs esprits, ce sont des personnes inséparables de leur corps, dépendants de son aspect. Cela est vrai aussi des personnes malades qui ne guériront pas mais qui, en attendant de disparaître, ont le désir et le droit de vivre aussi intensément que possible. La maladie, le cancer, gomme la santé de l'apparence ; le traitement contribue à marquer les corps, à délabrer l'aspect. Dans ce contexte, une rémission ou une guérison physique qui ne balayerait pas l'image de la mort des visages et des silhouettes, qui n'y substituerait pas celle de l'espoir et de l'avenir, ne saurait être psychologique et sociale, elle demeurerait gravement incomplète. Pour moi, être guéri, aller mieux, connaître une accalmie, c'est aussi en présenter l'aspect. Une personne malade à qui son miroir et le regard des siens et des autres ne renverraient pas l'apparence de la guérison, au moins du mieux, irait toujours mal. C'est pourquoi la Ligue juge si prioritaire de pouvoir offrir aux personnes en parcours de soins pour cancer des prestations esthétiques, capillaires, gymniques, physiques. Non pas comme de futiles services de confort, mais en tant que contributions importantes à la guérison des êtres.

Vivre et mourir en Ehpad

Le vieillissement est fragilisation inéluctable, la vieillesse est fragilité. Jeune scientifique déjà, je me suis intéressé aux mécanismes biologiques de la sénescence et j'ai mené des recherches en ce domaine durant quelques années. L'un de mes désespoirs les plus inconsolables liés au suicide de mon père a été de ne pas le voir vieillir : il n'avait pas cinquante-quatre ans ! Me remémorant avec une émotion nostalgique ordinaire les mots d'amour dits à des femmes, je n'ai rien trouvé de plus fort et sincère que cette déclaration vosgienne, allongé avec ma fiancée dans l'herbe de la crête près du col de la Schlucht: «J'aimerais vieillir avec toi.» Cette attirance ancienne pour l'ambivalence de la vieillesse – fragilité désirable puisqu'elle implique d'accompagner mieux encore l'être aimé – m'a amené à écrire le texte d'un beau livre sur les âges de la vie[1]. Associé à mon engagement en faveur des personnes handicapées, celui concernant les handicaps liés à l'âge allait de soi et a prolongé ma fascination ancienne pour les différents aspects du phénomène – scientifique, psychologique, sociétal et affectif. Mon implication dans divers groupes de réflexion sur le grand âge s'inscrit de ce fait dans une longue réflexion sur le soir puis le crépuscule de l'existence, désireux de répondre à la question: «Est-il possible d'être humain, pleinement, jusqu'au bout du chemin[2]?» Et alors, quelles sont les conditions pour que cela se puisse? La vie dans les établissements d'hébergement pour personnes dépendantes (Ehpad) est un peu dans la société moderne une quintessence des problèmes et contraintes que rencontrent les aînés, de leur mise à l'écart – au rencart, souvent – et des périls pour leur humanité. Que faudrait-il pour qu'il n'en fût pas ainsi? D'abord, les renommer. Les Ehpad doivent être vus non comme des établissements d'hébergement – c'est là une désignation fonctionnelle dépourvue d'empathie –, mais comme des «lieux de vie» pour personnes âgées

1. Axel Kahn et Yvan Brohard, *Les Âges de la vie: mythes, arts, sciences*, La Martinière, 2012.
2. Axel Kahn, *Être humain, pleinement*, *op. cit.*

dépendantes. En général, leur ultime. Les objectifs et conditions de cette période de l'existence en ces lieux peuvent être approchés en considérant tous les termes de l'énoncé.

Vivre, d'abord, telle est la première aspiration des pensionnaires des Ehpad. Leur en faciliter la réalisation est le devoir suprême des établissements et de leur personnel. Ce n'est pas de survivre qu'il s'agit, mais bien de vivre et d'y trouver du sens. Or les aînés sont trop souvent marginalisés en regard du stéréotype d'existence positive et glorieuse que véhicule notre temps, dépourvus de toute utilité économique et de toute place reconnue dans la cité comme au sein du foyer, stigmatisés parfois comme des parasites menaçant la prospérité des nations, privés souvent de toute chaleur humaine, oubliés et délaissés des leurs. Trop nombreuses sont alors les personnes âgées qui doutent du sens de la poursuite de leur vie et désirent en finir. Elles tentent parfois de se donner la mort ou demandent qu'on la leur donne. Le troisième âge est, avec les années allant de l'adolescence aux premières passions amoureuses, la période durant laquelle la fréquence des tentatives de suicide est la plus élevée. Ces personnes lasses de la vie ressentent que leur position, l'image dégradée d'elles-mêmes que leur renvoient la société entière et, en particulier, les leurs, l'indifférence apparente à leur égard de ces derniers et des autres, la monotonie des jours sans tendresse, affection, ni même convivialité, ne justifient en rien qu'ils continuent à être. Je m'imagine confronté bien vieux à ces pensées. J'ai quatre-vingt-treize ans, je vis dans un Ehpad de qualité. Les soignants sont serviables, aimables, ils m'aident à faire ma toilette le matin, m'installent au fauteuil, au soleil lorsqu'il peut caresser ma peau sèche, froide et craquelée. Puis me conduisent à la table du déjeuner. L'après-midi se déroule selon le même rythme, immuable, le salon de télévision remplaçant le jardin lorsque le jour décline, que le temps n'est pas clément. Demain, tous les jours, ce sera pareil. À quoi bon en empiler tant? Ne vaut-il pas mieux s'éclipser sur la pointe des pieds? Mais, surprise, aujourd'hui, la plus jeune de mes petites-filles vient me voir, seule. Elle a vingt-cinq ans. Je me doute qu'elle a une raison. Après les préliminaires futiles d'usage, elle en vient au sujet qu'elle souhaitait aborder avec moi. « Dis, papy, on raconte dans la famille que tu as une solide expérience des histoires de couple. Alors, aide-moi ! Je suis avec un garçon depuis près de deux ans, ce n'est pas le premier. Mais là, tu vois, c'est bizarre, on est vraiment bien. Il nous arrive de nous laisser aller, de dire *nous* à la place de *je* ou de *tu*. Je me sens triste quand il s'en va ; lui aussi, je crois. Joyeuse quand nous devons nous retrouver, je le découvre enthousiaste. Mais ce sont des bêtises, sans doute, je suis bien jeune. Je dois aller deux ans au moins aux États-Unis après avoir soutenu ma thèse ; ma recherche marche bien, je n'ai guère la possibilité de penser à autre chose. Pourtant, papy, je ne peux y résister. Je pense à... nous. Qu'est-ce que je dois faire, d'après toi ? » Alors me voici plongé dans tant d'épisodes de ma vie, je les sélectionne, je les arrange en un énoncé dont puisse bénéficier ma petite-fille. Elle me quitte, après plus d'une heure passée ensemble. Le lendemain, je ne me pose plus la question du sens de ma vie si je reste dépositaire de ces trésors d'existence, de cet univers de pensées dans lesquels d'autres gagnent à picorer, s'enrichissent à m'accompagner, surtout ceux que j'aime. Je suis en réalité disposé à aimer quiconque prospecte mes richesses enfouies, s'émerveille de mes trésors. Tous les pensionnaires d'Ehpad n'ont pas la chance de recevoir leur petite-fille curieuse d'eux. Pourtant, sans cette curiosité d'autrui, sans cet intérêt non seulement pour la manière dont on va mais aussi pour ce que l'on est, il est bien difficile de désirer être. La tâche de conforter les personnes dans leur valeur revient parfois surtout aux personnels des établissements, et elle est essentielle.

Donner aux personnes âgées de quoi assouvir l'appétit de vie qu'on les a aidées à conserver est la seconde tâche des Ehpad et de leurs personnels. Le séjour des pensionnaires ne saurait en effet être une préparation à la mort, il est l'ultime occasion d'une vie aussi belle et intense que les circonstances, leur état physique et psychique le permet. L'organisation de la participation réelle des résidents à toutes les décisions qui les concernent, l'aide à une authentique pratique démocratique en leur sein y concourent. Toutes les formes de recueil de mémoire chez les anciens les touchent et les dignifient. La sensibilité à l'émotion esthétique, aux marques de tendresse, aux sensations tactiles persiste lorsque le niveau d'entendement décline. Il reste un chemin conduisant à l'humanité des personnes. En bref, il n'y a pas de temps à perdre pour contribuer à la richesse et aux plaisirs de vivre dans les Ehpad. Demain sera trop tard.

«Tous les hommes naissent et demeurent libres et égaux en dignité et en droits» devrait être l'article Ier rénové de la Déclaration universelle des droits de l'homme et de la Constitution française, si Nicolas Sarkozy avait suivi la proposition que la commission Veil lui avait faite à mon instigation en 2009. La précision «demeurent» est conservée du texte de 1789 et l'introduction de la dignité est tirée du texte de 1948. En étant bien clair sur le sens de «dignité», que je rappelle ici. Il s'agit d'une qualité autonome inhérente à la personne, en tant que telle inviolable. En vertu d'un tel énoncé, nul ne pourrait être distingué d'un autre sur le plan de sa dignité, quels que soient son âge et son état. La compréhension profonde – et le respect – de ce principe dans les Ehpad est indispensable mais ne suffit pas. En effet, puisqu'elle est un attribut autonome des personnes, ces dernières peuvent elles-mêmes être amenées à douter de leur dignité. Et alors à ne plus percevoir de signification à leur persistance. Or rien ne menace plus l'estime de soi, et par conséquent le sentiment de sa dignité, que l'indifférence, le mépris, voire le dégoût lus sur les visages d'autrui – celui des intervenants dans les établissements. Le regard porté sur les résidents doit jouer le rôle de pinceaux qui les rendent beaux, d'abord à leurs propres yeux.

Nous sommes déjà là dans une des manifestations de cette «réciprocité» dont je fais le fondement de ma pensée morale. Les êtres doivent s'humaniser les uns les autres pour accéder à toutes les capacités d'un psychisme humain, ils sont de ce fait conduits à pouvoir admettre une réciprocité fondamentale entre soi et l'autre. S'il m'a permis, par cet échange, de penser ma liberté, de désirer consciemment qu'il m'aide en cas de besoin, qu'il ne me maltraite pas, d'appréhender l'injustice, alors il est fondé à revendiquer les mêmes droits. Les principes classiques de l'éthique (autonomie, bienveillance, non-malveillance, justice) découlent de la réciprocité fondatrice de l'humanité, ontologique, en somme. Et pour cette raison, selon moi, de valeur potentiellement universelle, en particulier à tous les âges de la vie humaine et en tous lieux où vivent des personnes. En Ehpad comme ailleurs. Les impératifs déjà évoqués de la participation des pensionnaires à l'organisation de leur vie, l'offre maximale de tout ce qui lui permet d'être bonne, la chasse à la maltraitance, physique aussi bien que psychologique induite par l'indifférence, sont des applications concrètes de ces principes. L'exigence de justice exige aussi que les handicaps liés à l'âge n'entravent pas l'accès aux meilleurs soins médicaux et autres que le bien-être des personnes requiert. Le mot qui définit le mieux la relation correcte des professionnels avec les personnes âgées dépendantes dans les établissements est celui d'« accompagnement », que j'ai déjà si souvent convoqué. Les pensionnaires, parce qu'ils sont handicapés et dépendants, ont besoin d'aide. Pourtant, à la rencontre des injonctions du respect maximal de l'autonomie et de la bienveillance, ce sont des compagnes et des compagnons avec qui on partage le pain.

Les Ehpad ne sont pas des antichambres de la mort, ils devraient représenter un parcours de vie aussi satisfaisant que possible. On décède, cependant, en Ehpad, parfois aussi silencieusement et anonymement que possible. Or déposséder des êtres de la gravité de la mort est une agression manifeste. L'humanité de nos ancêtres, sa dimension symbolique, le penchant à la religiosité sont sans doute des conséquences de la prise de conscience par *Homo* qu'il est destiné à mourir, ce qui ne peut être en toute intelligence ressenti comme banal et insignifiant dès que le cerveau humain sait se poser la question du sens de ce qu'il perçoit. Les premiers rites funéraires ont au moins 250 000 ans, les signes en ont été relevés dans des populations d'*erectus*. Ces rites se développeront chez *neanderthal* et chez *sapiens*. En bref, à un certain degré d'humanité, l'homme s'est mis à honorer ses morts. En revanche, l'abandon des rituels funéraires a toujours été associé à une négation de l'humanité des vivants destinés à mourir. On jette alors les ennemis aux chiens, on les conduit à la chambre à gaz puis on les brûle sans façon. Créon refuse de donner sépulture à Polynice qui a désobéi. C'est pourquoi l'Antigone de Sophocle préférera mourir plutôt que d'accepter de radier ainsi son frère du cercle de l'humain, j'en ai déjà évoqué le thème. Dès 1943, des hommes recherchés par l'occupant ou par le régime de Pétain sont accueillis au centre hospitalier psychiatrique Saint-Alban-sur-Limagnole, en Lozère. Plus d'un millier de malades mentaux y sont alors internés, dans les conditions d'alors où il s'agissait d'en préserver la société, nullement de les soigner. Paul Éluard fait partie des réfugiés fuyant l'occupation nazie et ses complices. Il est poursuivi pour son poème *Liberté, j'écris ton nom*, écrit en 1942. Le poète est bouleversé par ce qu'il observe, en particulier l'ensevelissement des « aliénés » décédés, sans cérémonie, sans nom sur les croix de bois qui marquent la tombe, comme s'ils avaient été des bêtes crevées. Il rédige alors ce texte reproduit sur une stèle dans l'ancien cimetière « des fous », que j'ai découvert lors de ma traversée du pays des Ardennes au Pays basque. Des larmes ont perlé au coin de mes yeux, je les sens qui réapparaissent en reproduisant ce texte.

Ce cimetière enfanté par la lune
Entre deux vagues de ciel noir
Ce cimetière archipel de mémoire
Vit de vents fous et d'esprits en ruine
Trois cents tombeaux réglés de terre nue
Pour trois cents morts masqués de terre
Des croix sans nom corps du mystère
La terre éteinte et l'homme disparu
Les inconnus sont sortis de prison
Coiffés d'absence et déchaussés
N'ayant plus rien à espérer
Les inconnus sont morts dans la prison
Leur cimetière est un lieu sans raison.

L'assimilation à Saint-Alban du sort des aliénés, ou des fous comme on dit alors, à celui des victimes de l'oppression nazie est à l'origine d'une prise de conscience en cette petite cité de Lozère; elle a bouleversé dans le monde entier les pratiques psychiatriques, et cela a débuté par un enterrement ritualisé et des sépultures nominales assurées aux personnes défuntes. Il n'y a pas de doute que certaines pratiques en ces lieux de mort habituelle que sont les Ehpad sont déshumanisantes, pour les défunts mais surtout pour les survivants. Le corps du défunt est souvent sorti bien vite de la chambre, en catimini; le lit est fait, la chambre est parfois désinfectée puis, bien vite, un encore-vivant nouveau prend la place. Les autres pensionnaires ne sont avisés de rien, il ne faudrait pas peiner ces êtres fragiles! Tout se déroule avec la même indifférence que celle témoignée à un courant d'air. Il s'en est allé, n'en parlons plus. Alors pensent ceux qui peuvent penser: «Nous ne sommes que cela, des feuilles mortes que l'on balaie? Eh bien, dans ce cas, quelle raison aurions-nous de continuer à vivre, êtres sans valeur?» Ne pas organiser le deuil des personnes défuntes, priver ceux qui les ont côtoyées de la manifestation de leur peine, c'est signifier le peu de valeur qu'elles avaient de leur vivant. Le peu de valeur des autres pensionnaires encore présents que l'on escamotera de la même manière, presque en cachette, lorsqu'elles ne seront plus. C'est là une violence extrême. La ritualisation de la mort est toujours un hymne à la valeur de la vie, à l'importance de l'être dont la disparition est un événement toujours considérable et triste.

Ne jamais accepter une dé-ritualisation de la mort, même lorsqu'elle est fréquente, ne jamais laisser cette fréquence devenir une banalité est une exigence essentielle. La dignité et l'estime d'eux-mêmes des malades et pensionnaires en dépendent. Les équipes soignantes doivent de la sorte être sensibilisées à cette exigence – se l'approprier, s'imaginer dans la situation de celles et ceux dont elles s'occupent y aide. Ces équipes et l'ensemble des personnels, avec des représentants des usagers et des familles, conviendront alors d'une procédure à respecter : type d'information donnée aux autres personnes hébergées, vacuité du lit une journée durant, signes discrets mais ostensibles de deuil, objet ou tableau voilés, veilleuse ou bougie allumées, haie d'honneur des personnels et pensionnaires pour la levée du corps, temps pour les condoléances à la famille, facilitation de la participation aux obsèques, registre ouvert, fleurs mises à disposition des usagers les plus proches des défunts, etc. Un guide de bonnes pratiques doit être discuté par les personnels qui en perçoivent l'importance, puis strictement respecté. L'humanité des vivants jusqu'à leur mort et son empreinte après cette dernière sont à ce prix.

L'approche de la mort

Le suicide de mon père explique aisément l'ancienneté de ma réflexion sur la mort et ce qui peut amener un être à la penser sinon désirable, au moins préférable à la poursuite de la vie. J'ai de ce fait beaucoup écrit sur ce sujet qui clôt logiquement *Les Âges de la vie*[1]. Des chapitres de beaucoup de mes autres ouvrages sont consacrés à la fin de vie et au trépas, indiquant non une obsession mais témoignant d'une grande familiarité avec la camarde. Je l'ai tant rencontrée dans ma pratique professionnelle, hématologiste-cancérologue et réanimateur. Dans ma famille aussi, puisque, premier médecin, j'ai longtemps été le seul, appelé toujours lorsque les miens étaient proches du départ. Il n'est de ce fait guère étonnant que j'aie été associé de très près à la préparation des deux lois françaises sur la fin de vie, la loi Leonetti de 2005 et la loi Leonetti-Claeys de 2016. C'est assez, et je n'aborderai pas ici le sujet si controversé de l'euthanasie. La présence de cette section dans le chapitre consacré aux fragilités n'est pas liée à la mort elle-même, elle est le contraire de la fragilité, plutôt sa solution radicale. Je la vois en ce qui me concerne presque comme une amie capable d'apporter des solutions personnelles à toutes les détresses, la fin du doute. Je ne la cherche pas mais m'en approcherai très serein lorsque le moment sera venu. Il n'est pas si éloigné à mon âge. Je n'ai aucune interrogation quant à un « après la vie ». Il n'y en a pas, selon moi. Il ne reste que les autres qui vivent encore et qui, parfois, font vivre, un peu ou longtemps, la mémoire. Mais peu importe pour la personne décédée puisqu'elle n'existe plus. De mon point de vue,

1. Axel Kahn et Yvan Brohard, *Les Âges de la vie, op. cit.*

rien n'a d'importance pour elle en deçà de sa naissance et au-delà de son trépas, et il en est bien ainsi. Ce qui a été réalisé ne l'a pas alors été dans l'espoir d'une récompense céleste mais parce qu'elle s'en est fixé le devoir. En revanche, l'ultime chemin qui conduit à la mort est trop souvent un chemin de croix qui exige que le vivant qui y est promis à une brève échéance soit accompagné. Par les médecins et soignants, par les proches.

Un médecin doit se poser la question de la finalité des soins qu'il prodigue à une personne malade. Il s'agit à l'évidence de permettre l'épanouissement de la meilleure vie possible dont puisse se féliciter, le cas échéant, la personne qui la vit. Le rôle des médecins est de s'engager dans cette voie, en aidant à l'avènement de l'existence à la naissance, en prodiguant des soins chaque fois que nécessaire. Bien entendu, le soin étant conçu comme cela, lorsque la guérison *stricto sensu* d'une maladie ne peut plus être atteinte, sa finalité persiste. Elle est celle d'un rétablissement ou d'un maintien chez la personne malade d'une vie susceptible de lui apporter des satisfactions et exclut autant que faire se peut – et il se peut beaucoup aujourd'hui – la douleur physique, élément essentiel de la souffrance mentale, et la souffrance psychique. Les combattre est de ce fait un aspect essentiel du soin. Il s'ensuit que le médecin est loin d'en avoir fini avec sa responsabilité médicale lorsqu'il ne peut plus guérir. Il demeure alors dans le prolongement de son rôle, de sa mission, à savoir de prodiguer des soins pour accompagner et soulager. Cette définition du soin permet également d'aborder la notion de soins déraisonnables, de l'acharnement thérapeutique. Lorsque certains soins de l'ordre de la réanimation continuent à être prodigués alors même qu'ils ne sont plus en mesure d'aboutir au rétablissement d'une vie relationnelle, l'un des éléments permettant de se féliciter de la vie menacée que l'on a, ils deviennent en effet sans objet et méritent d'être qualifiés de « déraisonnables ». Il est reconnu depuis longtemps que, dans ces conditions, ce type d'intervention doit être stoppé. Bien entendu, lorsqu'une personne qui ne peut respirer par elle-même est intubée ; lorsque, incapable de se nourrir, elle est gastrostomisée ou bien perfusée et alimentée par l'intermédiaire d'une sonde gastrique, ce sont là, au même titre les unes que les autres, des manœuvres de réanimation. Si jamais elles ne peuvent plus parvenir au rétablissement de la vie relationnelle dont j'ai défini les critères, elles doivent sans conteste être assimilées à un acharnement déraisonnable et par conséquent cesser en veillant à éviter toute souffrance résiduelle possible. L'obligation de la continuité des soins amène à regretter que le langage ait consolidé leur division radicale selon qu'ils sont curatifs ou palliatifs. Ces derniers ne constituent guère en effet que la poursuite de la mission du médecin à un stade particulier de l'évolution du mal, lorsque l'art médical ne peut plus permettre de guérir la maladie. L'objectif reste pourtant alors le même : il est de soigner, de soulager. À ce titre, il est préoccupant, anormal, voire scandaleux que, dans les facultés de médecine – j'ai été président d'une grande université biomédicale, l'université Paris-Descartes –, il n'y ait pas de continuité de l'apprentissage des soins conçu dans cet esprit, que l'enseignement s'arrête au traitement des maladies sans se poursuivre par celui de l'accompagnement et du soulagement des patients que l'on a été impuissant à guérir. Je comprends certes l'intérêt d'une spécialité de soins palliatifs, mais je m'en méfie tant il est fondamental que, dans toutes les spécialités, surtout celles qui conduisent avec une certaine fréquence à la fin de la vie, l'on n'abandonne jamais les soins, même au-delà de la possibilité de vaincre la maladie.

Dans ce contexte, une autre valeur fondamentale est celle de l'autonomie, c'est-à-dire de la possibilité de faire un choix alors que l'on pourrait en privilégier un autre. Il va de soi que quelqu'un soumis à la contrainte impitoyable de la douleur physique ou de souffrances psychiques n'est pas dans des conditions idéales pour exercer une autonomie dont l'une des conditions essentielles d'exercice est ici la lutte contre la douleur physique et la souffrance psychique, une composante fondamentale du devoir médical. C'est pourquoi on ne comprendrait pas que ce devoir médical fondamental pût s'appliquer de manière optionnelle, certains arguant de clauses de conscience pour s'en exonérer. Comment un médecin pourrait-il prétendre en raison de sa conscience ne pas accomplir son devoir, ici soigner jusqu'au bout même à ce moment particulier de l'évolution du mal que représente le terme évolutif d'une affection devenue incurable ?

Aborder la question de l'autonomie, de la liberté, conduit à revenir au suicide par lequel a débuté ma préoccupation de la mort. Après celui de Jean, mon père, j'ai soigné en réanimation de nombreux suicidants. Un épisode ancien a eu lieu à l'hôpital de l'Hôtel-Dieu de Paris alors que j'étais relativement jeune interne ; je l'ai déjà conté mais il m'a tant marqué que je me sens tenu de l'évoquer à nouveau. Un jeune médecin d'une trentaine d'années arrive en début de soirée aux urgences alors que je suis de garde ; il m'interpelle : « J'ai avalé [une quantité invraisemblable d'un antidépresseur]. Je sais que je vais mourir, mais je ne le veux plus. Alors débrouille-toi ! » J'ai tout fait de ce que je savais faire et ce qui était possible en cette fin des années 1960. Mon confrère est mort. Quand avait-il été le plus libre ? En désirant mourir ou bien en ne le désirant plus ? Ces deux volontés successives avaient la même légitimité, il n'a pu exercer la seconde. La mort est certes apaisante, elle est aussi la fin radicale de toute liberté. Un autre souvenir inoubliable est bien postérieur ; il se situe à la fin des années 1980. Je suis cette fois réanimateur de garde dans un service de l'hôpital Beaujon, à Clichy. Attenant à une unité de chirurgie thoracique, il reçoit des cas sévères. La soirée de Noël est bien entamée, les pompiers amènent une dame d'environ soixante-dix ans. Seule ce soir-là, elle s'est planté un couteau de cuisine dans le thorax. L'examen la montre en grande souffrance, le diagnostic est aisé : elle présente un tableau clinique de « tamponnade cardiaque », elle doit avoir un hémopéricarde, c'est-à-dire un épanchement de sang dans le sac qui entoure le cœur, de ce fait comprimé. Le couteau n'était pas bien long, sa pointe a cependant chatouillé le muscle cardiaque qui a saigné. Je ponctionne à l'aide d'une grosse aiguille, aspire près de 100 millilitres de sang, la dame revit, elle est sauvée. Le lendemain, elle me raconte la tristesse d'une fête de Noël solitaire, la mémoire pleine des Noëls d'antan, imaginant tous ceux qui sont en famille, joyeux, ce soir-là. Alors un coup de cafard, le couteau sur la table, le passage à l'acte. Sa famille plus jamais ne la laissa seule en de telles circonstances. Je sais que jamais elle ne récidiva, elle vécut encore plus de dix ans. Ces deux souvenirs de ma pratique médicale – je pourrais en ajouter de nombreux autres – me suffisent à illustrer un important paramètre de la liberté, celui de pouvoir changer d'avis, si l'on n'est pas mort. Cette évidence borde bien l'action d'un médecin confronté à une intention de mourir. Son devoir est d'abord de s'assurer que la personne a bien le choix, c'est-à-dire qu'elle pourrait vouloir autre chose que mourir. Tel n'est pas le cas si la souffrance impose de chercher à y échapper par tous les moyens. Un suicidant, au moment où il passe à l'acte, ne voit pas d'autre issue à sa situation désespérée, réelle et psychique, que de quitter la vie. L'action bonne est de rétablir, s'il est possible, les conditions d'un vrai choix, c'est-à-dire de la liberté. Soulager les souffrances physiques et morales autant qu'on le peut, soigner un état dépressif sévère, amener la personne à considérer une autre solution que se tuer. J'ai depuis cinquante ans imaginé avoir rencontré Jean Kahn alors qu'il allait prendre son train pour quitter la vie, avoir engagé la conversation avec lui. Peut-être serais-je parvenu à lui présenter une autre décision possible ? Il aurait été libre, alors. Le second aspect du devoir évoqué est de se rappeler les deux faces de la liberté, vouloir puis changer d'avis. Préserver tant que cela se peut la possibilité d'une telle volte-face, liberté essentielle, m'apparaît être l'attitude la plus respectueuse de la complexité humaine. Elle implique que la personne soit encore vivante lorsque cela a un sens et ne s'apparente pas à un acharnement déraisonnable. Le médecin de l'Hôtel-Dieu avait été privé d'une telle liberté dont avait joui la dame au couteau du soir de Noël, à l'hôpital Beaujon. Découle de cette réflexion un exercice pratique que j'ai proposé plusieurs fois à des médecins ou à des étudiants en formation : « Vous êtes le médecin d'une équipe mobile de réanimation au chevet d'un suicidant. Il a laissé en vue une lettre expliquant son geste ; il y demande à n'être pas réanimé. Ses motivations sont plus psychiques que somatiques. Que faites-vous et pourquoi ? » La réponse va pour moi de soi. Il convient de réanimer. La personne aura le choix de recommencer ou de renoncer, ce qu'elle fait dans plus de la moitié des cas. En ne réanimant pas, on la prive de cette liberté de se raviser et d'aimer vivre.

L'accompagnement de qui va mourir ne se limite pas aux soins. L'entourage y est impliqué ; il peut apporter, lorsque la personne en fin de vie ne souffre pas ou plus, un surcroît essentiel de sérénité.

Un superbe témoignage en est donné par Marie de Hennezel qui, à sa demande, s'engagea dans un dialogue prolongé, sincère et profond, avec le président François Mitterrand[1]. Tout le monde pourrait, j'imagine, évoquer des souvenirs de cet ordre. L'un d'eux me revient. Mon oncle, le petit frère de Jean, vit ses derniers jours, affaibli et apaisé. Il est hospitalisé à Cochin, où je travaille ; un cancer l'emporte. Chaque fin de matinée, je m'efforce de passer une heure avec lui. Comme son grand frère, il aime philosopher. Nous philosophons, longuement. Jour après jour il s'affaiblit. Lui tenant la main, je dois presque coller mon oreille à son visage pour l'entendre. Ce matin-là, je le quitte en précisant : « J'ai peur de te fatiguer, Jean-Claude, je te laisse. Repose-toi ! Je reviens demain. » D'un filet de voix, un sourire aux lèvres de son visage exténué, il me lance : « Oh, reviens quand tu veux, Axel. C'est lorsque tu n'es pas là que je ressens le plus la fatigue. » Il est parti quelques jours après, sans peur ni souffrance, serein.

1. Marie de Hennezel, *Croire aux forces de l'esprit*, Fayard, 2016.

6

Société

Les bouleversements de la société sont nombreux, le choix de ceux que je désire évoquer dans ce livre a un inévitable côté arbitraire. Je privilégierai, dans la logique de cet ouvrage, ceux qui m'ont le plus marqué, dont la composante morale m'apparaît la plus évidente et ceux auxquels j'ai été mêlé. L'humanité est féminine et masculine ; un humaniste ne peut se détourner des évolutions de la place et du sort des femmes. Si la prostitution n'est pas uniquement féminine, les femmes en sont pourtant les principales victimes. Enfin, la modification du rapport de l'humain à la nature non humaine, animée et inanimée, animale et végétale, est sans conteste un marqueur fort des évolutions de notre époque ; elle a été et est encore l'un des paramètres essentiels de plusieurs de mes engagements. Alors, où est le bien dans tout ça ?

Femmes

Un jour, rédacteur en chef de la revue *Médecine/Sciences* dont j'étais cofondateur, j'eus l'occasion d'écrire un article sur les contributions respectives des gènes mâles et femelles de l'embryon à la constitution des petits rongeurs. De nombreuses expériences suggèrent que le féminin prend une part prépondérante dans le développement du cortex cérébral, impliqué dans les fonctions mentales supérieures, alors que le masculin intervient davantage dans l'émergence des noyaux cérébraux centraux contrôlant la nutrition, la reproduction et les émotions. Je résumai ces données de façon lapidaire à ma mère en lui signalant que, transposés à l'espèce humaine, ces résultats conduisaient à en déduire que c'est d'elle que dérivaient sans doute les caractéristiques intellectuelles de ses fils, en tout cas de leur part innée, plutôt que de leur très intellectuel père. Maman me regarda droit dans les yeux : « Tu vois, Axel, je l'ai toujours su ! »

Jeunes, les trois fils Kahn étaient à ce point fascinés par les qualités intellectuelles et la profondeur de leur père Jean, un enseignant de surcroît, qu'ils avaient tendance à cantonner leur mère, puis leurs épouses, dans un autre univers que celui de la raison pure. Ils s'en sont tous repentis et leur admiration pour leur mère Millette s'est progressivement ajoutée à leur amour. Cependant l'amour maternel des machistes ordinaires est compatible avec le plus grand mépris des femmes : « Toutes des p..., sauf ma mère, Dieu la protège ! » Ma repentance comme celle de mes frères d'avoir fait preuve d'une telle cécité quant à la richesse équivalente des humains, quels que soient leur genre et leur sexe, est sincère. En réalité, au fil des années, mon intérêt et mon admiration générique pour la manière féminine d'être humain n'ont cessé de croître, parallèles à la découverte de la richesse, qui m'éblouit souvent, de femmes réelles. L'une d'entre elles, qui est devenue chef d'un groupe de recherche actif et reconnu, m'a lancé un jour dans un défi amical mais vibrant de fierté : « N'empêche que ce sont nous, les femmes, qui donnons la vie. » C'est vrai, elles seules le peuvent, plus tout le reste, au même titre que les hommes. Je crois bien que là réside la menace ressentie dès les origines de l'humanité par les mâles dont la seule supériorité véritable réside dans leur plus grande efficacité à donner la mort, ce en quoi ils excellent et parfois se spécialisent, trouvant souvent dans les femmes les premières victimes de leur goût pour la domination brutale. Les ethnologues, dont Françoise Héritier faisait partie, rapportent la très grande fréquence, dans des sociétés restées longtemps à l'écart de l'influence européenne, d'un mythe fondateur de la relation des femmes et des hommes. Jadis, les premières gouvernaient le monde qu'elles avaient enfanté. Les hommes étaient dans une situation subalterne de reproducteurs et restaient au service des génitrices. La société chinoise des Na a jusqu'à il y a quelques années un peu reproduit cette situation. Profitant de leur force physique, les hommes se seraient révoltés. Vivant dans la crainte du retour à l'ordre originel, ils auraient partout organisé des sociétés répressives fondées sur la domination masculine.

Les femmes sont nombreuses dans le monde de la recherche. Dans les laboratoires, l'institut et l'université que j'ai dirigés successivement durant trente ans, plus de la moitié des équipes sont menées par des femmes, dont les performances scientifiques ne se distinguent en moyenne pas de celles de leurs collègues masculins. Parmi les groupes les plus prestigieux, plusieurs ont une femme à leur tête. De plus, ces femmes, elles « assurent », selon une expression aujourd'hui populaire, et en cela se différencient des hommes. Souvent, ces derniers, engagés dans la compétition intellectuelle impitoyable de l'univers de la recherche, mettent tout le reste entre parenthèses, comme Jean Kahn le faisait des détails matériels de la vie. Tout aussi ambitieuses et dynamiques à ce niveau de responsabilité, mes collaboratrices me subjuguaient en ce qu'elles n'abandonnaient jamais rien, parce que telle était leur responsabilité, leur pratique et leur appréhension de la vie. Plongées dans la lecture angoissée sur le Net des derniers résultats de l'équipe concurrente, elles ajustent les expériences et les stratégies en fonction des nouvelles informations juste apprises, mais vérifient aussi que le plombier est bien passé à domicile ; elles donnent les instructions pour préparer le voyage vers l'université étrangère qui les a invitées, mais prennent également rendez-vous avec les professeurs de l'enfant en difficulté : Elles s'impliquent dans la gestion des conflits internes à l'équipe puis s'enquièrent de l'état de santé de la mère du conjoint et de leur vieux père. Et ce n'est là qu'un échantillon d'une hyperactivité intellectuelle, affective et physique qui donne le tournis. Quant à savoir si cet ancrage tout féminin au réel est produit de nature ou de culture, il est bien difficile de répondre. « On ne naît pas femme, on le devient ! » proclamait Simone de Beauvoir[1] en une formule qui devait devenir emblématique de l'un des courants du féminisme moderne selon lequel la « féminitude » représente une forme ordinaire de l'oppression masculine. Existe cependant aujourd'hui un autre courant du mouvement féministe plus différentialiste, revendiquant, à l'inverse, la valeur naturelle du sexe et du genre féminin. Ces deux visions explorent deux champs de la même réalité. Personne ne doute du caractère culturel de nombreux archétypes du comportement féminin, résultats d'un édifice oppressif institué depuis des millénaires par un pouvoir masculin disposant de la force et utilisant sa spécificité sexuelle afin de se préserver d'une concurrence menaçant sinon sa prééminence. D'un autre côté, il existe sans aucun doute une sexualisation précoce prénatale de certains mécanismes mentaux, complétée lors du rebond hormonal de la puberté. Cependant, chez *Homo sapiens*, la malléabilité cérébrale à l'environnement culturel et aux épisodes

1. Simone de Beauvoir, *Le Deuxième Sexe*, t. 1 et 2, Gallimard, 1949.

psychiques de la vie est telle qu'elle masque en partie, et parfois presque totalement, les conséquences de cette empreinte biologique.

L'expérience de la maternité, qui est sans conteste un fait de nature, contribue aussi à façonner les comportements féminins, de manière si influente que sa seule possibilité me semble leur ajouter comme une étincelle supplémentaire de fierté et une évidence de responsabilité. Qu'elles le fassent ou non, les femmes ont en général le pouvoir de donner la vie. Lorsque, pour des raisons pathologiques, elles n'ont pas elles-mêmes cette capacité – ce qu'elles ont souvent des difficultés à surmonter psychiquement –, elles la conservent au moins par procuration puisque ce sont leurs semblables, leurs sœurs, les femmes donc, qui seules mettent au monde les garçons aussi bien que les filles. Certes, il y faut aussi la semence d'un mâle, mais cela est somme toute assez contingent. Du strict point de vue de l'efficacité biologique, celui-là ou cet autre fera l'affaire, ou encore ce sperme anonyme de banque dont une paillette soigneusement déposée sera bien aussi efficace que l'étreinte. Nous sommes ici au cœur de l'actualité avec l'accession de toutes les femmes au don de sperme. Les méthodes de procréation médicalement assistée sont devenues de plus en plus imaginatives dans le but de vaincre les stérilités. Dans l'avenir, la procréation sera peut-être remplacée par une forme de reproduction asexuée, le clonage reproductif. Je n'y crois nullement mais, dans tous ces cas, le ventre d'une femme, une mère, restera indispensable. Autre évolution que les progrès de la biologie de la reproduction rendent probable, l'adaptation par différents moyens de la parthénogenèse chez nos semblables. Ou encore la différenciation en gamètes mâles de n'importe quelles cellules femelles, déjà réalisée au laboratoire. Il faut peu de choses pour que ces avatars de spermatozoïdes deviennent pleinement fécondants et produisent des embryons, tous femelles cependant. Là réside sans doute une seconde racine originelle de la volonté de domination masculine sur les femmes : se préserver d'une compétition redoutable, voire déséquilibrée, en défaveur des hommes, et garder la haute main sur cette source incontournable de l'engendrement, et par conséquent de la pérennité du lignage, par le seul moyen où prévaut le masculin, la force brutale, celle du corps.

À ce propos, je dois manifester ici un désaccord net avec la si remarquable Françoise Héritier, qui est décédée en novembre 2017. Continuer de discuter avec elle qui a tant apporté à la réflexion sur le genre et sur les racines de la domination masculine est aussi une manière de lui rendre hommage. Mme Héritier suggérait que la différence de force physique entre les femmes et les hommes est elle aussi un caractère acquis. Depuis les temps préhistoriques et l'Antiquité, selon elle, les femmes auraient bénéficié de moins de soins, d'une alimentation moins riche, si bien que le corps masculin se serait plus développé que le leur. C'est là une erreur manifeste. En réalité, le dimorphisme sexuel avec des mâles plus grands et plus forts que les femelles est presque général, de nombre d'insectes aux poissons, aux oiseaux et aux mammifères. On le retrouve chez les primates, en particulier les grands singes hominoïdes, orangs-outans, gorilles et chimpanzés. Le fait est confirmé chez les australopithèques et les premiers humains. C'est là une donnée de nature bien expliquée par le rôle de la compétition sexuelle dans l'évolution, et non un fait de culture.

Les femmes seules peuvent donner la vie. Avec le développement des techniques, elles peuvent aussi faire la totalité de ce que font les hommes. La guerre y compris. Tout cela se trouve aux racines d'un nouveau mal-être masculin qui s'installe, les hommes se posant la question, surtout dans les sociétés occidentales, de leur place réelle, si elle existe encore. Il leur reste leur brutalité au service de l'agressivité sexuelle, servie par un développement musculaire que la testostérone stimule. Jusqu'à il y a peu, elle était souvent impunie de par la conjonction d'un formatage psychologique des femmes qui les amenait à la supporter comme fléau de nature, certes dangereux, mais inéluctable. Souvent, la honte qui envahit les victimes s'en mêlait. Tout est en train de changer, cependant, à très grande vitesse à la suite des scandales récents de harcèlements et viols « ordinaires ». Le mouvement international #MeToo a été un ébranlement salutaire, une contribution éminente à la dénonciation de l'intolérable indulgence dont harceleurs, voire violeurs, bénéficiaient et bénéficient toujours, dans certaines régions du monde. Nombre hommes s'en trouvent plus désorientés encore ; ils se demandent si l'on n'en veut pas aussi au désir masculin lui-même. Injustice, ressentent-ils alors, conscients de ce que le désir féminin – il existe, bien entendu, il est puissant, lui aussi – est plus épargné. Malaise complexe dans la société. Retour de la vieille terreur ancestrale de la reprise du pouvoir par ces femmes dont les mythes avancent que l'homme était parvenu à se libérer. Cauchemar fantasmagorique d'un monde matriarcal où ne resterait plus aux mâles qu'une dangerosité résiduelle dont l'« autorité » apprendrait bien à se préserver.

Une seule solution, alors, et ce n'est pas pour une fois la révolution. C'est l'amour. Le mouvement vers l'autre dans le désir conjoint assumé, dans le plaisir partagé, sources d'une énergie formidable de bâtir ensemble. Parfois une famille, et tout le reste. Le monde. Le monde des femmes et des hommes.

Le sexisme est un antihumanisme

Mon engagement pour l'égalité des femmes et des hommes, contre les formes d'infériorisation des femmes et les violences qu'elles subissent, contre les stéréotypes sexistes et machistes, est une évidence : le sexisme est un antihumanisme. L'humanité est à la fois féminine et masculine, toute espèce de discrimination entre les droits de ces deux composantes est inacceptable pour quiconque se dit humaniste. Affirmer cela n'est pas nier la spécificité du sexisme, ses liens avec la structure patriarcale des familles et des sociétés, avec le machisme le plus phallocratique. Il s'agit de souligner la profonde incohérence de toute revendication à l'humanisme d'hommes qui manifesteraient par ailleurs des attitudes sexistes. Certes, je ne me fais aucune illusion, les campagnes antisexistes ne feront pas plus disparaître le phénomène que les campagnes antiracistes ne supprimeront le racisme. Cependant elles sont indispensables en tant que mobilisation maximale contre des fléaux persistants; les avancées réelles observées dans de nombreux pays – hélas pas tous – témoignent de leur capacité à faire évoluer les états d'esprit, les comportements et les lois. Nous avons tous en tête aussi le recul des droits des femmes constaté depuis des décennies du fait de la montée en puissance de l'islam wahhabite et de la situation géopolitique dans de grandes régions du monde. Cependant, les manifestations d'un sexisme ordinaire réel ne se limitent pas à ces désastres, ils restent nombreux, bien trop nombreux. Je ne les confonds bien entendu pas avec les comportements de séduction entre femmes et hommes où le désir n'entame en rien le respect plein et entier pour le « sujet de désir ».

De manière très personnelle et sans chercher à tendre à l'exhaustivité, je tiens à énumérer des comportements que je juge sexistes et qui me révoltent et m'indignent, sans établir entre eux une quelconque hiérarchie. Ils témoignent tous de l'évidente nécessité de la mobilisation :

- L'interruption sélective de grossesses en cas de fœtus féminins, la différence de soins apportés aux nourrissons garçons et aux filles, phénomène d'ampleur dans de nombreux pays d'Asie et d'Afrique.

Il en résulte dans ces pays un fort déficit de filles puis de femmes dans la société.

- Les mutilations sexuelles féminines.
- La différence d'éducation apportée aux garçons et aux filles, les stéréotypes domestiques imposant aux secondes de servir les premiers, limitant dans de trop nombreux pays leur accès au savoir et à la culture, cantonnant leur formation à des métiers dits « féminins ».
- Les stéréotypes familiaux persistants qui imposent aux femmes d'être toujours des mères et des épouses prévenantes, souriantes, aimables, dans l'attente sereine du mari absent.
- L'essentialisation de la fonction reproductrice des femmes vue comme indispensable à leur épanouissement.
- La familiarité paternaliste spécifique envers les femmes sur les lieux de travail.
- Les différences persistantes entre la solennité des rites religieux concernant garçons et filles, par exemple trop souvent encore les bar-mitsvas juives.
- Dans les pays arabes où elles perdurent (de moins en moins heureusement), les procédures de répudiation, les différences entre hommes et femmes pour ce qui concerne les héritages et les divorces.
- Le maintien, surtout dans les pays musulmans, des femmes sous l'autorité obligatoire des hommes, pères, frères puis maris.
- Les pratiques encore en vigueur de dot en Inde, le pouvoir, parfois mortel, des belles-familles sur les jeunes épousées, tous les mariages arrangés.

- La contrainte spécifique faite aux femmes de masquer leur corps pour tout autre que des maris dont elles constituent un bien.
- L'impureté des femmes durant leur menstruation et des semaines après un accouchement, proclamée par la religion juive.
- Les inégalités entre hommes et femmes dans l'accès aux fonctions religieuses.
- Le commerce sexuel sous contrainte du corps des femmes.
- La gestation pour autrui sous contrainte économique.
- La pression économique et sociale freinant la carrière des mères, les poussant à démarrer des maternités de plus en plus tardives, incitant les femmes à congeler leurs ovules pour plus tard au lieu d'être d'être de jeunes mamans.
- Le déni de la maîtrise par les femmes de leur corps, la pénalisation de l'interruption volontaire de grossesse dans certains pays, les limitations à la contraception.
- L'indulgence vis-à-vis des violences faites aux femmes, physiques ou psychologiques, la culpabilisation dans certains pays des femmes violées, les crimes d'honneur.
- Les stéréotypes économiques et sexistes imposant des standards du corps féminin et en faisant un champ rentable d'activité de chirurgie esthétique, de prothèses mammaires, etc.
- Les contraintes vestimentaires imposées aux femmes, celles qu'elles croient prudent de s'imposer.

- L'objectivation du corps féminin assimilé à un objet de désir pour les hommes, une voiture ou autre marchandise.
- La pornographie commerciale.
- Les standards différentiels de jugement moral de la liberté sexuelle masculine et féminine.
- L'obligation faite aux femmes de ne pas se mouvoir dans la ville et les cités avec la même insouciance et la même liberté que les hommes.
- Toutes les formes de harcèlement sexuel….

Cette énumération omet assurément des situations que les lectrices, peut-être les lecteurs, pourront y ajouter. Elle désire témoigner de ce que la tâche reste immense. Elle sera de longue haleine, exigeant une mobilisation active et durable de tous ceux qui se disent humanistes et n'en veulent pas limiter le champ à un peu moins de 50 % de l'humanité, l'humanité masculine. C'est là aussi dire la légitimité des combats féministes et du mouvement MeToo.

Désirs : les femmes attirent les hommes, les hommes attirent les femmes…

Il y a quelques années à *Soir 3*, le journal du soir de France 3, Marie Drucker me demande de commenter une étude démontrant que 3 % des enfants ne sont pas biologiquement ceux de leur père légal sans qu'ils le sachent. Je lui réponds que, grâce à la contraception, ce pourcentage a beaucoup diminué : dans ma jeunesse, c'était au moins 8 %, près de 30 % en ce qui concerne les deuxième et troisième enfants… La présentatrice manifeste alors une vive émotion à laquelle je réagis en lui rappelant : « Vous savez, madame Drucker, les femmes attirent les hommes et les hommes attirent les femmes, cela semble établi… »

J'avais raison et croyais ma conviction partagée par toutes et tous. Était-ce bien le cas ? L'année 2017 restera dans l'histoire des sociétés occidentales, après l'affaire Harvey Weinstein, celle de la révolte des femmes contre la violence et le harcèlement sexuel des hommes, contre les stéréotypes machistes dégradants. C'est là une étape essentielle dans le long combat pour l'émancipation des femmes, la reconnaissance des torts qui leur ont été faits et leur accession à une égalité réelle avec les hommes. La romancière franco-marocaine Leïla Slimani a très subtilement revendiqué la légitimité pour une femme d'avoir le même droit qu'un homme de se promener à l'heure qu'elle désire, là où elle veut, vêtue comme elle se sent bien. Le droit à la légèreté et à l'insouciance. Rien à dire à cette revendication, elle est légitime, il est consternant qu'il soit nécessaire de la formuler encore au XXIe siècle.

Cependant la juste indignation contre toutes les violences faites aux femmes, le refus des attitudes sexuées de domination et de possession, a parfois débouché sur un tableau étrange de la relation entre les sexes et les genres. Dans cette peinture singulière, des femmes fragiles et sans défense, sans désir et sans passion, seraient les victimes expiatoires du désir masculin, celui de porcs en rut incontrôlables et dangereux.

Certes, le mâle humain, butor carnassier et prédateur existe, hélas. Femmes et hommes doivent s'unir pour le mettre hors d'état de nuire, pour auparavant ancrer dans l'esprit des garçons que c'est là une attitude dégradante et abjecte. Cependant le monde est bien celui où les hommes attirent les femmes et où les femmes attirent les hommes, comme je le rappelais à Marie Drucker. Ou parfois les femmes attirent les femmes et les hommes attirent les hommes, mais ce n'est là qu'une variante de la même réalité. Désirs féminin et masculin existent l'un et l'autre, ils sont puissants tous deux. Leurs manifestations seules sont asymétriques, elles créent sans conteste la dangerosité bien supérieure du désir masculin sur sa contrepartie féminine. Il existe à cela une base physiologique à laquelle s'ajoutent des millénaires de sociétés patriarcales et sexistes. La séduction est en œuvre dans tous les sexes et les genres ; elle vise à éveiller le désir de l'autre. Cependant le désir masculin violent peut pour certains parvenir à ses fins en l'absence de désir féminin : c'est le viol. En revanche, le désir féminin, en dehors du culte d'Onan, ne peut s'assouvir qu'à la condition d'avoir préalablement provoqué celui de la ou du partenaire convoité. Les femmes s'y entendent en général pour y parvenir. On peut les dire, comme les hommes, provocantes, insistantes, lassantes ; elles ne sont pas dangereuses, au moins en ce qui concerne les conséquences de leur désir dans l'espace public.

Leïla Slimani, déjà citée pour la qualité et la pertinence de sa prise de position, a raison de revendiquer le droit à la légèreté pour une femme comme pour un homme, celui de déambuler court vêtu, en short ou en jupe courte, le bouton du haut du jean défait, le nombril à l'air, le slip visible et le poitrail plus ou moins largement dénudé, de jour comme de nuit, sur la plage ou sur la place. La mode de l'instant chez les garçons est celle du pantalon tenant par miracle sur les hanches et baissé au point de montrer le haut du caleçon et le début de la raie des fesses ! Si elles et s'ils se sentent bien ainsi, pourquoi ne le pourraient-elles, ne le pourraient-ils pas ? Cependant, difficile de ne pas faire l'hypothèse que si filles et garçons s'aiment ainsi, apprécient l'image qu'elles et qu'ils donnent de leurs corps, c'est au moins un peu (litote) parce qu'elle est de nature à éveiller le désir. Être désiré peut s'avérer pesant, mais c'est aussi indispensable pour vivre ! Le désir, en particulier le désir sexuel, emplit le monde. Il habite la plupart des hommes et des femmes, des femmes et des hommes. Le nier est soit absurde, soit annonce une société invivable, terrifiante, un monde sans désir. La question n'est par conséquent pas de le combattre, de le vilipender, mais de vivre avec, de vivre ensemble et heureux avec.

Liberté et prostitution

La prostitution est l'une des plus anciennes activités humaines. Phénomène de masse, elle reste l'objet de discussions passionnées relancées en France par l'adoption de la loi d'avril 2016 fondée sur la pénalisation du client plutôt que des personnes prostituées.

Il est trop tôt pour faire un bilan valable des conséquences de cette loi très contestée, que j'ai soutenue ; elles font l'objet de vives controverses qui reflètent surtout les positions de base des protagonistes. Mon intérêt personnel pour la question est au départ lié à mes préoccupations humanistes : la prostitution en est un cas d'école qui pose la question de la liberté et de son authenticité en situation de nécessité. C'est aussi l'expérience dans nos villes d'Occident d'une permanence de l'esclavage. Ma très grande amitié et proximité avec deux féministes farouchement opposées à quelque forme de légalisation de la prostitution que ce soit, l'avocate Gisèle Halimi, décédée en 2020, et la psychanalyste malvoyante Maudy Piot, disparue en 2017, m'a conduit à adopter une position plus militante d'adversaire déterminé de la prostitution et de soutien aux personnes prostituées. Gisèle Halimi est interviewée en 2009 par la journaliste Claudine Legardinier, militante du mouvement d'aide aux femmes prostituée Le Nid. L'avocate a consacré un chapitre de son livre *Ne vous résignez jamais*[1] à la prostitution qu'elle dénonce en effet comme la dernière survivance de l'esclavage dans les pays les plus développés. « Sur le viol, on a progressé, mais c'est une violence visible, dit-elle, tandis que la prostitution, on l'habille comme un choix. Et c'est cela qu'il faut combattre radicalement. » Le mouvement Choisir la cause des femmes, dont Gisèle Halimi est fondatrice, fait adopter en 2008 par différents par-

1. Gisèle Halimi, *Ne vous résignez jamais*, Plon, 2009.

lements européens la « clause de l'Européenne la plus favorisée » qui proclame : « L'Europe que nous voulons sera enfin celle qui restaurera dans chaque pays la dignité des femmes en luttant contre les violences qui leur sont faites – violences conjugales, viol et prostitution. » Mon partenariat avec Maudy Piot a été étroit et prolongé dans le cadre de mon engagement en faveur des personnes handicapées. Sa fondation Femmes pour le dire, femmes pour agir (FDFA) dénonce la double peine si fréquente d'être femme et handicapée. Elle assimile l'assistance sexuelle aux personnes handicapées à de la prostitution qui dégrade l'assistante et l'assisté, elle combat cette pratique de toutes ses forces[1]. Ces deux figures majeures du féminisme sont très sévères envers les nouveaux courants féministes favorables à une banalisation de la prostitution. Gisèle Halimi les dénonce comme les nouveaux harkis du féminisme qui se sont engagés au service d'hommes esclavagistes et oppresseurs. Mes convictions d'opposition à la prostitution ont été renforcées et enrichies par l'exemple de mes deux amies, mon admiration pour leur inlassable ténacité. J'ai à cœur de poursuivre leur combat puisque je leur survis un peu, et j'aimerais de toutes mes forces que ce combat fût poursuivi. Ce n'est pas gagné, je le sais, les temps sont à finir par accepter l'inacceptable, par réalisme. Soyons clair, il ne s'agit ni pour mes deux amies défuntes ni pour moi d'une crispation prude envers

1. Maudy Piot, *Violences de genre, violences du handicap*, L'Harmattan, 2016.

la sexualité de personnes adultes et consentantes qui n'appelle de la part de la société aucun jugement moral normatif, même si les pratiques deviennent l'objet d'un commerce. Cela n'empêche pas, bien entendu, de manifester des opinions personnelles à ce propos, et je serais un grand-père affligé si mes petits-enfants se livraient à cette activité. La principale interrogation réside en la réalité du consentement autonome des personnes qui se prostituent : ont-elles choisi en toute liberté de gagner ainsi leur vie, de privilégier cette activité à d'autres qui leur auraient été sinon offertes ? Si tel est le cas, nous serons sans doute nombreux à considérer qu'il s'agit là d'un moyen comme un autre de gagner de l'argent ne regardant personne d'autre que celui ou, le plus souvent, celle qui s'y adonne. Dénier à la femme prostituée, puisque c'est d'elle qu'il s'agit dans l'immense majorité des cas, citoyenne majeure et consentante, toute capacité de jugement pour apprécier par elle-même ce qui est compatible avec sa propre dignité reviendrait à douter de sa maturité et de sa conscience, et donc à contester sa qualité de personne autonome. Ce raisonnement est cependant plutôt théorique et déconnecté du monde réel. Qui peut prétendre que, pour la masse des personnes concernées, la prostitution ait constitué le choix exprimé et privilégié en toute liberté de vendre son corps ? En dehors d'une faible minorité qui choisit sans contrainte excessive de se prostituer, à temps complet ou de façon occasionnelle, force est de constater que sans doute plus de 90 % de celles ou de ceux qui le font sont les esclaves des temps modernes, soumis à la plus violente des oppressions. Voir des milliers de jeunes femmes ghanéennes, kosovares, roumaines et autres arpenter les trottoirs des villes d'Europe, privées de leur identité, battues, vivant dans des conditions d'hygiène épouvantables, courant d'incroyables risques sanitaires devrait suffire à prouver qu'elles exercent ce métier sous la contrainte. La manifestation de la liberté vraie de se prostituer ne concerne au mieux qu'une minorité de personnes, surtout de femmes.

De nos jours, les fatalistes qui renoncent à se mêler des conditions d'exercice du « plus vieux métier du monde » et les libéraux pour lesquels la valeur monétaire est celle à laquelle doivent se ramener, dans une société contractuelle, toutes les autres valeurs et activités humaines, se rejoignent. Selon leur approche majoritaire, dans le « village mondial », tout se monnaye sur la base d'une transaction supposée par principe libre et équilibrée entre contractants : le sang aussi bien que le sperme et, hélas, trop souvent, les organes ; la gestation pour autrui aussi bien que les prestations sexuelles de tous ordres. Le seul rôle admissible de la société serait d'assurer la loyauté des transactions, de les organiser.

Compte tenu de l'effroyable contrainte qui s'abat sur celles et ceux qui font commerce de leurs charmes et des dangers encourus, le corps utilisé en tant qu'objet sexuel n'est pourtant pas un outil de travail comme un autre. Sur un plan purement mécanique, ni le vagin ni le rectum ne sont physiologiquement conçus pour supporter des intromissions quotidiennes répétées plus ou moins brutales, parfois des dizaines par jour chez celles qui font « de l'abattage ». Un gynécologue spécialiste du traitement des femmes prostituées témoigne : « Les lésions constatées chez [elles] sont des cicatrices [...] consécutives au fait d'avoir été attachées, traînées, griffées, ainsi que des arrachages de cheveux et des brûlures de cigarette. Au niveau vulvo-vaginal, l'examen retrouve des vulves très déformées, et parfois des vagins cicatriciels durs et très douloureux, notamment dans la partie haute du vagin où il existe parfois des cicatrices rétractiles en diminuant nettement la longueur. » Rappelons que, selon l'Organisation mondiale de la santé (OMS), « la santé constitue un bien-être physique, mental et social, et ne consiste pas seulement en une absence de maladie ou d'infirmité ». Il est difficile d'avancer que la prostitution représente une manière sereine et épanouissante de vivre sa sexualité ; il s'ensuit que les conséquences sociales et psychologiques de cette activité sont nombreuses et graves : addiction aux drogues dures, misère sociale et culturelle de jeunes femmes esclaves parlant à peine la langue du pays, agressions habituelles de la rue, etc. Au total, la mortalité dans ce milieu est six fois supérieure à celle du reste de la population de même sexe et de même âge.

Ces données ne sont contestées par personne mais sont utilisées par certains pour militer en faveur de l'« organisation » de la prostitution associée à une sorte de médecine du travail de nature à réduire les risques, en particulier de maladies sexuellement transmissibles. Il convient pourtant de souligner que les pays qui ont adopté des positions réglementaristes, visant à encadrer la prostitution, comme les Pays-Bas et l'Espagne, n'ont pas des taux de séroprévalence du VIH chez les personnes prostituées particulièrement bas, bien au contraire. Le fait d'organiser la prostitution, d'autoriser l'achat d'actes sexuels, de légaliser le proxénétisme, les eros-centers et autres maisons closes, n'a pas d'impact positif sur la situation sanitaire des personnes prostituées. Elles sont au contraire dans la majorité des cas enfermées dans ces lieux, tenues à l'écart des structures de prévention et de soins, avec pour seules relations les proxénètes et les clients. De plus, une autre conséquence de la position réglementariste de la prostitution est de considérer dès lors les chefs de réseaux esclavagistes en tant qu'agents internationaux parfaitement légaux, les proxénètes et mères maquerelles en tant qu'honnêtes commerçants. J'ai du mal à accepter cette perspective. Utiliser ce type de raisonnement revient enfin à justifier le calvaire que vivent trop souvent les personnes prostituées, à déconsidérer les efforts qu'elles consentent pour s'en sortir. C'est une forme de non-assistance à personnes souvent réduites en esclavage et de toute façon en grand danger sanitaire et mental. Je juge une telle position indigne d'une pensée qui se revendique humaniste.

Soumises à leurs souteneurs et à leurs clients, les femmes prostituées sont bel et bien presque toujours des victimes et méritent la solidarité, pas la répression. Si on les voit pour une minorité d'entre elles comme des professionnelles libres et indépendantes, il n'y a non plus aucune justification à les faire tomber sous le coup de la loi, sinon à considérer qu'elles dégradent par leur commerce une commune humanité dont elles ne sont pas propriétaires. Ce serait cependant là en revenir à une utilisation normative hétéronome de la notion de dignité que j'ai eu l'occasion de critiquer. Que faire alors ? Faut-il se rallier au fatalisme considérant que la prostitution a toujours existé et existera toujours, qu'elle est une réalité anthropologique et sociale avec laquelle il faut vivre ?

À ce titre, on aurait aussi bien pu argumenter que la mise à mort des délinquants et l'esclavage se sont sans doute pratiqués depuis les temps les plus anciens et qu'il était absurde qu'ils fussent combattus et abolis ! L'ancienneté d'une iniquité, d'une atteinte aux droits de l'homme, ne peut suffire à en établir la légitimité. Qui peut vraiment défendre, s'il se dit attaché aux principes de la Déclaration universelle des droits de l'homme (« Tous les hommes naissent et demeurent libres et égaux en dignité et en droits »), qu'au nom de la liberté, dans une société composée d'hommes et de femmes, les premiers soient des consommateurs libres et les secondes des marchandises libres ? Selon moi, la résignation serait coupable, je ne peux en admettre l'hypothèse. Lutter, alors.

Lutter contre la prostitution, c'est bien entendu d'abord empêcher le trafic des êtres humains, poursuivre sans faiblesse les nouveaux esclavagistes, les condamner sans indulgence. Cependant, hélas, nous savons tous que, tant que le crime organisé reste très rentable, il continue d'être perpétré même s'il est réprimé sans répit. Écouter et soutenir les femmes plongées dans cet univers, les aider à s'en sortir si elles le désirent, apparaît être une évidence. Les considérer comme des délinquantes est inique et injustifié. Une telle attention aux victimes exige bien entendu de ne pas considérer ceux qui leur font violence, trafiquants et souteneurs, comme d'honorables négociants de chair humaine. Parfois, les thèses des réglementaristes/organisationistes m'apparaissent s'apparenter aux campagnes en faveur de la prise en compte du confort animal dans les élevages et les abattoirs. Cependant, le cheptel est ici humain ! Difficile après ce que je viens d'écrire d'accepter la banalisation commerciale de l'achat par un consommateur d'un service sexuel, celui d'épandre son sperme après avoir introduit sa verge dans la bouche, le rectum ou le vagin d'une autre personne. Comment une société peut-elle manifester sa conviction que, non, décidément, l'achat de ce service-là n'équivaut pas à celui d'un article quelconque ou d'un service professionnel autre ? Peut-on, doit-on « pénaliser » les clients, question au centre d'un débat que l'adoption de la loi de 2016 n'a pas tari ? Je suis lucide et sais pertinemment qu'une telle mesure ne réglera pas, comme par un coup de baguette magique, la question de la prostitution. Les call-girls de luxe sont peu impactées et des hommes riches peuvent encore exercer sur elles leur brutalité – je pense à quelqu'un, un homme politique français qui aurait pu être candidat à la présidence de la

République, un ancien président du Fonds monétaire international... Au moins peut-on alors relever le caractère délictueux de leur comportement et les condamner, même pour le principe. De façon plus générale, si la loi assèche en partie et durablement le marché de la prostitution, cela pourrait alléger la pression mafieuse sur les femmes esclaves. Je ne suis pourtant pas forcément optimiste de ce point de vue, mais reste même alors favorable au principe de la responsabilisation pénale du client. Toutes les autres dispositions étant soit insuffisantes, soit, selon moi, inacceptables, reste celle-là ; son principe est juste. Et puis il faut souligner qu'il existe deux fonctions à la loi : la première normative, l'autre pédagogique. L'interdiction du viol et de la pédophilie, par exemple, est loin d'empêcher que des femmes et des enfants ne soient violés par milliers. Pourtant un pays qui interdit ces agressions sans pouvoir les éviter totalement et celui qui les néglige ne manifestent pas les mêmes valeurs morales. On ne se débarrassera sans doute pas plus de la prostitution, ce plus vieux métier du monde, que du crime et du viol. Ce n'est pas une raison pour les légaliser et les organiser. De plus, affirmer que, au regard de ses valeurs, le peuple français ne peut se résoudre à une banalisation de la consommation sexuelle marchande des tiers, qu'il assimile cette consommation à un délit puni pour le principe, peut avoir une immense influence pédagogique et contribuer à la prise de conscience de beaucoup.

La défense de l'environnement est un humanisme

Je suis un enfant de la campagne, depuis ma jeunesse un homme qui marche, un amoureux jamais éconduit d'une nature belle et non urbanisée. Va encore pour le village, la ville m'est toujours apparue être une exception envahissante, un mal nécessaire pour travailler, chercher, un lieu qui contient des beautés mais où ne réside pas la beauté du monde. Le métier par excellence pour le petit garçon élevé par une paysanne pauvre au Petit-Pressigny, très petit village aux confins de la Touraine et du Berry, non éloigné de l'Anjou, est celui d'agriculteur. J'ai un peu évolué depuis, mais n'ai jamais rompu le lien. Cela explique mon intérêt pour les biotechnologies les plus traditionnelles telles que l'agriculture, l'élevage et les techniques de l'agroalimentaire, ainsi que les biotechnologies modernes utilisant les sciences biologiques, en particulier la génétique. Là doit résider le ressort de ma participation depuis 1987 à des commissions d'experts françaises et européennes traitant de ces aspects. J'ai présidé dix ans la commission du génie biomoléculaire auprès des ministères de l'Agriculture et de l'Environnement, la commission des sciences de la vie à la Commission européenne et suis encore président du comité consultatif commun d'éthique des quatre organismes de recherche qui s'intéressent à l'exploitation par l'homme des milieux naturels : agriculture au nord (Inrae) et au sud (Cirad), métiers de la mer

(Ifremer), recherche en développement (IRD). Ces positions m'ont amené à suivre d'une position singulière la montée en puissance du sentiment écologiste dans le monde entier, en France en particulier. Avec satisfaction et parfois étonnement, voire agacement lorsque cette aspiration à la beauté, à l'harmonie, à la durabilité et à la paix débouchait sur l'intolérance sectaire et la violence.

L'homme modifie la planète, voire la dégrade depuis bien longtemps: l'île de Pâques a ainsi été habitée depuis une période entre les années 800 à 1200 de notre ère et a connu une crise environnementale majeure dès les années 1500-1600, associée à la disparition des cocotiers et autres cultures végétales vivrières. Elle a entraîné une baisse drastique de la population. Pour les religions du Livre, en Occident comme au Proche et au Moyen-Orient, a cependant persisté jusqu'à il y a peu une certaine insouciance du monde dont l'usufruit aurait été accordé aux humains par leur créateur. Son origine se trouve dans le premier verset de la Genèse (1: 27-28) elle-même. Après qu'il a créé les humains, homme et femme, Dieu leur dit: « Ayez des enfants, devenez nombreux, peuplez toute la terre et dominez-la. Soyez les maîtres des poissons dans la mer, des oiseaux dans le ciel et de tous les animaux qui se meuvent sur la terre. » Et il ajouta: « Sur toute la surface de la terre je vous donne les plantes produisant des graines et les arbres qui portent des fruits avec pépins et noyaux. Leurs graines ou leurs fruits vous serviront de nourriture. Vous inspirerez désormais la plus grande crainte à toutes les bêtes de la terre, aux oiseaux, aux petits animaux et aux poissons ; vous pourrez disposer d'eux. Tout ce qui remue et qui vit pourra vous servir de nourriture. »

Le Progrès, vu au XVIIe siècle comme le moyen pour nos semblables de se « rendre comme maîtres et possesseurs de la nature » (Descartes), et l'optimisme progressiste des Lumières au XVIIIe siècle conduisent à prolonger cette exploitation sans remords des ressources de notre planète, légitimée en quelque sorte par la Bible. Son usage au profit des humains serait une injonction divine, le Progrès la rendrait de plus en plus efficace au profit de l'homme. Or le Progrès, la grande « marche du genre humain » pour Victor Hugo, est pour lui une promesse essentielle d'amélioration tendanciellement continue de son sort.

L'origine du mot « écologie » remonte au XIXe siècle, mais ce n'est que vers la fin du XXe siècle, à l'occasion de catastrophes telle celle du *Torrey Canyon* (1967), puis en France des campagnes contre les menaces de la promotion immobilière sur le parc national de la Vanoise, que ce terme devient de plus en plus largement utilisé dans son sens moderne. Comparées à cette irruption de la défense de l'environnement dans les projets politiques, les religions sont multimillénaires, le libéralisme naît au XVIIe et, pour l'essentiel, le socialisme au XIXe siècle. Les mots de la Bible dans la Genèse disent combien cette pensée écologique est révolutionnaire en ce qu'elle implique une redéfinition de la notion de Progrès humaniste. Elle est en réalité la seule idée politique neuve depuis cinquante ans. *Le Principe responsabilité*[1] publié par Hans Jonas en 1979 résume les lignes fondamentales de cette pensée écologique, en particulier dans trois injonctions qui reprennent la forme des impératifs catégoriques d'Emmanuel Kant: «Jamais l'existence ou l'essence de l'homme dans son intégralité ne doivent être mises en jeu dans les paris de l'agir», «Agis de façon que les effets de ton action soient compatibles avec la Permanence d'une vie authentiquement humaine sur terre», «Inclus dans ton choix actuel l'intégrité future de l'homme comme objet secondaire de ton vouloir».

Hans Jonas nous explique dans son ouvrage que notre planète, «dont nous n'héritons pas de nos parents mais que nous empruntons à nos enfants», pour citer Antoine de Saint-Exupéry, est menacée de différentes manières par le développement de la technique: aujourd'hui, chacun peut prendre conscience de la pollution de l'air, de la terre et des milieux aquatiques, des questions liées aux inégalités dans l'accès à l'eau potable. L'effet de serre associé aux activités humaines et à la libération massive de gaz carbonique et de méthane est une réalité avérée. Il joue, selon toute vraisemblance, un rôle important dans le réchauffement climatique anormalement rapide observé depuis quelques décennies. Les possibles conséquences de ce réchauffement pour les écosystèmes, la vie et l'activité humaines ont été exposées

1. Hans Jonas, *Le Principe responsabilité : une éthique pour la civilisation technologique* [1979], Flammarion, 2013.

en détail dans nombre d'études d'experts internationaux, notamment celles du Groupe d'experts intergouvernemental sur l'évolution du climat (GIEC). Tel est l'objet des réunions internationales sur le climat (les COP), dont la plus récente édition, la COP25 de Madrid, s'est révélée aussi décevante que celles qui l'ont précédée. Or la planète sera habitée par les générations futures, les petits-enfants de nos petits-enfants, dont nous sommes responsables à double titre. Ils procèdent de nous par la procréation. Par ailleurs, ils seront comme nous des êtres humains dont la valeur et les droits seront ceux dont nous nous prévalons nous-mêmes. Nous savons, pour l'essentiel, ressentir les mêmes besoins élémentaires que nos ancêtres, les mêmes joies et plaisirs, craindre les mêmes dangers. Il en sera de même de nos descendants, auxquels Hans Jonas nous enjoint par conséquent de « léguer une terre compatible avec l'épanouissement d'une vie authentiquement humaine ». C'est là une conséquence très logique de la morale humaniste dont je me réclame.

Notre responsabilité envers les générations futures fonde le principe de précaution, qui répond aux injonctions de Hans Jonas exhortant les décideurs à ne pas mettre en œuvre une innovation si elle recèle des potentialités dangereuses pour l'environnement. Ce concept a abouti au principe numéro 15 de la déclaration de Rio en 1992 (« En cas de risque de dommages graves ou irréversibles, l'absence de certitude scientifique absolue ne doit pas servir de prétexte pour remettre à plus tard l'adoption de mesures effectives visant à prévenir la dégradation de l'environnement»), puis, en France, à la loi Barnier relative au renforcement de la protection de l'environnement de 1995. Un tel principe, désormais constitutionnel, est en lui-même assez évident et s'inscrit dans la nouvelle vision du Progrès humaniste proposée par la pensée écologique. Ce dernier se réclame en effet d'une mobilisation de l'intelligence humaine, de la science, des techniques et des richesses ainsi créées au service d'un projet de société garantissant un meilleur épanouissement de l'homme, aujourd'hui et dans le futur. Il s'ensuit qu'une innovation technologique se doit non seulement d'améliorer un procédé, de produire plus de biens mais aussi de garantir une meilleure sécurité aux consommateurs et utilisateurs, de façon plus générale aux habitants de notre planète commune. Cela signifie que la minimisation du risque est incluse dans tout dessein de progrès humaniste.

Il n'existe cependant pas d'unité universelle du risque, l'acceptabilité de ce dernier ne peut s'évaluer que de manière comparative, c'est-à-dire par comparaison entre les risques de solutions alternatives, une innovation *versus* le *statu quo*, plusieurs pratiques traditionnelles ou innovantes entre elles. Ainsi posée, la question devient: quel choix apparaît le moins risqué? pour produire de l'énergie, en sachant qu'ici aussi la sobriété minimisera toujours le risque? pour cultiver des plantes? pour prévenir l'apparition de maladies? Approché de cette façon, le principe de précaution n'est bien entendu pas une règle d'inaction. Ce serait le cas seulement si le monde était à ce point parfait que tout changement s'avérerait nuisible. Qui le croit? Les exemples sont innombrables où le progrès est l'une des conditions d'un dessein humaniste. Dans le domaine de la santé, les vaccinations, même si leur innocuité n'est pas totale, sont le plus souvent très préférables à l'absence de protection contre des maladies graves et fréquentes. La pandémie de Covid-19 en est une illustration d'actualité alors que j'écris ces lignes. Toutes les sources d'énergie sont plus ou moins risquées, mais nous ne pouvons nous en passer totalement. Puisqu'il faut bien se nourrir, nous devons cultiver des plantes en quantité suffisante pour répondre aux besoins et aux goûts de la population. Des innovations ont, dans le passé, permis d'accroître la production pour accompagner la croissance de la population, j'y reviendrai. Chaque méthode comporte ses avantages et ses risques spécifiques. Le principe de précaution ne consiste pas à refuser par principe toute innovation en la matière – cette attitude eût été jadis catastrophique, et le serait aujourd'hui et dans l'avenir – mais à comparer leurs avantages et leurs inconvénients respectifs.

L'appréciation du risque et de ses conséquences à moyen et long terme sur l'environnement, c'est-à-dire sur les conditions de vie et d'épanouissement des générations futures, les décisions qu'elle implique incombent certes à chacun mais demeurent fondamentalement irréductibles à l'autorégulation des marchés et procèdent de ce fait du concept de bien commun. C'est par conséquent là une question éminemment politique, nationale et internationale. Le pape François le rappelle avec force dans l'encyclique *Laudato Si* de mai 2015 dont je cite le paragraphe 190: « Il faut toujours se rappeler que la protection de l'environnement ne peut pas être assurée uniquement en fonction du calcul financier des coûts et des bénéfices. L'environnement fait partie de ces biens que les mécanismes du marché ne sont pas en mesure de défendre ou de promouvoir de façon adéquate.» Une fois de plus, il faut éviter une conception magique du marché qui fait penser que les problèmes se résoudront tout seuls par l'accroissement des bénéfices des entreprises ou des individus. Est-il réaliste d'espérer que celui qui a l'obsession du bénéfice maximum s'attarde à penser aux effets environnementaux qu'il laissera aux prochaines générations ? Dans le schéma du gain il n'y a pas de place pour penser aux rythmes de la nature, à ses périodes de dégradation et de régénération, ni à la complexité des écosystèmes qui peuvent être gravement altérés par l'intervention humaine. De plus, quand on parle de biodiversité, on la conçoit au mieux comme une réserve de ressources économiques qui pourrait être exploitée, mais on ne prend pas en compte sérieusement, entre autres, la valeur réelle des choses, leur signification pour les personnes et les cultures, les intérêts et les nécessités des pauvres.

La notion de responsabilité à laquelle j'accorde moi-même tant d'importance est l'apanage de l'être humain dans le sens où il se revendique libre, conscient qu'il aurait pu agir différemment de la manière dont il agit. Il ne peut se dissocier de ce qu'il fait et des conséquences prévisibles de son action. Il sait que l'état d'urgence a été décrété sur la planète, qu'il en va des conditions d'épanouissement des humains de demain, de leur sort, celui de nos petits-enfants et de leurs descendants. Nous sommes de la sorte pleinement responsables.

La responsabilité de nourrir les humains dans le respect de l'environnement

Cet esprit de responsabilité habite le comité commun d'éthique de l'Inrae, du Cirad, de l'Ifremer et de l'IRD que je préside depuis 2016. En effet, ce sont là les quatre principaux établissements publics nationaux de recherche associés à l'exploitation des espaces ouverts, terrestres et maritimes, des milieux naturels dans lesquels les humains se sont dispersés très tôt après leur émergence sur terre. L'expression même d'« exploitation de l'environnement naturel des êtres humains » souligne d'emblée la nature des questions morales liées à l'activité de ces instituts de recherche : fournir aux habitants de notre planète ce dont ils ont besoin pour vivre, certes des denrées et du travail, mais aussi de la beauté et du bien-être, habités de la conscience vive que les générations futures devront pouvoir en profiter et en jouir elles aussi. Pour vivre, l'homme, ainsi que tous les animaux et autres êtres incapables de photosynthèse, ont besoin d'air, d'eau et de nourriture. Si la qualité du premier peut se révéler préoccupante, sa quantité ne sera pas un souci tant que suffisamment de plantes à chlorophylle persisteront dans les mers et sur terre. En revanche, la qualité aussi bien que la quantité d'eau potable et d'aliments disponibles pour une population croissante constituent de redoutables défis, aujourd'hui déjà et plus encore dans l'avenir. Il existe dans le monde environ 1,5 milliard d'hectares de terres cultivées, surface totale relativement stable. De nouvelles terres gagnées à la culture, défrichées, parfois hélas aux dépens de la forêt, ou amendées, sont contrebalancées par le processus de désertification et d'accroissement des emprises urbaines. Il s'ensuit que, avec 1,5 milliard d'habitants vers 1900, un hectare cultivé nourrissait alors une personne. Nous sommes aujourd'hui 7,5 milliards de terriens, un hectare doit nourrir cinq d'entre nous, ce sera plus de six en 2050. En effet, répondre aux besoins sans sacrifier les espaces sauvages non cultivés, forêts naturelles et terrains vierges exige d'accroître encore la productivité de l'agriculture, productivité qui ne doit pas être assimilée à un mot grossier et menaçant pour l'environnement. Il faut de plus se fixer l'objectif de réduire le nombre de personnes malnutries et de dénutries : elles sont encore aujourd'hui environ 1,8 milliard sur la planète. Ces défis devront être relevés en s'efforçant de gérer avec rigueur l'eau nécessaire et en se fixant l'objectif de pratiques durables, respectueuses de la nature. Enfin, il conviendra d'adapter le type des aliments produits à l'évolution des goûts et de la demande des consommateurs, ainsi que de satisfaire aux besoins de la santé publique. Ce dernier objectif se comprend aussi bien en ce qui concerne l'équilibre nutritionnel des populations, la lutte contre les carences diverses, que la protection des consommateurs et des agriculteurs contre les toxiques variés et autres perturbateurs endocriniens, tout spécialement ceux liés aux intrants, pesticides, herbicides et fertilisants.

Répondre à toutes ces exigences a reposé essentiellement pendant des millénaires sur le savoir-faire des agriculteurs et des éleveurs, patiemment amélioré génération après génération. Cependant, c'est grâce au concours de la science et de la technologie que la production alimentaire a pu accompagner l'explosion démographique des cent soixante-dix dernières années durant lesquelles la population mondiale a été multipliée par cinq. Ou l'inverse: cette augmentation de population aurait sinon été impossible. La création de l'INRA en 1946, dans les conditions difficiles de la pénurie alimentaire de l'après-guerre, se fixait déjà l'objectif d'une mobilisation des chercheurs agronomes dans le but de mieux nourrir les Français. Cependant cet objectif quantitatif a vite revêtu une dimension internationale puisque la France est redevenue un pays dont la balance commerciale agricole est excédentaire (de 17 % en 2000, 14 % en 2018). En parallèle, les méfaits de techniques productivistes insoucieuses de leur durabilité et de l'environnement sont apparus de plus en plus évidents: appauvrissement, minéralisation et lessivage des sols; diminution de la biodiversité et de la vie sauvage liée aux pesticides et à la disparition des haies ; effets toxiques de certains intrants ; moindre capacité à la rétention des eaux de ruissellement et de ce fait à la prévention des crues dévastatrices ; épuisement des nappes phréatiques ; sensibilité accrue de variétés végétales dominantes à des maladies, etc. La prise de conscience de l'impasse à laquelle une telle agriculture menait a conduit les citoyens à être de plus en plus exigeants quant à la durabilité des pratiques et au respect de l'environnement. En réaction, des agricultures alternatives ont eu et ont encore un succès croissant : agriculture biologique, permaculture, etc. Sous la pression de l'opinion publique, les méthodes traditionnelles sont devenues plus raisonnées, économes en eau, limitant les intrants et les herbicides. Cependant ces évolutions restent limitées par le modèle de l'agriculture intensive, les grandes surfaces cultivées. L'Inra et le Cirad se sont convertis à l'agroécologie, concept selon lequel les pratiques agricoles retenues se doivent d'être capables de répondre aux besoins économiques et alimentaires tout en étant favorables aux paramètres écologiques d'un environnement durable, divers et riche. À dire vrai, il existe une acception plus radicale du concept d'agroécologie dans des groupes environnementalistes, celui d'une condamnation de toute brutalité exercée sur la nature. En découle une méfiance extrême envers toutes les stratégies qui s'éloignent des pratiques ancestrales d'hybridation et sélection selon les caractéristiques des plantes au champ. Cette vision agroécologique radicale condamne a priori l'irruption de la génétique moléculaire dans ce processus, qu'elle utilise des marqueurs ADN ou la transgénèse végétale et l'édition de précision des génomes par Crispr-Cas9. Ces interventions directes sur le patrimoine héréditaire des plantes sont même combattues avec virulence.

La mer constitue un milieu aussi menacé que les sols. Victime du changement climatique, des pollutions diverses provenant des activités humaines sur terre et sur mer, de la surpêche, sa situation est largement aussi préoccupante que celle des milieux terrestres. Ceux qui vivent de la pêche font face aux diminutions inquiétantes de nombreuses espèces, les ressources halieutiques s'épuisent alors que la relève par l'aquaculture se doit de résoudre de nombreux problèmes scientifiques, économiques, sanitaires et environnementaux. L'Ifremer est par conséquent confronté à des défis aussi redoutables que les organismes opérant dans le domaine de l'agriculture. Elle pourrait faire sienne un concept d'« aquaécologie » dérivé de l'agroécologie et ayant les mêmes objectifs.

L'exercice du jugement moral et éthique dans le domaine des usages humains des milieux ouverts diffère de celui de l'éthique biomédicale. Dans cette dernière, l'objectif poursuivi – la guérison ou l'amélioration d'une fonction physiologique – est peu contesté. Son objet – une personne et son corps – n'est pas public. La terre et la mer, en revanche, appartiennent à tout le monde, elles sont un bien commun. Aucun des objectifs fixés à leur exploitation ne fait l'objet d'un consensus. Les approches et visions des citoyens sur ces sujets relèvent de corpus idéologiques et philosophiques irréductibles les uns aux autres. Corpus entre lesquels il n'est pas possible d'établir de hiérarchie rationnelle. Outre le productivisme sans états d'âme, le *Principe responsabilité* de Hans Jonas et l'encyclique *Laudato Si* du pape font de l'humain la justification principale des actions et précautions nécessaires. Il existe une écologie anthropocentrique : « Agis de façon que les effets de ton action soient compatibles avec la Permanence d'une vie authentiquement humaine sur terre. » Son essence est chrétienne, elle ne rompt pas radicalement avec la conception cartésienne d'un « homme comme maître et possesseur de la nature », un patron et propriétaire auquel il est enjoint de se montrer bienveillant et solidaire des générations futures.

L'humain, cependant, est être de nature. Cette dernière constitue un environnement vivant et inanimé qui ne lui doit rien et auquel ne saurait s'appliquer l'adage de Platon selon lequel l'homme est la mesure de toute chose. Je partage la critique de Protagoras d'une telle et fière affirmation, fière mais enflée de suffisance. Certes, avant l'apparition d'*Homo*, impossible d'affirmer que le Grand Canyon du Colorado est beau puisqu'il n'existe aucun être susceptible de l'éprouver tel. Cependant le décor du Grand Canyon précède l'humain de plusieurs centaines de milliers d'années. Et la vie elle-même de plus de 3,5 milliards d'années. Produit de l'évolution qui le dote de ses capacités mentales, l'homme est un nouveau venu. Il est loin d'être insignifiant mais n'est pas le seul à avoir une signification, uniquement le premier à en prendre conscience. Il évolue dans son environnement et là réside son intérêt. Cependant, ce dernier ne fait pas de lui le but de l'univers, des choses et des êtres vivants, il en est un élément minuscule qui possède cependant sa valeur propre et est capable de la penser. De se penser vibrant avec le reste de cette nature à laquelle il ne cesse jamais d'appartenir. Cette approche rompt avec l'anthropocentrisme, écologiste ou productiviste ; elle se revendique écocentriste. L'humain a de l'importance au sein d'une nature qui en a aussi, ils prennent soin l'un de l'autre, en un équilibre coévolutif. Je me revendique écocentriste et c'est aussi la référence principale du comité d'éthique que je préside encore et qui se consacre aux valeurs conjointes de l'environnement et de l'humain qui y opère.

Pour être complet, il existe un courant que j'appelle géocentriste, pour lequel la terre vivante et en quelque sorte divinisée – la Gaïa de James Lovelock[1] – est l'unique réalité qui vaut la peine d'être défendue. L'homme est pour elle un danger, il est un prédateur et mérite d'être combattu comme un ennemi. Ce courant écologiste se révèle, contrairement aux autres, volontiers antihumaniste. Sa faiblesse philosophique est que l'adversaire qu'il se désigne et verrait bien détruit est aussi le seul à pouvoir penser Gaïa et la valeur de la nature. Bien entendu, la finalité d'activités humaines ayant pour but de répondre

1. James Lovelock, *La Terre est un être vivant: l'hypothèse Gaïa*, Flammarion, « Champs », 2010.

aux besoins des humains ne saurait pour le courant géocentriste être prioritaire.

Les animaux, nous et les autres

La prise de conscience de la valeur animale et l'indignation croissante des populations avisées du sort qui est réservé à ces êtres sensibles sont des marqueurs puissants de la fin du XXe siècle et du début du XXIe. En France, l'association L214 bouleverse l'opinion en diffusant des images abominables : des vaches et des porcs suspendus à des crochets de boucher s'agitent encore, leur peau est parfois déjà entaillée ; des poulets en batterie sont élevés les uns sur les autres, on leur arrache parfois le bec pour éviter qu'ils ne se blessent. Une horreur. Les citoyens de nos pays ne peuvent plus tolérer cela, l'émotion est immense. Posons le problème.

Les rapports des humains avec les autres animaux – *Homo sapiens* appartient en effet sans conteste au règne animal – sont intriqués et complexes. Les primates du genre *Homo* semblent avoir tous consommé de la viande. Des restes osseux d'animaux divers à proximité des sites d'habitation d'*Homo habilis, erectus, neandertaliensis* et, bien entendu, *sapiens*, portent d'indiscutables traces de pratiques bouchères qui ont par conséquent deux millions d'années. Auparavant, il y a trois millions d'années, les australopithèques semblent à l'occasion avoir fracturé des os avec des galets pour en consommer la moelle. Plus éloignés de nous encore, les grands singes hominoïdes se nourrissent essentiellement de fruits et de feuilles mais aussi de divers insectes qui leur fournissent un important complément protéique. Les orangs-outans et les chimpanzés ne dédaignent pas les oisillons et les œufs, ainsi que les petits rongeurs. Chimpanzés et bonobos sont nos plus proches parents, nous nous en sommes séparés il y a six millions d'années seulement. Ils chassent parfois en groupe des antilopes dont ils apparaissent alors fort apprécier la viande. Les primates, à l'origine frugivores et herbivores presque exclusifs, sont par conséquent devenus omnivores sur le chemin de l'évolution qui les menait à l'émergence d'*Homo* et de sa grosse tête. Beaucoup de paléontologues pensent que les protéines animales ont été nécessaires à l'édification évolutive du cerveau dont le volume et le poids ont triplé en trois millions d'années, ce qui constitue une transformation incroyablement rapide à l'échelle de l'évolution.

Quoique nous les ayons mis à mort et mangés depuis les débuts de l'humanité, le statut à nos yeux des animaux non humains a varié selon les civilisations. Pour certaines, l'homme est un être de nature au même titre que nos sœurs les bêtes. Parmi les animaux, certains sont des prédateurs carnivores qui se nourrissent de proies. L'humain n'est qu'un prédateur parmi les autres. Cependant, il est doté d'une capacité symbolique. Frère ours blanc ne fait pas tant de manières lorsqu'il tue le phoque pour se nourrir, lui et ses petits. L'Inuit va pour sa part observer un rituel dans lequel il demande pardon aux frères ours et phoques d'avoir dû les tuer pour se vêtir et manger. Des pratiques similaires ont été rapportées dans de nombreuses ethnies qui n'avaient eu auparavant aucune relation avec les explorateurs, conquérants et colonisateurs adeptes des religions qui reposent sur la Bible.

Les enseignements du Livre quant aux rapports de l'homme et des bêtes sont quelque peu contradictoires. Yahvé autorise les humains, les enjoint même, d'utiliser le reste du monde vivant à son profit (Genèse, I: 28-29). Après que le déluge s'est retiré, il confirme à Noé l'étendue de son pouvoir sur le reste de la nature: « Vous inspirerez désormais la plus grande crainte à toutes les bêtes de la terre, aux oiseaux, aux petits animaux et aux poissons; vous pourrez disposer d'eux. Tout ce qui remue et qui vit pourra vous servir de nourriture » (Genèse, IX: 2-3). Cependant Yahvé accorde ensuite un statut particulier aux animaux puisqu'il les inclut dans la nouvelle alliance qu'il conclut avec eux et les humains et que les arcs-en-ciel symboliseront jusqu'à la fin des temps: « Je vous fais une promesse, ainsi qu'à vos descendants et à tout ce qui vit autour de vous, oiseaux, animaux domestiques ou sauvages, ceux qui sont sortis de l'arche et à tous ceux qui vivront plus tard sur la terre » (Genèse, IX: 9-10). Cette ambiguïté biblique s'est retrouvée dans les pratiques des sociétés chrétiennes vis-à-vis des animaux non humains. Le droit romain différencie les deux catégories fondamentales du droit, les choses et les personnes. Les secondes peuvent posséder et vendre les premières, en user, voire en abuser comme elles le souhaitent. Aussi bêtes de somme, gibier de chasse et sources de viande sont-elles assimilées sans aucune arrière-pensée à des

« choses ». Pourtant, ces « choses-là » sont singulières. Elles possèdent une « âme animale » selon Aristote et ont été intégrées dans l'alliance signalée à Noé par le Très-Haut. Selon ces références, nos cousins animaux sont alors des êtres responsables auxquels les autorités religieuses et laïques intentent des procès en bonne et due forme, prononcent à leur encontre des sentences et leur infligent parfois des punitions lorsque leur comportement a nui aux communautés de fidèles.

Au XVIIIe siècle, la philosophie utilitariste contribue avec Jeremy Bentham à modifier le regard posé par les sociétés humaines sur les animaux. En effet, cette pensée se réfère, pour qualifier la valeur morale d'une action, à la résultante de ses effets sur l'intérêt des êtres concernés. Or il n'est pas d'intérêt supérieur à celui de ne pas souffrir. De ce point de vue, les animaux humains et non humains, tous des êtres sensibles, partagent ce même intérêt d'où découle le devoir de nos semblables, puisqu'ils peuvent se le reconnaître, d'éviter autant que faire se peut de provoquer la souffrance des bêtes. Une semblable analyse aboutit en 1822 à l'adoption par le Parlement du Royaume-Uni de la première loi au monde de protection animale puis, deux ans plus tard, de la création de la première association dédiée à la prévention de la cruauté vis-à-vis des animaux. La loi Grammont introduit en 1850 de semblables dispositions dans le droit français. La loi du 16 février 2015 confirme et généralise les conséquences dans le droit de ce que « les animaux sont des êtres doués de sensibilité ».

La science a contribué à donner des bases objectives au devoir assigné à l'homme de prendre en compte le bien-être des bêtes et de se garder de les faire souffrir. Tous les animaux supérieurs, et par conséquent en tout cas les mammifères, humains aussi bien que non humains, et les oiseaux, ressentent par des mécanismes similaires la douleur, le mal-être, le stress, le bien-être ; ils sont non seulement des êtres sensibles mais encore ils le sont de la même manière que nous. Les produits destinés à combattre la douleur et le stress, l'anxiété chez nos semblables sont testés d'abord chez d'autres animaux, illustrant la certitude qu'il s'agit là d'un même et unique phénomène. Chacun est ainsi amené à prendre conscience de ce que rien ne peut justifier que l'homme inflige aux autres animaux, êtres sensibles comme lui, ce dont il éprouve lui-même les conséquences mauvaises qu'il sait le monde animal capable d'éprouver aussi. Le comité d'éthique de l'Inrae, Cirad, Ifremer et IRD s'est plusieurs fois penché sur la condition des animaux d'élevage, mammifères, volaille ou poissons. La référence centrale des avis rendus est la prise en compte du bien-être animal. Le comité demande aux organismes de recherche d'éviter autant que faire se peut que leurs pratiques zootechniques n'aboutissent à aggraver l'inconfort animal, à engendrer des souffrances. Il met en garde contre des projets prétendument motivés par l'amélioration du bien-être des animaux de rente mais, en réalité, motivés par le désir de les adapter à des conditions d'élevages cruelles, d'atténuer le mal-être qui en résulte. L'amélioration de ces conditions, voire leur abandon définitif, représente d'un point de vue moral la seule option acceptable.

Au-delà même des mécanismes de la douleur, du stress et de leur similitude chez tous les animaux supérieurs, les recherches nombreuses en éthologie et neurosciences animales témoignent des parentés comportementales au sein du règne animal. Parentés telles qu'en émerge une vision générale selon laquelle aucune aptitude humaine particulière n'est spécifique à notre espèce qui se caractérise seulement par leur niveau, leur convergence et leur plasticité. Il n'existe à proprement parler pas de «propre de l'homme»; l'humain est remarquable seulement par le développement extrême de ses capacités et ce à quoi aboutit leur interaction, en particulier à l'esprit de responsabilité. Seuls nos semblables sont suffisamment libres et informés pour être tenus responsables de leurs actions. Le loup n'est pas individuellement responsable de massacrer l'agneau, le crocodile l'antilope, le chat le petit oiseau, le monde de nature est ainsi. Mais ils ne savent pas ce que nous savons, ils n'ont d'autre liberté en ces matières que d'obéir à leur nature. L'évolution nous a nous aussi conféré une nature, nous sommes des primates omnivores capables de connaître et dotés d'une liberté d'action élargie. De ce fait, nous savons ce que sont la souffrance et le stress des autres animaux et avons la liberté d'en tirer les conséquences, habités de la conscience morale qu'imposer à des êtres sensibles ce dont nous avons expérimenté les nuisances ne peut être justifié.

Puisque liberté il y a, certains en tirent la conséquence qu'il leur faut renoncer à exploiter nos cousins dans l'animalité, rejeter toute consommation carnée, proscrire l'usage de tout produit, de toute matière d'origine animale ; ils deviendront végétariens, voire végans. Ils refuseront aussi toute expérimentation médicale sur l'animal. Leur refus de la consommation de viande animale est relayé par un autre souci, écologique celui-là. Il faut de cinq à sept calories végétales et beaucoup d'eau pour fabriquer une calorie animale bovine, moins pour le porc et encore moins pour la volaille. D'importantes ressources naturelles sont de la sorte distraites d'une utilisation directe pour faire face aux besoins alimentaires d'une population croissante. De plus, outre les énergies fossiles consommées pour les besoins de l'élevage, les flatulences des ruminants, riches en méthane, aggravent le réchauffement climatique. Globalement, l'élevage produit 14,5 % des gaz à effet de serre, soit plus que l'ensemble du secteur des transports. Le GIEC a donc recommandé de viser une réduction de moitié de la consommation de viande dans le monde. Cette dernière est de fait en recul dans les pays occidentaux. Cependant ce recul est plus que compensé par l'appétence croissante pour la viande des nouvelles classes moyennes des grands pays d'Asie.

D'autres terriens, aujourd'hui beaucoup plus nombreux et dont je suis, revendiquent leur qualité d'omnivores depuis des millions d'années, sans fierté ni culpabilité. Ils se réfèrent à une nature qu'il faut préserver et où coexistent proies et prédateurs.

Cependant, parce qu'ils savent, aujourd'hui, et qu'ils sont responsables, ils ne pourront plus jamais accepter la négligence ordinaire du bien-être animal. Ils poursuivront jusqu'à son terme la réforme des pratiques d'abattage, l'interdiront sans étourdissement profond ou anesthésie préalable. Ils proscriront les pratiques barbares d'élevages en batterie, de transport à longues distances dans des remorques surchargées. Ils limiteront au strict indispensable l'expérimentation animale, habités du souci de réduire au maximum la souffrance potentiellement provoquée. Ils aboliront bien vite des jeux authentiquement cruels tels la tauromachie, la chasse à courre. Le monde est en marche, il change. Ici dans le bon sens. Pour l'essentiel car se manifeste aussi parfois chez les adeptes d'une éviction totale des produits carnés et d'origine animale de l'alimentation une conviction si exclusive qu'elle aboutit à l'assimilation des autres aux forces du mal qu'il faut combattre sans ménagement, de plus en plus souvent par la violence. Ici l'excommunication est unilatérale. Je ne manifeste pour ma part aucune hostilité envers végétariens ou végans, ne critique pas même leurs certitudes que j'entends avec intérêt. Je remarque pourtant, comme ce livre en témoigne depuis le début, que le rejet global de l'autre et la criminalisation sans nuance de sa manière d'être, de vivre et de penser est assez éloigné de la voie bonne que je m'efforce de définir.

7

Pandémie

Je me suis dès janvier 2020 intéressé à l'épidémie chinoise de coronavirus et aux premiers cas exportés en Europe, certain qu'il s'agissait d'une pandémie d'une affection respiratoire sévère, une ou quelques dizaines de fois plus grave et plus infectieuse que la grippe saisonnière. J'étais très avisé des processus épidémiques. Médecin-chef de la préfecture de Haute-Kotto en République centrafricaine, j'ai eu à faire face en 1968 à une terrible épidémie de rougeole tuant malgré mes soins 30 % des enfants âgés de six mois à trois ans: les campagnes de vaccination se faisaient tous les trois ans, la campagne attendue n'avait pas débuté. Puis, cofondateur et rédacteur en chef de 1985 à 2000 de la revue internationale franco-québécoise *Médecine/Sciences*, j'ai couvert des épidémies de fièvre de Lhassa, d'Ebola, la pandémie de sida. Enfin, l'Institut Cochin que j'avais créé et que j'ai dirigé jusqu'à mon élection à la présidence de l'université Paris-Descartes incluait un important département des maladies infectieuses. Cette familiarité avec le génie épidémique m'a permis très tôt de préparer la Ligue contre le cancer à un confinement que je savais inéluctable : elle devait à tout prix faire face car le cancer, c'était certain, ne serait, lui, pas confiné. Il ne manquerait pas de fondre sur les personnes malades du cancer triplement menacées : par leur maladie, par la Covid-19 à laquelle, de plus, ils pouvaient être d'une sensibilité accrue, les Chinois nous en avaient avertis. Durant les deux mois de confinement en France (mars-mai), j'ai passé toutes mes journées seul dans le bateau amiral désert de la Ligue, son siège fédéral, pour contribuer à une coordination entre les salariés en télétravail et les comités départementaux eux aussi confinés. Je me suis également joint à un groupe de cancérologues de la Ligue chargés de répondre sept jours sur sept aux personnes malades désemparées. Certains jours, le téléphone sonnait sans discontinuer. Au-delà de cette lutte farouche en protection des victimes du cancer, menacées aussi par le virus SARS-CoV-2, j'ai été très sollicité par les médias soucieux de recueillir mon sentiment aux différentes phases de l'épidémie en France et dans le monde et de m'interroger sur ses effets sur les personnes malades. Je me suis souvent livré depuis le début des années 1980 à un examen de conscience de mon « excessive médiatisation ». C'était et c'est commodité de la part des médias, la facilité pour eux de faire appel au « bon client » comme ils disent, dont ils ont les coordonnées. En ce qui me concerne, on trouve plusieurs racines au phénomène. De manière objective, je me suis toute ma vie trouvé souvent en des positions exposées aux feux de l'actualité (génétique, actualité médicale et scientifique, biotechnologies, éthique, territoires, cancers, livres à succès, parfois politique...). J'aurais pu refuser, mais je ne l'ai pas fait. Est-ce pure vanité, désir compulsif d'être sous le feu des projecteurs comme tant de mes confrères durant la crise sanitaire de 2020? Il doit bien y avoir un soupçon de cela, je ne déteste pas me trouver objet d'un tel intérêt. Pas de façon compulsive, cependant. Je suis aussi un amoureux de la marche solitaire, des « trous perdus » dans la campagne. Trouver de plus à ma disponibilité aux sollicitations un ressort vertueux n'est pas pure complaisance. Je suis convaincu depuis longtemps que le fonctionnement d'une société démocratique exige que les citoyens aient accès à une information honnête, indispensable à la manifestation de leur libre arbitre. Cela est vrai aussi en matière scientifique et technique, un paramètre essentiel du présent qu'ils vivent et de l'avenir sur lequel ils ont le droit de donner leur avis. Je me suis toujours efforcé d'apporter cette information, de transmettre ce que je sais et non ce que je désire, au moins d'éviter toute confusion entre les deux. C'est ce que j'ai fait et fais encore dans le désordre des esprits provoqué par la Covid-19. Cette pandémie virale est la première depuis cinquante ans, depuis la grippe de Hong Kong de 1968-1970. Les réactions de la société à ce fléau ont révélé l'ampleur des changements survenus en un demi-siècle. La pandémie est loin d'être terminée alors que j'écris ces lignes. Cependant, après tout, il se peut que ce livre soit lu encore dans de nombreuses années, c'est en général dans cet espoir que l'on prend la plume. Il me faut par conséquent résumer ce qui s'est passé et en donner quelques clés scientifiques.

Le virus et sa diffusion pandémique

Spécialiste des yeux à Wuhan, le Dr Li Wenliang s'alarme dès décembre 2019 de la multiplication des cas de pneumonies atypiques sévères. Soupçonnant l'émergence d'une épidémie virale ressemblant au SARS-1 de 2003, il donne l'alerte. L'initiative individuelle n'est pas prisée en Chine: il ne faut pas nuire à la réputation de la grande nation, affoler les gens. Le Dr Li Wenliang est blâmé par ses supérieurs, on le menace et le fait taire. Les transports aériens ne sont ni limités ni contrôlés, des citoyens de la laborieuse Chine continuent de parcourir le monde pour les besoins des échanges économiques et de tous ordres. Les liens sont en particulier anciens et denses avec l'Italie industrielle du Nord. Puis l'alerte est enfin prise au sérieux, les autorités chinoises réagissent à la fin du mois de décembre avec l'exceptionnelle efficacité de ce gigantesque pays, puissant, d'un immense niveau scientifique et sanitaire, par ailleurs une dictature. Li Wenliang a été au front. Il a combattu. Il est contaminé, il meurt. Mais comment expliquer ce dévouement d'un homme que les autorités avaient d'abord maltraité? Parce que c'était son devoir. Cette force puissante, irrésistible, dont la capacité existe chez tous mais n'est mobilisée que chez certains, par laquelle la conscience dicte à un humain libre la manière dont il doit agir. Ce qu'est son devoir. Le Dr Li Wenliang mérite d'être l'un des héros de cet ouvrage. Comme l'ont été à Mulhouse, Colmar, Strasbourg, à Paris et en Île-de-France, partout sur le territoire, ces femmes, souvent jeunes, mamans, belles, harassées de fatigue, qui ne se sont pas posé la question de fuir la région où l'épidémie était la plus active pour se mettre au vert. Comme toutes celles en poste dans des régions plus épargnées qui ont été nombreuses pour venir les épauler. Elles font leur devoir, il ne saurait être sans risque. Pas plus pour ces médecins confrontés à des conditions dantesques de prise en charge et de réanimation, des conditions de guerre. Ils l'ont fait sans se poser de questions, parce qu'ils devaient le faire. Mes enfants ont été dans ce cas. Ma maman Millette aurait dit, l'une de ses expressions favorites, «vous ne faites que votre devoir, et encore bien petitement». Pas si petitement que ça, quand même, vous êtes magnifiques. Comme le pompier, comme le guerrier qui défend les siens ou les autres, comme le sauveteur, tous ceux qui pensent à sauver avant de faire jouer leur droit de retrait. Vous êtes humains, pleinement, des femmes et des hommes authentiques. Les autres aussi le sont, mais grâce à vous qui maintenez ses lettres de noblesse à l'humanité. Qu'en resterait-il si vous n'existiez pas ?

La Chine mobilise dès janvier son considérable potentiel scientifique. En peu de temps, le virus en cause est isolé, son génome est séquencé. Il s'agit d'un coronavirus de la famille du SARS-CoV-1 qui a sévi en 2003. Il provoque lui aussi un *severe acute respiratory syndrome* mais en est assez différent. SARS-CoV-2 est, comme son prédécesseur, un virus encapsidé dont le génome est un brin codant d'ARN de grande taille (environ 30 000 nucléotides). Les hôtes habituels des coronavirus sont des chauves-souris ou des oiseaux, ils peuvent infecter des animaux domestiques ou sauvages (civette et SARS-CoV-1, chameaux et virus du MERS, pangolin et SARS-CoV-2). Selon les épidémiologistes chinois, la contamination *princeps* serait un marché de la ville de Wuhan ; elle aurait été médiée par un pangolin vendu comme viande de consommation. L'hypothèse d'un défaut de confinement d'un laboratoire de la ville spécialisé dans l'étude de cette famille de coronavirus a aussi été avancée.

À l'origine de rhumes bénins, les coronavirus ont par trois fois été causes de maladies plus sévères : SARS originaire de Chine en 2003, MERS en Arabie saoudite en 2012. De morbidité supérieure à celle provoquée par le SARS-CoV-2 actuel, ces épidémies ont été plus limitées et ont provoqué moins de décès. CoV-1 et CoV-2 se fixent grâce à leurs spicules (protéine S) décorant leur surface à une enzyme extra-cellulaire, ACE2. Cette dernière sert de récepteur opportuniste nécessaire à l'entrée des particules virales dans la cellule. Là, une réplicase spécifique recopie (réplique) l'ARN génomique en génomes entiers et en fragments subgénomiques qui sont traduits en les différentes protéines de la particule virale. Les scientifiques chinois communiquent toutes ces données à l'OMS et, par son intermédiaire, au monde entier. Ils décrivent les séquences nucléotidiques, les « amorces » nécessaires au test diagnostique par *polymerase chain reaction* (PCR) qui restera longtemps la seule méthode disponible. Les médecins chinois publient également leurs observations cliniques qui seront en février, lorsque la maladie commencera à affecter de nombreux Européens, les seules disponibles. Les médecins européens puis du monde entier sont en particulier avertis de la gravité de la Covid-19 chez les personnes âgées, surtout les hommes. Hélas, les informations ne sont pas seules envoyées de Chine vers le reste du monde, le virus qui en fait toute la valeur l'est aussi.

Venu avec des personnes contaminées de Chine en Europe au mois de janvier, peut-être dès décembre dans le Nord de l'Italie, SARS-CoV-2 commence à « lécher la France » fin février. L'Oise est le premier foyer important, suivi d'un foyer savoyard jugulé par des mesures de confinement des personnes atteintes et contacts. L'importante réunion religieuse de Mulhouse où, du 17 au 21 février, plus de 2 000 personnes communient dans une fervente promiscuité, chantent et échangent, est le vrai départ depuis l'Alsace de l'épidémie non contenue. Et depuis aussi les lieux d'habitation des fidèles ayant participé à l'événement de Mulhouse. Paris et l'Île-de-France sont touchés dans la foulée, mixte de la diffusion à partir de l'Alsace, d'exportation par retour en région parisienne de fidèles et de réactivation du foyer de l'Oise. Deux foyers actifs, donc, qui diffusent en gradients vers le Nord-Est, le Centre et le Centre-Est. Le 17 mars, le confinement généralisé est décidé. Il est redoutablement efficace pour enrayer la circulation virale et la diffusion régionale depuis les foyers actifs. Les régions non encore concernées par le gradient infectieux restent presque indemnes, ou sont au moins relativement préservées : Ouest, Sud-Ouest, Grand Sud. La Corse du Sud est contaminée par des fidèles de Mulhouse. Fin mars et début avril, le chiffre de mortalité quotidienne liée à la Covid-19 atteint, dépasse certains jours le millier, plus de 5 000 personnes affectées sont en soins intensifs sous ventilation assistée. De façon globale, 15 % des cas symptomatiques de Covid-19 conduisent à l'hôpital, 5 % en réanimation où la mortalité est à peine inférieure à 50 %. Plus de 31 000 Français décéderont de la maladie entre les mois de mars et de juin, la moitié issue des Ehpad. Rapporté à la population, le taux de mortalité de cette première vague épidémique en France tourne autour de 470 décès par million d'habitants, inférieur à celui en Belgique, Grande-Bretagne, Italie, Espagne et Suède. Les États-Unis et de nombreux pays d'Amérique latine dont le Brésil, le Pérou et le Mexique sont très affectés. En Europe, l'Allemagne et tous les pays de l'Est, du Nord-Est et du Nord sont plus épargnés, sauf la Suède. Dès le mois de mai, le taux mondial de mortalité chez les sujets infectés (*infection fatality rate*), symptomatiques ou non (environ 25 % du total) est stabilisé, à 0,67 %. Il varie selon les pays en fonction du niveau de soins, de 0,25 à 1 %. La mortalité dépend avant tout de l'âge, du sexe et des comorbidités, dans l'ordre. Les hommes de plus de soixante-dix ans en excès pondéral sont les plus fragiles. Aucun traitement antiviral efficace n'a permis d'agir directement sur l'infection elle-même. Il ne faut pas s'en étonner : si les sulfamides datent des années 1930, les antibiotiques de 1942 (pénicilline), les antiviraux sont beaucoup plus récents, fils avant tout de la biologie moléculaire, c'est-à-dire de l'approche moléculaire de la biologie. Lorsque j'étais jeune médecin, aucun médicament n'existait pour combattre les maladies virales. Le séquençage des génomes viraux a permis d'en déduire la nature et le rôle des protéines qu'ils codent, de mieux comprendre les différentes phases de l'infection virale. Rappelons que ces agents infectieux sont tous des parasites intracellulaires stricts qui détournent à leur profit les mécanismes de la cellule infestée. Les médicaments actifs doivent interférer avec ce détournement sans altérer les cellules, ce qui est bien plus difficile que détruire une cellule bactérienne ou parasitaire extracellulaire.

Après le déconfinement, le 11 mai, en France et dans tous les pays du monde qui ont confiné leurs populations, la circulation virale est très basse, le confinement a parfaitement rempli son office. C'est en Chine qu'il a été appliqué avec le plus de rigueur pour une période prolongée, le pays parvient presque à éradiquer le virus de son immense territoire. Les pays qui ont peu utilisé ce moyen radical d'éviter les contaminations entre personnes, tels les États-Unis et le Brésil, voient l'épidémie s'éterniser et la mortalité par million d'habitants croître inexorablement. Bien entendu, le prix à payer à l'enrayement de la circulation épidémique est l'arrêt presque total de la vie économique. En France, la suite du confinement coïncide avec un relâchement généralisé des mesures de prudence, de distanciation physique et de gestes barrières comme on dit (lavage des mains, port du masque). Les citadins partent en vacances, notamment dans l'Ouest, le Sud-Ouest, le Grand Sud. Soulagés et euphoriques, ils goûtent la liberté de vivre retrouvée. Le virus circule peu, mais cette fois sur toute la France. Les jeunes commencent à se contaminer, transmettent le virus à leurs parents qui, avec leurs enfants, finissent par infecter les seniors. Cela concerne désormais tout le territoire. Les gradients infectieux du printemps n'existent plus. Le retour au travail, à l'école, à l'université complète le brassage, les froideurs et l'humidité automnale poussent les gens à l'intérieur, l'épidémie reprend. D'abord freinée par les mesures barrières, des dépistages systématiques et l'isolement des personnes infectées et des cas contacts, elle rebondit avec impétuosité à la fin du mois d'octobre. Les chiffres d'hospitalisation, d'entrée en réanimation et de morts repartent vivement à la hausse.

Cette reprise épidémique concerne cette fois tous les pays d'Europe, même ceux relativement épargnés lors du premier pic de l'hiver et du printemps 2020, où la circulation virale était maximale en Europe de l'Ouest avec façade maritime – Portugal excepté. La mortalité en Allemagne dépasse même, en décembre, celle observée en France. La planète entière est concernée par la nouvelle flambée de Covid-19, dans les deux hémisphères. Au 15 janvier 2021, alors que je corrige les épreuves de ce livre, on décompte 2 millions de décès dus à la Covid-19 dans le monde, et plus de 400 000 aux États-Unis, où la désastreuse politique sanitaire du président Donald Trump lui a sans doute coûté sa réélection. La barre des 70 000 vies perdues est dépassée en France – incapable, comme la plupart des autres pays, de conserver l'avantage acquis par le premier confinement. La stratégie du « *stop and go* », c'est-à-dire de la succession de couvre-feux, confinements et relâchements s'avère partout catastrophique. Mais, ces pays la considèrent comme incontournable du fait du coût économique, psychologique ou éducatif des arrêts totaux de l'activité. En fait, un bilan objectif démontre que seules les stratégies visant à l'éradication du virus, qu'il s'agisse de le chasser ou bien de l'empêcher de pénétrer dans le pays, puis intervenant massivement sur tout foyer de reprise épidémique, ont été payantes. Les exemples en sont la Chine, la Corée du Sud, Taïwan, le Japon, l'Australie, la Nouvelle-Zélande, et quelques autres. Après l'imposition prolongée de mesures contraignantes, les économies sont alors reparties, les écoles et universités rouvertes, etc.

Heureusement, les progrès dans les sciences biologiques et la mobilisation conjointe des petites sociétés de biotechnologie, des grandes firmes pharmaceutiques et des États aboutissent, dès décembre 2020, à la mise sur le marché de plusieurs classes de vaccins, dont certains sont très innovants. Moins d'un an après la découverte du nouvel agent infectieux : c'est stupéfiant si on considère les délais jusque-là nécessaires ! (C'était toutefois prévisible par qui est familier de la révolution biotechnologique.) La campagne mondiale de vaccination est… assez peu mondiale : elle concerne d'abord les pays riches, dont la France. Dans notre pays, une série d'erreurs d'appréciation psychologique et stratégique en compromet le démarrage, mais est corrigée sous l'effet d'un tir de barrage de critiques auquel je participe. L'objectif dans notre pays de vacciner 30 à 35 millions de personnes avant la fin du mois de septembre 2021 est tenable. Il permettrait d'aboutir à un niveau d'immunité collective, en incluant les personnes qui ont déjà contracté la Covid-19, de près de 70 % de la population, ce qui est en principe suffisant pour s'opposer à la circulation virale dans un pays qui a repris ses activités.

Malheureusement, la permanence presque partout d'un haut niveau de circulation virale et l'infidélité incontournable de l'enzyme qui recopie le génome des virus à ARN favorisent la sélection de nouvelles souches dotées d'une plus grande infectiosité, et peut-être, hélas, d'une résistance à l'immunité développée contre les anciennes souches. Pour l'avenir, le scénario d'un SARS-CoV-2 responsable de poussées endémiques de Covid-19 nécessitant des revaccinations annuelles actives contre les souches émergentes est plausible. Alors, cette pandémie aura bien changé le monde, et cela durablement.

Épidémie banale, désastre sociétal

L'épidémie Covid-19 n'est bien entendu pas négligeable, nous venons de le voir. Cependant cette pandémie n'a rien d'exceptionnel, il en survient au moins une ou deux de la sorte par siècle. Au XXe siècle, il faut citer la grippe espagnole de 1917-1919 (et même 1920), d'origine américaine. Elle a coûté 20 millions à 50 millions de morts. La grippe asiatique de 1957, 2 millions de morts. La grippe de Hong Kong de 1968 à 1970, 1 million de morts. Et, bien entendu, le sida, 40 millions de morts depuis l'identification de la maladie. SARS-CoV-2 se présente de ce fait comme l'un des agents infectieux qu'il est dans le destin des êtres vivants, des humains comme des autres, de voir déferler à intervalles irréguliers. Son originalité désastreuse n'est de la sorte pas biologique, mais résulte surtout de sa survenue sur le tissu particulier de nos sociétés de progrès en ce début de XXIe siècle.

Certes, la diffusion épidémique a été accélérée par la multiplication et la rapidité des voyages, mais ce n'est pas là l'essentiel. Dans le passé, les grandes pandémies (peste noire, choléra, typhus) se répandaient bien aussi au rythme des caravanes, des troupes en marche et des bateaux à voile, j'y reviendrai. Le point crucial qui fait de l'actuelle pandémie une première dans l'histoire de l'humanité découle de sa réception par le tissu social, de sa résonance avec la réceptivité psychologique des populations emplies de l'idée du progrès et de ses conséquences pour l'organisation économique du monde. Jamais dans l'histoire de l'humanité une circonstance quelconque, en particulier une maladie, n'avait bloqué chez eux en même temps la moitié des humains et stoppé leurs activités. Ce sont ces paramètres plus encore que l'épidémie en elle-même qui promettent d'avoir des conséquences durables, certaines dévastatrices, d'autres peut-être heureuses. Sinon, le décès de quelques millions de personnes, pour la plupart retirées de la vie active, n'aurait été qu'un épisode relativement banal de l'histoire au XXIe siècle d'une humanité qui a toujours eu à faire face dans le passé à des épisodes similaires. Les autres maladies infectieuses (pensons aux diarrhées) et périls sanitaires non infectieux n'ont pas été conjurés, les cancers tuent 10 millions de personnes chaque année dans le monde et ce chiffre est appelé à croître. Sinon, les maladies dégénératives, cardiovasculaires, celles liées au tabac, à l'alcool, à la pollution sont elles aussi bien plus meurtrières que la Covid-19. Cependant ce sont des risques familiers, de vieux compagnons en somme. De plus, les gens sont conscients de la masse de connaissances accumulées sur toutes ces maladies, de l'arsenal technologique et thérapeutique mobilisé pour les combattre. Rien de tel avec le nouveau virus : il est un intrus tonitruant face auquel le monde est apparu désarmé. Désarmé mais pas inactif, chacun est persuadé que tout doit être fait, quoi qu'il en coûte, pour sauver des vies. À l'heure des sciences et des techniques triomphantes, la mort est en effet devenue un insupportable échec. Le maximum doit être tenté pour l'éviter. Et, de fait, on s'en est donné les moyens. 5 % des cas avérés de Covid-19 de l'épidémie actuelle développent un syndrome de détresse respiratoire aigu. Les personnes qui en sont atteintes doivent souvent être assistées par un respirateur artificiel pendant plusieurs semaines ; la mortalité globale est élevée. Parfois, solution héroïque lorsque la fonction pulmonaire est pour un temps totalement perdue, les patients sont placés plusieurs jours sous cœur-poumon artificiel. C'est la première fois dans l'histoire que plus de 100 000 personnes se sont trouvées en même temps dans le monde soumises à une réanimation si lourde, avec les inéluctables carences planétaires de matériel et de produits que cela a entraîné.

Face à la pandémie d'un agent contre lequel n'existaient au départ ni immunité, ni vaccin, ni traitement, le confinement, sélectif ou général, est la seule arme capable de limiter la progression du nombre de malades atteints et le dépassement des capacités de réanimation. Sinon, le prix à payer aurait été de l'ordre de 200 000 morts en France – supérieur à la mortalité annuelle du cancer –, 13 millions à 25 millions dans le monde. Les actifs auraient été pour l'essentiel épargnés, au prix néanmoins de lourdes séquelles chez certains. Si de tels bilans étaient jusqu'au dernier tiers du XXe siècle jugés parfaitement supportables, ils ne le sont plus. Sinon le confinement général, au moins la priorité sanitaire a été imposée par les opinions publiques qui n'étaient certes pas disposées à accepter le sacrifice de centaines de milliers de vies. L'effondrement économique qui s'ensuit est historique en temps de paix. Et contrairement aux situations d'après-guerre, il n'y a rien à reconstruire puisque rien n'a été détruit. Une vingtaine de millions de travailleurs sont déjà sans emploi aux États-Unis, sans doute plus de 100 millions dans le monde. Un accroissement considérable du nombre d'Africains poussés à l'exil par la misère est à craindre, avec les drames individuels associés et l'aggravation de la malnutrition. Ailleurs dans le monde, les conséquences de l'angoisse et des frustrations seront inévitables. Pourtant cette description réaliste ne débouche pas sur la déploration du choix maléfique d'avoir privilégié la santé à l'urgence économique : les gouvernants du monde n'avaient pas le choix. De plus, ceux qui se sont essayés à laisser courir l'épidémie pour préserver l'économie (la Suède, les États-Unis, le Brésil) ont des résultats sanitaires catastrophiques et n'en ont tiré aucun bénéfice économique. À l'inverse, la Chine, reine incontestée du confinement impitoyable que son régime dictatorial a eu toutes les facilités à faire respecter, est le premier grand pays massivement affecté à avoir presque éradiqué le virus au dernier trimestre 2020, permettant à sa machine économique de redémarrer et de recommencer dès l'été 2020 à inonder le monde de ses produits.

Les conséquences positives du cataclysme socio-sanitaire que nous vivons sont rares, et pourtant possibles. La santé est pour chacun le bien suprême, on se la souhaite bonne au jour de l'An, au-dessus de tous les autres vœux. Cepedant les logiques financières de la conduite des nations ont amené à en dénoncer plutôt le coût, à la présenter comme un fardeau, alors qu'il s'agit d'une création brute de richesses et d'un indispensable investissement d'avenir. Les peuples seront durablement sévères avec les gouvernements qui, prétendument au nom de la prospérité générale, ont conduit leurs pays au désastre sanitaire et à la ruine sociale. Durant la pandémie, mieux valait vivre en Corée du Sud ou à Taïwan qu'aux États-Unis ou dans les grands pays d'Europe. La primauté à la santé conduit à considérer comme stratégiques les biens qui permettent de la défendre. Et par conséquent les matériels et produits de soins et de réanimation, les molécules de base des médicaments indispensables. Cela conduira pour un moment à ne plus accepter que la recherche d'un coût de revient le plus bas possible rende les nations d'Europe et d'ailleurs totalement dépendants de la situation dans les grands pays d'Asie. Autre retombée favorable d'un autre type : l'absurdité flottante que sont les gigantesques bateaux de croisière embarquant 7 000 passagers et membres d'équipage représentera durablement un modèle économique sans avenir.

À côté de cela, outre les extrêmes incertitudes économiques et sociales, la poursuite accélérée d'un déplacement vers l'est du centre névralgique du monde, que de reculs probables à craindre ! Les grands paquebots ne sont pas les seuls modèles qui ont du souci à se faire, tous les transports en commun et habitats concentrés aussi. Et cela au bénéfice de la maison et des véhicules individuels qui ne seront pas limités aux bicyclettes. Surtout avec un prix du pétrole à un plancher record pour les prochains mois. Recyclage et contenants réutilisables sembleront peu sûrs au regard de nouveaux critères de sécurité privilégiant l'usage unique, à rebours de la tendance antérieure bienvenue à l'éviction des plastiques des circuits de distribution. Distanciation sociale et géographique seront autant d'obstacles à la mise en œuvre d'une société plus solidaire et écologique. Et qui sera le coupable ? Le virus ? Oui, mais pas lui seulement, plutôt comme révélateur d'un état du monde. Un monde de l'illusion en important décalage avec sa réalité. Où ses promesses se sont imposées bien avant que de pouvoir se réaliser. Les promesses d'un progrès tout-puissant auquel rien n'est appelé à résister, pas même la mort. Alors toute la machinerie inouïe du progrès est mobilisée afin de protéger et d'éviter de mourir. On peut le comprendre. L'issue peut en être le décès quand même, plus la ruine. Non pas conséquence de la mort mais plutôt de ce qui est apparu indispensable pour s'en préserver. Cette situation évoque selon moi le paradoxe de la faiblesse que peut engendrer la puissance. Ce que l'on pourrait désigner comme les fragilités de la force.

La bataille d'Azincourt m'en offre un point de départ arbitraire, le 25 octobre 1415. L'ost du roi fou Charles VI veut barrer la route avec ses 10 000 à 15 000 hommes à l'armée d'Henri V, forte de seulement 8 000 hommes, qui cherche à rembarquer à Calais pour regagner l'Angleterre. Les Français ont une cavalerie lourde nombreuse, bien équipée, le déséquilibre des forces en leur faveur est flagrant. Le désastre français est pourtant total, 6 000 morts contre 600 en face, 2 200 prisonniers. Il faudra attendre Jeanne la Pucelle pour relever la tête. La victoire anglaise est fille de la certitude de victoire dans le camp adverse, de la légèreté d'un équipement inférieur, nous avons tous appris cela. L'arc se bande plus vite que l'arbalète ne se retend, le chevalier en armure est, à terre, une proie sans défense. La guérilla peut par certains aspects être comparée au schéma d'Azincourt en ce qu'elle est théorisation de l'utilisation optimale de la faiblesse et du déséquilibre des forces, l'utilisation de la supériorité de l'adversaire à son détriment. Elle sonnera en Espagne la fin de la toute-puissance de l'armée impériale de Napoléon, l'incroyable machine de guerre allemande n'en viendra jamais à bout en ex-Yougoslavie, les Français quitteront l'Algérie, les Américains le Vietnam. Puis l'Irak et l'Afghanistan. Plus augmentait le déséquilibre des forces, plus la résistance de l'ennemi devenait coûteuse et la possible défaite cruelle. En effet, les moyens investis pour venir à bout d'une « infiltration ou d'une position ennemies » s'accroissaient, en totale disproportion avec ceux nécessaires pour les perpétuer ou les tenir, et même en renforcer l'efficacité. Bien entendu, cette disproportion augmente monstrueusement avec le terrorisme. Tant que la force peut être accrue au point de venir finalement à bout du faible, la victoire n'est que de plus en plus onéreuse mais demeure une victoire à la portée des plus riches. En revanche, lorsque le faible résiste, le fort peut s'y épuiser, s'y ruiner et risquer de sombrer. À moins de rompre à temps. Affaibli mais vivant.

Ces considérations historiques et stratégiques me ramènent à la lutte épique contre les épidémies, fléaux inéluctables de l'humanité. Lorsque l'humanité était faible, ignorante, impuissante, les plus graves de ces épidémies pouvaient la mettre à genoux, telle la peste noire qui fit entre 1347 et 1352 de 75 millions à 200 millions de morts, 25 millions en Europe, de 30 à 50 % de la population. Heureusement, les progrès de la médecine, les quarantaines et les désinfections, la découverte des germes, les vaccinations et les antibiotiques, les possibilités de la réanimation des malades en état critique devaient illustrer les bienfaits du progrès fondé sur la science. Le fort de plus en plus fort triomphait. Au XXe siècle, au moins dans les pays les moins pauvres, seules les épidémies virales rappelaient vraiment les situations d'antan, je l'ai déjà évoqué plus haut. Le fort faisait le dos rond, il encaissait les coups, cruels sur le plan humain, mais n'y engageait pas toutes ses forces vives en même temps. Et comme il était déjà vraiment très fort, il finissait par l'emporter, contre le VIH du sida, le virus de l'hépatite C, le virus Ebola. Et ce contre quoi il demeurait impuissant finissait par refluer, telles les épidémies de grippe de 1918, 1957, 1968, 2009. L'étendue des connaissances est impressionnante, la vie humaine, celle des siens en tout cas, est devenue une valeur suprême. Même si elle est loin d'être universelle, c'est là une évolution qu'un humaniste ne peut déplorer. Elle recèle pourtant un piège peut-être inévitable, pour les armées modernes prêtes à tout pour éviter la perte de leurs soldats comme pour les médecins et les sociétés disposés aux plus grands sacrifices pour sauver les leurs et surtout ne rien céder à l'ennemi sournois qu'est le virus émergent. Si, il y a cinquante ans encore, on admettait le sacrifice de la « part du feu », ce dernier est aujourd'hui scandaleux. L'homme du XXIe siècle n'est plus prêt à consentir de telles pertes.

Alors, *no pasaran*, mobilisation générale, c'est beau. Mais s'il passe, ce frêle parasite des chauves-souris, lui ou la cohorte de ses successeurs, alors ce peut être le désastre. Le talon d'Achille du fort est la démesure que la conscience de la force insuffle lorsqu'elle côtoie le sentiment de l'invulnérabilité, de la toute-puissance. L'énergie et la combativité ainsi démultipliées sont justifiées pour préserver la valeur humaine ; elles sont toujours coûteuses même dans la victoire et potentiellement mortelles lorsque cette dernière se refuse. Décidément, à la faiblesse biologique de la vie – vie humaine comme des autres formes de vies –, il convient d'ajouter la faiblesse induite par la puissance humaine et l'ivresse qu'elle produit. Il peut être, en définitive, plus aisé de combattre la première que la seconde.

Mondialisation épidémique, démondialisation sociale et politique

Le monde est plein de paradoxes. La pandémie de Covid-19 démontre l'inanité des frontières face à un pareil envahisseur. Il en fut ainsi de tout temps, je l'ai dit ; les agents du choléra, de la peste noire, de la variole, de la grippe dite espagnole (asiatique en fait) n'ont pas attendu la mondialisation économique de l'après-guerre pour se répandre. D'un autre côté, la pandémie actuelle pourrait en effet sonner le glas, cette fois définitif, du concept de « mondialisation heureuse » lancé en 1999 par Alain Minc. Le village économique mondial dont l'auteur chantait les vertus il y a vingt ans a en réalité commencé de se défaire bien avant la crise sanitaire. Deux coups de boutoir ont en particulier contribué à l'ébranler: la débâcle boursière des *subprimes* en 2008 et la montée inexorable des nationalismes. C'est que, pour les gens, les choses ne sont pas apparues si heureuses que cela, le concept a déçu. Certes, le développement économique associé à la mondialisation a été vigoureux, plus d'un milliard d'habitants du globe ont accédé à un statut proche de celui des classes moyennes, en Chine, Inde, autres pays d'Asie, Amérique latine, et même en Afrique. Cependant, dans le même temps, les inégalités entre les plus pauvres et les plus riches au sein des pays ont beaucoup augmenté, l'Europe a eu l'impression de vivre un déclassement relatif, des populations entières ont «fait sécession» avec les élites dirigeantes mondialisées. L'Europe a commencé de se déconstruire, les États-Unis se sont repliés sur eux-mêmes derrière le slogan trumpiste «*America first*». Le bloc soviétique avait explosé depuis longtemps en laissant la place à des états aux compréhensibles penchants nationalistes après des siècles de domination des impérialismes austro-hongrois, russe, allemand puis soviétique. Le défi du flux migratoire venu d'Afrique et du Moyen-Orient a exacerbé les tendances au repli. La Grande-Bretagne a repris son indépendance vis-à-vis de l'Union européenne. Bref, la mondialisation heureuse a du plomb dans l'aile depuis plus de dix ans.

La pandémie de Covid-19 est un nouvel ébranlement, majeur. Elle est par définition mondiale mais induit des réactions nationales. Comment voulez-vous que la Chine, au cœur de l'épidémie et à son origine, ait fourni au printemps 2020 les autres pays du monde en les molécules, réactifs et matériels qui leur auraient été nécessaires ? Quel Allemand aurait compris que le pays se soit à ce moment départi au profit de la France et de l'Italie des masques de protection et des respirateurs dont il disposait mais pouvait avoir lui-même grand besoin ? C'est la notion même de la division des tâches et de l'optimisation mondiale de la rentabilité des investissements qui est battue en brèche. Tout devient stratégique qui apparaissait ne pas l'être : la synthèse des molécules actives des médicaments essentiels, les dispositifs médicaux et jusqu'aux masques en papier ou matière synthétique. Cela a coûté au total bien plus cher de les fabriquer en Europe, voire en France. Pourtant il a bien fallu, avant que la Chine ne réinonde le monde de ses productions.

Une autre illusion victime de la pandémie est quant à elle au cœur des fondements du libéralisme : celle selon laquelle, pour l'essentiel, la prospérité économique et la démocratie libérale née en Europe constituent une garantie suffisante de la prise en compte du bien commun. Dans la pandémie actuelle, Europe et États-Unis témoignent de performances très inférieures à celles des « démocratures » du Sud-Est asiatique et de la dictature chinoise. Le niveau de leur équipement et l'efficacité des moyens de coercition qu'elles peuvent mettre en œuvre – qu'elles ont mis en œuvre – leur ont permis de traverser l'épreuve beaucoup mieux que l'Europe et l'Amérique. De ce fait, leur bilan humain, sans doute sous-estimé, est de toute façon moins lourd que celui des pays d'Europe et d'Amérique. Leur économie est repartie bien avant celle de l'Occident. Sur le plan purement sanitaire, la comparaison avec les États-Unis qui restent, en janvier 2021, à la veille de l'investiture du nouveau président Joseph Biden, encalminés dans les vagues successives d'infections, est cruelle. Le vent vient de l'est, c'est désormais assuré, il est de plus en plus impétueux et ne véhicule pas seulement des virus. Démondialisation et rééquilibrage accélérés du monde sont deux conséquences de la pandémie. Évoquer ces évolutions géostratégiques et économiques dans cet ouvrage qui pose la question du bien et de la voie bonne m'apparaît indispensable. J'ai noté, il y a quelques années, l'inanité d'une interrogation éthique qui serait totalement déconnectée des systèmes sociaux, politiques et économiques. Je n'ai pas masqué plus haut ma préférence pour la démocratie. Je me range à son propos derrière Sir Winston qui la jugeait le pire des systèmes à l'exclusion de tous les autres. Or la bourrasque de la Covid-19 et son traitement national servent à la Chine d'argument d'une efficacité potentielle redoutable en faveur d'un modèle sans nul doute dictatorial, avatar technologique moderne du Big Brother de George Orwell. Ce n'est pas là vraiment la voie bonne à laquelle j'aspire, ce n'est que la réalité du monde.

Éthique en temps de crise

Jamais les situations critiques ne dispensent de la pensée éthique – la recherche de la voie bonne guidée par le bien ou l'évitement du mal –, jamais elles n'affranchissent quiconque d'y recourir pour décider de ses actions et réactions. C'est même l'inverse, elles la rendent plus essentielle encore. À quoi servirait l'éthique dans un monde où tous les humains seraient compatissants, serviables et bons, où l'abondance et la sécurité dispenseraient d'avoir à arbitrer jamais? J'ai coutume de rappeler que la réflexion éthique ne peut se complaire seulement dans le monde tel que l'on aimerait qu'il fût, au risque d'être insignifiante. Elle doit, pour acquérir de la consistance, affronter le monde tel qu'il est: parfois généreux et inspiré, souvent injuste, violent, cupide, égoïste. Le cas échéant en guerre, confronté à des catastrophes, à des pandémies. Sans pauvres, sans lépreux et sans « malades de la peste », l'injonction éthique est sans objet. Au total, chercher la voie bonne est plus que jamais indispensable à l'occasion de cette crise coronavirale. Crise exceptionnelle, non pas tant, nous l'avons vu, du fait de son intensité épidémique – le monde a dans le passé connu bien pire –, mais des réactions individuelles et collectives, marqueurs puissants des bouleversements sociaux et psychologiques des sociétés. La camarde était jusqu'à il y a peu une compagne familière. On mourrait à la guerre, de tuberculose, des épidémies, en couches, en bas âge, chez soi entouré des siens. Ces fins diverses de la vie en étaient partie intégrante. Mourir ainsi est apparu peu à peu scandaleux, inacceptable à l'heure des sciences et des techniques triomphantes. Comment pourraient-elles se résigner à cet échec majeur qu'est devenue la mort? On s'est mis à promettre l'immortalité, les illusions transhumanistes sont devenues une pensée standard. Combattre, puisqu'il le faut bien, mais sans risquer la vie des soldats. Des siens, au moins. Puisque certains se risquent à comparer l'épidémie à une guerre, il y faut là aussi préserver à tout prix les troupes, même au détriment de tout le reste. Alors, pour la première fois dans l'histoire de l'humanité, le monde entier s'est confiné. L'éthique consiste en la réflexion et en l'action pour la vie bonne, c'est-à-dire celle qui se révèle finalement la plus propice aux personnes dans leur environnement, indissolublement liées. Sa légitimité croît lorsque l'atteinte de cet objectif apparaît difficile. Alors, quelles pistes éthiques méritent d'être explorées dans la crise qui a débuté en 2020 ?

La préservation maximale des existences et des vies justifie sans conteste les mesures, même contraignantes, de confinement, de distanciation sociale, de traçage anonymisé pour établir les chaînes de contaminations. Ces entorses aux libertés individuelles s'intègrent en réalité à la lettre de l'article 4 de la Déclaration des droits de l'Homme et du citoyen de 1789 : « La liberté consiste à pourvoir faire tout ce qui ne nuit pas à autrui. » Appliqué au domaine infectieux, cela signifie que personne n'est libre dans son insouciance de contaminer des citoyens qui ont le droit de préférer se protéger et ne pas mourir. Ces exceptions au principe général de la liberté sont très anciennes dans le champ sanitaire, bien antérieures même aux démocraties modernes comme en témoignent les pratiques de quarantaines, d'isolement dans des lazarets, d'éloignement des pestiférés, de fermetures par la troupe de villes entières – Oran dans *La Peste* de Camus, Marseille où sévit la peste en 1720, etc. Exception caractérisée au principe essentiel du secret professionnel, élément clé de la déontologie médicale, les maladies à déclaration obligatoire sont instituées pour la première fois par la loi du 30 novembre 1892. Toutes ces dispositions dérogatoires bien banales en termes de santé publique ont pour objectif de limiter le basculement dans la situation la plus dénuée de liberté de toutes, la mort, des personnes concernées et de toutes les autres. Pour autant, leur limitation stricte à la période où elles se justifient doit être bien entendu garantie. Les contraintes de l'urgence sanitaire ne doivent jamais déboucher sur une dictature sanitaire. Cela n'a été le cas nulle part, sauf dans les pays qui étaient des dictatures avant la pandémie. Les campagnes d'opinion qui, dans le monde entier, ont protesté contre les dispositions de santé publique imposées par l'extension de la Covid-19 s'intègrent à la société de la défiance dont je parlerai plus bas.

Certes, la Covid-19 est une affection parfois redoutable. Cependant le chômage, la misère, la faim ne le sont pas moins, et conduisent eux aussi trop souvent à la mort. L'identification, par conséquent, du chemin difficile entre les impératifs épidémiologiques et les exigences socio-économiques est un défi dont une réflexion éthique conséquente et robuste ne peut se dispenser. En ce domaine, toute imprévoyance coupable – c'est-à-dire qu'il eût été possible d'éviter –, prenant en compte l'imperfection des données et propositions scientifiques et expertes évolutives, mérite d'être contestée sur les plans éthique et politique ; elles l'ont été et le sont en France comme dans le monde entier. Et partout la dimension politique, le désir de revanche et le sens de l'opportunité embrouillent le jugement moral. Ce dernier s'applique cependant à des situations simples de mensonges, de dissimulation, d'actions infondées en fonction des quelques données robustes disponibles – elles ont été nombreuses et leurs conséquences ont été lourdes. De grands pays tels les États-Unis, le Brésil, et un plus modeste, la Suède, ont cru qu'ils pourraient préserver mieux l'économie en lui sacrifiant les vies fragiles. Ils ne l'ont pas préservée et le bilan des morts est pire qu'ailleurs. Pour le reste, la justice lorsqu'elle a été saisie, le verdict des électeurs et l'histoire trancheront.

Il existe une éthique et une déontologie de la recherche scientifique et clinique en toutes circonstances, en période d'urgence épidémique aussi. La mobilisation maximale des ressources de la recherche internationale pour développer des traitements préventifs et curatifs est un évident impératif humaniste. Partager ses fruits par les meilleurs moyens sans distinction de sexe, de genre, d'ethnie et de niveau de richesse en est un autre intégré aujourd'hui aux textes internationaux. L'accès à la meilleure santé à laquelle il soit possible de prétendre est un droit de l'humain. En matière de recherche clinique, hors des situations d'urgence absolue, rien ne saurait justifier l'abandon de la base essentielle des progrès de la médecine dans les dernières décennies du XXe siècle, la « médecine fondée sur les preuves». Les essais cliniques s'en inspirent. Lorsqu'une incertitude existe entre l'efficacité et l'innocuité d'un traitement innovant comparé à un traitement ancien ou à l'abstention, il est à l'évidence moral de se donner les moyens de la lever le plus vite possible. L'approche emblématique en est celle des essais contrôlés «en double aveugle». C'est en effet là l'outil indispensable du progrès thérapeutique en tout domaine, en particulier dans celui du cancer auquel je me consacre aujourd'hui. Auparavant, la conviction des médecins restait influencée par leur subjectivité, les aléas statistiques pris pour des évidences, la pression de leurs souhaits sur un savoir un peu «au doigt mouillé». L'essai contrôlé ne s'applique bien entendu pas en situation d'extrême urgence où l'abstention équivaudrait à la mort immédiate, ni à l'évolution inéluctable d'une maladie fatale sans traitement connu. L'utilisation dans ce dernier cas de médicaments d'efficacité, voire de sécurité, incertaines est dite «compassionnelle». Dans tous les autres cas, il importe de savoir avec la certitude maximale quelle approche est la meilleure pour les personnes malades. C'est là le seul moyen de faire bénéficier toutes celles qui suivront du meilleur traitement connu. On procède de la sorte: les personnes sont tirées au sort entre plusieurs «bras» thérapeutiques, comportant soit une substance neutre (placebo), soit un protocole ancien, soit les médicaments qu'il faut tester. Pour éviter l'effet psychologique, placebo, les sujets enrôlés – qui doivent avoir consenti au test – ignorent dans quel bras ils se trouvent. L'ignorent aussi – «en double aveugle» – les médecins chargés d'apprécier l'effet du traitement, ce qui met en principe leurs observations à l'abri de tout biais de subjectivité. Lorsque l'essai a intégré un nombre suffisant de patients, il est dépouillé en vérifiant l'homogénéité des cohortes des différents bras et en mesurant le niveau de signification statistique des résultats. Des données robustes sont dès lors disponibles et les traitements testés peuvent être prescrits en confiance par les médecins du monde entier. Sans cela, les bienfaits espérés d'une possible innovation ne seraient pas rapidement accessibles à tous. La conviction du résultat à attendre de la part d'un opérateur médecin ne saurait en aucun cas le dispenser de procéder à des essais contrôlés. Ce serait sinon affirmer par argument d'autorité la supériorité certaine de son point de vue sur tous les autres. Et, surtout, aboutir à la contestation générale des propositions et résultats proposés. C'est-à-dire, s'ils sont en effet un espoir, à ce qu'ils ne soient pas accessibles à tous dans tous les pays. Une incroyable polémique sur la valeur des essais contrôlés et la décision d'un médecin français de n'y pas soumettre ses convictions a provoqué un immense désordre international aux conséquences des plus dommageables.

Le Pr Didier Raoult dirige à Marseille l'un des sept instituts hospitalo-universitaires de France, établissements d'excellence, l'IHU de la Méditerranée. Il a été comme moi président d'université, l'université de la Méditerranée (Marseille-II). Il est un infectiologue de haute réputation dont je suis la carrière depuis 1984. Je présidais à l'époque la commission scientifique spécialisée numéro 1 de l'Inserm dont dépendaient son équipe et lui-même. Le Pr Raoult avait dans le passé utilisé avec un succès variable la chloroquine (CQ) ou l'hydroxy-chloroquine (HCQ) dans diverses maladies infectieuses, il en était par conséquent familier. Ces deux produits diminuent la production virale de SARS-CoV-2 en culture de cellules « vero », dérivées du singe vert et des collègues chinois avaient évoqué son efficacité sur un petit groupe de personnes infectées ; ils démentiront plus tard ces résultats préliminaires. L'intuition de Didier Raoult que CQ et HCQ pourraient être efficaces contre le virus SARS-CoV-2 se comprend aisément et est légitime. De même, la Covid-19 se manifestant en particulier par une pneumopathie virale, on admet qu'il ait imaginé associer à l'HCQ l'antibiotique azithromycine (AZI). Cependant, ce n'était là qu'une intuition. Actifs en cultures de cellules de singes sur les virus SARS-CoV-1, H1N1, de la dengue et du chikungunya, HCQ et CQ se sont révélées totalement inefficaces chez les malades. Quant à la Covid-19, ses évolutions défavorables ne sont pas majoritairement liées à une surinfection bactérienne, si bien que l'usage systématique d'un antibiotique ne va pas de soi. Il revenait par conséquent au Pr Raoult de vérifier son intuition en soumettant le traitement suggéré à un essai clinique contrôlé : c'est toujours au promoteur d'un traitement nouveau ou utilisé dans une nouvelle indication de le mener, le puissant institut hospitalo-universitaire de la Méditerranée en avait le devoir et les moyens. Ne pas l'avoir fait est une faute. Elle repose sans doute sur la confiance d'airain de

Didier Raoult en la véracité de son intuition, un sentiment dont on comprend les mécanismes psychologiques, mais un comportement qu'il est impossible d'admettre au temps de la médecine basée sur les preuves. À l'arrivée, le traitement proposé n'apparaît pas efficace. C'est dommage, je l'avais espéré utile et avais fait état de cet espoir dans les médias. Cependant, j'ai vite compris que cette piste n'était hélas pas bonne. Les données de l'IHU de la Méditerranée elles-mêmes le suggéraient. La mortalité globale de l'infection à l'IHU varie, selon les chiffres rapportés, de 0,5 % (chiffres d'avril) à 0,9 % (chiffres du 17 mai). Il s'agit bien de la mortalité de l'infection, pas de la Covid-19 symptomatique : l'IHU a pratiqué plus de 93 000 tests diagnostiques PCR, systématiques, et a traité plus de 3 000 personnes positives, avec ou sans symptômes. Or, nous l'avons vu, la mortalité moyenne de l'infection est, dans le monde, de 0,67 %. De plus, il est apparu que la mortalité globale par Covid-19 dans le département des Bouches-du-Rhône où le protocole du Pr Raoult était le plus utilisé (950 morts par million d'habitants en janvier 2021) est l'une des plus élevées de France, hors l'Île-de-France et le Grand Est. Lors de la seconde vague, Marseille et son département ont de nouveau été intensément touchés. Le Brésil et les États-Unis sont les deux pays dont les présidents ont le plus recommandé d'appliquer les conseils de Didier Raoult : pas de confinement, traitement précoce par l'HCQ; Donald Trump et Jair Bolsonaro ont tous deux donné l'exemple et ont pris cette molécule. Alors que l'épidémie a commencé en Amérique plusieurs semaines après l'Europe, laissant en principe du temps pour s'y préparer, la mortalité liée à la Covid-19 dans ces deux pays est parmi la plus élevée du monde et continue de s'aggraver au début de 2021. Dans un deuxième temps, les études contrôlées en double aveugle qu'il eût été du devoir de l'IHU de la Méditerranée de mener ont été réalisées sur une grande échelle dans le monde entier. Leurs résultats sont sans appel : que ce soit en prévention, en traitement précoce ou dans des formes graves, l'HCQ est sans efficacité sur l'évolution de la Covid-19. En outre, l'ajout de l'AZI augmente significativement les risques de décès. Au total, personne ne peut reprocher au Pr Raoult d'avoir eu l'intuition d'un traitement qui n'était pas absurde. De n'avoir pas soumis son intuition au test d'un essai clinique, évidemment si. Les conséquences en ont été terribles.

En France et dans le monde, la liberté de prescription des médecins en a amené beaucoup à suivre les conseils de Didier Raoult. Rien à dire, le retard à la mise à disposition de données robustes reposant sur des essais contrôlés contre placebo menés en double en aveugle, puis la polémique dantesque sur l'efficacité de l'HCQ, ne leur a pas permis d'avoir une référence indiscutable, illustrant les déplorables conséquences du manque d'essai initial. Cette absence ne pouvait bien entendu pas se justifier par l'urgence d'un « traitement compassionnel » : l'infection tue moins de 1 % des personnes ! Enfin, Didier Raoult a plaidé le caractère non éthique de laisser à un coup du sort le traitement prescrit à des personnes malades. L'argument n'est pas recevable ; en revanche soumettre des personnes infectées à un protocole thérapeutique qui peut révéler une certaine toxicité et dont l'efficacité n'a pas été testée est moralement condamnable. L'extraordinaire publicité faite dans le monde entier au protocole du Pr Raoult, son soutien par les présidents de deux des plus grandes nations du monde, a incité des centaines de millions de personnes à lui accorder une confiance presque aveugle, les dissuadant d'utiliser avec soin les gestes barrières. Les essais cliniques ont été difficiles à monter car beaucoup de patients ne voulaient être traités par rien d'autre que de l'HCQ. Didier Raoult lui-même et des médecins de ses partisans ont accusé leurs collègues « d'avoir laissé périr des dizaines de milliers de personnes » en ne prescrivant pas de l'HCQ. Enfin, j'y reviendrai, le phénomène Raoult a engendré un incroyable mouvement d'opinion idéologiquement et politiquement typé.

L'exercice de la médecine implique toujours la question de la légitimité des soins, de leur priorité. À partir de quel niveau de gravité du pronostic des soins intensifs deviennent-ils de l'acharnement thérapeutique ? Mon expérience professionnelle de réanimateur m'a souvent amené à arbitrer des questions de cet ordre : « L'intubation et le placement de cette personne en ventilation assistée lui donneront-ils des chances de survivre, consciente ? » Lorsqu'un médecin isolé se trouve face à plusieurs patients dans un état clinique sévère, auxquels doit-il donner la priorité ? Interne de garde dans ma jeunesse, il m'est arrivé de recevoir en même temps aux urgences une jeune femme en état de choc chez laquelle je soupçonnais une rupture de grossesse extra-utérine et un homme âgé, insuffisant cardiaque en phase avancée présentant des signes d'œdème aigu du poumon. Certes, ce sont là deux situations où il faut agir vite, je me suis toujours efforcé de le faire. Avec cependant la priorité à la femme jeune, je l'avoue. En période de catastrophe, de guerre, au plus haut du pic épidémique en avril 2020, ces dilemmes se multiplient. La Covid-19 est dans 15 % des cas avérés une maladie grave, gravissime dans 5 % des cas. La réponse adaptée est alors une réanimation héroïque dont le taux de mortalité était, au printemps 2020, voisin de 50 %. Les réanimateurs ont appris de cette expérience. Ils connaissent mieux les mécanismes des évolutions défavorables et la mortalité en soins intensifs a été réduite de près de moitié. Entreprendre une telle réanimation « héroïque » (ventilation assistée en coma artificiel pour plusieurs semaines) chez des sujets très affaiblis par des maladies autres ou le grand âge ne leur laisserait souvent aucune chance de survie et serait alors une absurdité. Il y a longtemps qu'un consensus existe sur le caractère non éthique de l'acharnement déraisonnable. Dans ces conditions, administrer des sédatifs à une personne en proie, malgré l'oxygénothérapie, aux affres de l'asphyxie est pure humanité. Ce n'est pas pratiquer une euthanasie déguisée des sujets fragiles, comme, de bien entendu, la polémique l'a laissé entendre.

Fragilité, protection et accompagnement à l'heure de la Covid-19

Nous sommes tous fragiles car la vie l'est, la vie humaine comme les autres. Certains, cependant, le sont beaucoup plus que leurs semblables, pour une grande diversité de raisons. La pauvreté, la discrimination sociale quelle qu'en soit la cause (aspect, religion, genre, etc.), le niveau d'éducation et la familiarité avec la langue et les codes culturels de la société dans laquelle ils vivent fragilisent les personnes. Cette fragilité est très souvent d'origine physique et liée à un handicap constitutionnel ou acquis, à des maladies et à l'âge. Elle se manifeste avec acuité à l'occasion de la pandémie de Covid-19. Chaque personne est susceptible d'être contaminée par le virus SARS-CoV-2 et de contracter la maladie. Dans le monde entier, nous l'avons vu déjà, cela a conduit de nombreux pays à freiner durant un temps la propagation de l'épidémie en décrétant un confinement généralisé. Cependant, les données cliniques de l'épidémie ont rapidement démontré que certaines personnes étaient plus fragiles, manifestaient avec une fréquence élevée des formes cliniques sévères de la Covid-19 grevées d'une mortalité accrue. Ce sont les seniors, les personnes en excès pondéral, diabétiques, souffrant d'insuffisance respiratoire et cardiaque, d'une hypertension artérielle, traitées pour des cancers ou d'autres affections de longue durée. 18 millions de citoyens français apprenaient fin avril de rumeurs gouvernementales et de la bouche du président du Conseil scientifique dédié à la Covid-19 et nommé par Emmanuel Macron que, en raison de leur fragilité, le déconfinement était, en ce qui les concernait, remis à plus tard. Jusqu'à la fin de l'année, avançait la présidente de la Commission européenne. Au mieux courant 2021, proposait même une officine de santé publique. Les arguments mis en avant reposaient certes sur les risques encourus par ces personnes mais tel n'était pas l'objectif principal. C'est surtout la protection des services hospitaliers, en particulier leurs unités de soins intensifs, que l'on disait justifier la discrimination envisagée envers les personnes fragiles.

Bien entendu, ces préoccupations étaient légitimes. Cependant elles débouchaient sur des projets gouvernementaux inacceptables à plusieurs titres. Le premier est constitutionnel : un principe de discrimination en raison de la fragilité est contraire aux principes et à la lettre du texte le plus important de la République, la Constitution de 1958 et ses fondements rappelés dans son préambule et son article premier. Ces textes sont presque inchangés depuis la constitution de la Ire République en 1793, et même la Déclaration des droits de l'homme et du citoyen de 1789. Nul doute qu'une mesure menaçant les personnes âgées et fragiles, et elles seulement, d'amendes et de poursuites en cas de déambulation intempestive n'aurait pas résisté à l'avis du Conseil d'État ou du Conseil constitutionnel s'ils avaient été saisis. De plus, la limite de la fragilité justifiant le maintien discriminatoire du confinement était bien incertaine. Les femmes enceintes sont exposées, tous les hommes aussi. Ils forment 73 % des personnes sous ventilation assistée. Alors, confinées, les futures mamans, confinés, tous les messieurs de sept à soixante-dix-sept ans, et au-delà? Ingérable!

L'opposition au projet de déconfinement discriminatoire s'enracinait aussi dans les principes mêmes de l'humanisme, en particulier de l'humanisme sociétal. Le processus par lequel un groupe d'individus vivant à proximité les uns des autres fait société est le souci individuel de l'autre, plus le souci collectif de chacun. En particulier l'attention aux plus fragiles qui le requièrent le plus, la valorisation du concept d'accompagnement. Une société débute par l'attention à ceux dont la qualité et l'importance ne sont en rien entamées par leur fragilité; qu'il importe pourtant d'accompagner comme des égaux, j'y ai consacré un chapitre de ce livre. Il s'agit d'éviter que la «dignité intrinsèque» des personnes fragiles ne puisse sombrer dans une logique de la force et de la santé. Les membres d'une communauté font société quand ils deviennent compagnons. Le maintien prolongé d'un confinement administratif pour les personnes fragiles serait peu compatible avec ces principes qui entendent que le souci de la fragilité débouche sur la nécessité de conseiller, d'accompagner, de protéger, certes pas de discriminer. Pour une personne âgée atteinte d'une maladie grave, la perte d'un printemps et d'un été, d'une saison des jonquilles, du muguet, du temps des cerises, de l'ardeur du soleil atténuée par l'ombre des frondaisons est bien plus irréparable que pour un adulte plus jeune. Ce peut-être – cela a été un moment dans l'esprit de gens concernés – la perte du goût de vivre. En réalité, dans les arguments avancés pour justifier le funeste projet de confinement prolongé pour « les vieux et les autres personnes fragiles » transparaissait l'intention, exposée crûment parfois. Non pas les protéger mais s'en protéger, préserver de la sorte le système hospitalier. Derrière un bon sens assez primaire, c'était là un discours assez osé. En effet, la surcharge maximale du système hospitalier était due à l'afflux de personnes confinées que l'on n'a pas su protéger, les pensionnaires des Ehpad. Entre celles décédées dans les établissements et à l'hôpital, elles représentent la moitié des morts décomptés à ce jour. Leur fragilité était connue, bien mise en évidence par les Chinois. Pourtant, on a certes interdit les visites des familles mais rien n'a été mis en œuvre pour les protéger du personnel, non testé, non masqué, sans sur-blouses au départ. Ce fut une hécatombe de personnes fragiles confinées ! On les a privées par la mort d'un dernier printemps, d'un dernier été. Et l'on tentait d'en priver aussi les survivants ! J'avoue avoir ressenti une profonde indignation lorsque l'intention des autorités a été connue. Je suis monté au créneau, vite relayé par de nombreux leaders d'opinion. Heureusement, l'évidence de l'inconstitutionnalité de la mesure, sans doute, une réflexion plus humaniste, peut-être, ont conduit en deux jours le président de la République à revenir à une vision plus saine fondée sur l'information et la responsabilité et non plus la contrainte. Deux jours après mon « coup de gueule », celui de Marie de Hennezel et d'autres, le projet d'un déconfinement discriminatoire était abandonné.

Restait à protéger réellement les personnes fragiles, leur permettre de souffler un peu après le déconfinement généralisé du 11 mai, de respirer une fois encore les senteurs de la belle saison, laisser fleurir leur cœur de la sève qui monte, de la vie qui explose. Une ultime justification parfois, en ce qui les concerne. Réparer l'abandon dans lequel ils ont été laissés et qui en a balayé tant. Au moins, outre les meilleurs conseils du monde, les moyens de se protéger au cours de leur déconfinement prudent. Des masques, au premier chef, mis gratuitement à leur disposition. Ils sont dus aux plus fragiles en affection de longue durée, comme tous les produits de santé indiqués du fait de la maladie dont ils sont atteints. Or la fragilité de ces personnes à l'infection par SARS-CoV-2 est liée à leur affection, le masque est un authentique soin préventif en rapport avec elle. Pourtant, cette évidence a peiné à être admise par les autorités après qu'avec la Ligue nous avons lancé une vive campagne pour réclamer la gratuité des masques pour les personnes inscrites en affections de longue durée. Là encore, nous avons eu gain de cause, la revendication était indiscutable. Depuis le 8 mars 2020, la Ligue avait ouvert une ligne d'écoute grâce à laquelle six cancérologues, dont j'étais, ont répondu à des centaines de personnes malades du cancer et pleines de doutes, d'appréhensions, souvent révoltées de se sentir abandonnées. Elles étaient en particulier terrorisées de devoir se rendre dans un centre de soins sans protection durant leur trajet, parfois durant le traitement ou les examens pour lesquels elles s'étaient déplacées. Délaissées, elles aussi, en dépit de leur fragilité. Il n'y avait à l'époque de masques pour presque personne en dehors des soignants. En ce domaine parmi tant d'autres, il n'était que temps de retisser un lien de société dont la raison d'être est d'y inclure pleinement la fragilité.

Sécession et déraison

À plusieurs reprises, les citoyens du monde ont espéré que les événements qu'ils vivaient laissaient présager des sociétés apaisées, pacifiques, plus sereines et prospères, plus justes : la victoire de 1945 sur les nazis et leurs alliés japonais d'une part. La chute du mur de Berlin en 1989, d'autre part. Au niveau national, chaque victoire d'une nouvelle majorité, d'un nouveau président fait revivre un instant une pareille illusion. Hélas, les espoirs ne sont jamais totalement exaucés, les progrès ne débouchent jamais sur un incontestable Progrès humaniste. Les inégalités et les injustices ont plutôt tendance à se creuser, des territoires entiers déclinent, des populations se sentent déclassées, des guerres persistent çà et là, le terrorisme de masse s'est développé. Des déceptions profondes se sont succédé, suivies de frustrations, de ressentiments contre les puissants de tout genre : ils avaient le pouvoir et l'exercent encore, leur responsabilité est de la sorte engagée dans ce que les gens ne supportent pas, ce qui les enrage. Dès lors, la contestation n'épargne personne, les présidents et gouvernements de gauche comme de droite ont un peu partout été contestés, renversés, battus aux élections.

Le savoir confère un pouvoir, les sachants ne sont pas épargnés. Le phénomène est d'une particulière intensité en France. J'ai rapporté de mes traversées pédestres du pays la certitude que des populations périphériques de territoires en déshérence faisaient sécession avec tout type de discours gestionnaire qui se voulait réaliste et raisonnable. Ce sont là les conditions qui expliquent la contestation des Gilets jaunes, de 2018 à aujourd'hui. Le mouvement s'est développé en marge des canaux ordinaires des organisations politiques et syndicales. Il utilise largement les réseaux sociaux sous forme de communautés numériques multiples, jalouses de leur spécificité et suspicieuses de toute information issue des sources et canaux de diffusion *mainstream*, pour utiliser leur langage. Le complotisme qui en découle n'épargne aucun domaine, celui des événements du monde comme de la santé. Les réseaux véhiculent et diffusent les fausses nouvelles à la vitesse des connexions Internet.

La contestation des vérités médicales et scientifiques diffusées par les pouvoirs académiques et relayées par les autorités gouvernementales, de la « science officielle », est ancienne, le champ du cancer en est une illustration. Depuis longtemps, la parole déviante de « savants maudits » en conflit avec les instances de leur discipline attire l'attention d'un public plus ou moins important. La position du franc-tireur, du génie méconnu en butte à l'hostilité des gardiens de la science officielle est porteuse[1]. On se rappelle

1. Pierre Lance, *Savants maudits, chercheurs exclus*, Guy Trédaniel Éditeur, 2003.

en France de Mirko Beljanski, scientifique d'origine yougoslave et éminent chercheur de l'Institut Pasteur de Paris. Il en est licencié en 1978 avec ce commentaire d'un des directeurs de l'Institut: « M. Beljanski est un chercheur travailleur et enthousiaste, mais il a trop tendance à prendre ses rêves pour des réalités. Il manque totalement d'esprit critique, pour ce qui concerne ses propres travaux. » Après son licenciement, Beljanski se lance dans la production de médicaments contre le cancer et le sida. Aucun ne disposera jamais d'une autorisation de mise sur le marché mais le « savant déviant » jouit, lui et ses produits, d'une popularité internationale considérable. La « mémoire de l'eau » placera en 1984 l'immunologiste Jacques Benveniste dans une situation par certains aspects comparable ; il jouira du prestige de l'esprit libre brimé par la science officielle[1]. Aujourd'hui encore, la Ligue contre le cancer fait face dans ses actions à des groupes plus ou moins organisés opposés aux positions consensuelles de la communauté internationale. Dans son domaine comme dans tous les autres, la méfiance vis-à-vis des vaccins et des campagnes de dépistage ne faiblit pas. La survenue d'une maladie nouvelle liée à un virus émergent et contre laquelle aucun médicament antiviral n'a fait ses preuves devait nécessairement engendrer un phénomène de ce type. Il fut incarné par le Pr Didier Raoult et rendu plus puissant encore par les réseaux sociaux, le phénomène des chaînes de télévi-

1. Alain Kaufmann, « L'affaire de la mémoire de l'eau : pour une sociologie de la communication scientifique », *Réseaux*, n° 58, 1993, p. 67-89.

sion d'information continue et la défiance générale envers toute autorité officielle, académique ou politique. En France, ce mouvement convergea avec celui des Gilets jaunes.

Didier Raoult refusa et refuse toujours d'admettre l'échec de son protocole et prit le parti de s'appuyer sur l'opinion publique. Il a une image, une « gueule », un rien christique. Quoique sa carrière soit celle d'un « mandarin » assez classique, proche de nombreux présidents de la République et hommes politiques locaux, il cultive l'image tant prisée du savant génial et inspiré en butte à l'hostilité des autorités parisiennes. L'IHU qu'il dirige reçoit environ 120 millions d'euros d'argent public par an et, comme tous les autres IHU et établissements de ce type, a et a eu de nombreux partenariats industriels sur lesquels il n'y a rien à dire. Pourtant il se présente comme un chevalier blanc luttant contre les *big pharma*, grands groupes de l'industrie du médicament. Il surfe même sur cette image en expliquant que tous les résultats qui s'opposent aux siens s'expliquent par la vénalité de ses contradicteurs vendus aux *big pharma*, l'une d'entre elles en particulier. Une semblable disqualification pour raison de moralité des données de ses collègues qui dénient tout intérêt à l'HCQ dans le traitement de la Covid-19 est d'une efficacité remarquable ; ses partisans continuent de s'y tenir avec rage. Quoique les premiers résultats de l'IHU soient très peu encourageants, le Pr Raoult accélère. C'est un personnage, Didier Raoult. Son succès est immense auprès de Donald Trump, Jair Bolsonaro, certains chefs d'État africains, Emmanuel Macron lui-même pendant un temps. La consommation mondiale d'HCQ bondit. En France, une coalition insolite et improbable dominée par l'extrême droite mais avec des représentants de la droite républicaine, de La France insoumise et de quelques socialistes, le philosophe et leader du nouveau Front populaire Michel Onfray, s'engagent bille en tête, les yeux bandés, dans un militantisme forcené de défense et illustration du blond et chevelu savant marseillais. Un groupe de soutien compte plus d'un million et demi de membres, il est suivi sur les réseaux sociaux par des centaines de milliers de fans, les connexions sur Facebook avec les communautés de Gilets jaunes ont été décrites dans plusieurs enquêtes de journalistes. Ses points YouTube sont des musts. On se l'arrache. Oubliant de signaler qu'il est membre du conseil d'administration de l'IHU de la Méditerranée, un ancien ministre de la Santé lance une pétition en sa faveur et en celle de son protocole ; elle rencontre un succès immense. C'est là sans doute la première fois dans l'histoire de la médecine qu'une pétition demande d'admettre l'efficacité d'un protocole thérapeutique. Le patron de la Collectivité territoriale corse rejoint la coalition, ainsi que la plus grande partie des édiles et notables marseillais. Parmi les thuriféraires de Didier Raoult, les dénonciations à connotation antisémite de la connivence entre la ministre Agnès Buzyn, son mari Yves Lévy, ancien président-directeur général de l'Inserm, et Jérôme Salomon, directeur général de la Santé, de leurs liens avec la ploutocratie des *big pharma*, témoigne de la vivacité du courant d'extrême droite. Une confusion inouïe ! Et aussi la cristallisation d'un processus sectaire qui conduit les fidèles à tenir pour assurée l'infaillibilité du leader transformé en gourou. Il s'est pourtant trompé sans défaillir depuis le début de la pandémie. Fin février, il juge improbable que le virus parvienne en Europe. Puis déclare qu'il serait moins redoutable que celui de la grippe saisonnière, qu'il causerait moins de morts que les accidents de trottinette. En mai, Didier Raoult annonce la fin de l'épidémie qui, saisonnière, ne résisterait pas aux rigueurs de l'été. La Covid flambe à ce moment dans les États chauds du sud des États-Unis, au Mexique et au Brésil, elle connaît un regain en Israël. En juin, le savant marseillais rassure : une seconde vague épidémique est selon lui impossible. Il en nie les prémices en août, puis assure qu'une mutation a fait perdre à SARS-CoV-2 une partie de sa virulence. Lorsqu'il apparaît en septembre que, hélas, les contaminations se multiplient à Marseille. Il l'explique par un nouveau virus apparu au Maghreb, débarqué dans la cité phocéenne avec les passagers des bateaux en provenant, qui se serait répandu à l'occasion des fêtes juives et de la communauté rom. Fin septembre, volte-face, il avertit qu'une nouvelle mutation augmente le pouvoir infectieux du coronavirus. Ce sera vrai, non pas à Marseille d'abord mais dans le Kent, en Grande-Bretagne. Je n'énumère pas ces déclarations successives étranges du Pr Raoult pour l'accabler mais pour observer qu'elles n'atténuent en rien la confiance que lui témoignent ses admirateurs. C'est caractéristique d'une adhésion qui a coupé tous les liens avec les exigences d'une analyse raisonnable.

Un autre signe en est le soutien appuyé d'un collègue parisien spécialiste de la maladie de Lyme, lui aussi fort étrange. L'un de ses titres de gloire est l'affirmation que la diffusion de cette maladie provient d'une manipulation génétique des tiques par un savant nazi recruté par les services spéciaux américains.

Un autre ressort de la popularité extrême des « savants déviants et maudits » durant cette pandémie – il y en a eu, il y en a bien d'autres que Didier Raoult et le spécialiste pittoresque de la maladie de Lyme – est le phénomène de la concurrence entre les chaînes télévisées d'information continue. Depuis bientôt un an, pas grand-chose d'autre que la Covid-19 n'intéresse les téléspectateurs, il faut répondre à leur addiction au sujet. Qui le peut mieux que les médecins, dont moi-même, je le reconnais ? Ils se succèdent, dans leur diversité. Cependant, l'audience d'un spécialiste présentant, avec la plupart des autres, la situation telle qu'elle se déroule s'étiole, le propos devient lassant. En revanche, dire le contraire de ce que dit la majorité des experts, parler des tiques manipulées, faire des révélations sensationnelles, accuser la science officielle d'avoir laissé mourir, voire assassiné – le terme a été prononcé – des centaines de milliers de personnes dans le monde, des dizaines de milliers en France, amène à dresser l'oreille et assure un nombre record de téléspectateurs. Or les ressources de la publicité sur laquelle repose le modèle économique des chaînes et radios privées sont proportionnelles à l'audience.

En définitive, l'épidémie de Covid-19, relativement banale sur le plan sanitaire, constitue un formidable révélateur de l'état du monde, des courants de pensée qui le traversent, de ses valeurs – contre-valeurs par beaucoup d'aspects –, des engrenages qui le menacent. Et le bien, dans tout ça ? L'interrogation persiste entière dans les événements que nous vivons. Il apparaît de plus en plus difficile d'y répondre, de plus en plus essentiel de poser la question. Si ni vous ni moi ne la posons pas, qui le fera ?

« La naissance du jour », en forme d'épilogue

Tel est le titre du livre que Colette écrit à cinquante ans alors que, désormais, prétend-elle, « il va falloir vivre – ou même mourir – sans que ma vie ou ma mort dépendent d'un amour ». L'ouvrage débute par une lettre que l'auteure attribue à sa mère, Sido, une déjà bien vieille dame. Sido a été invitée par Henry de Jouvenel, le second époux de Colette, à passer quelques jours chez eux, ce qu'elle refuse en ces termes : « Monsieur, vous me demandez de venir passer une huitaine de jours chez vous, c'est-à-dire auprès de ma fille que j'adore [...]. Pourtant, je n'accepterai pas votre aimable invitation, du moins pas maintenant. Voici pourquoi : mon cactus rose va probablement fleurir. C'est une plante très rare, que l'on m'a donnée, et qui, m'a-t-on dit, ne fleurit sous nos climats que tous les quatre ans. Or, je suis déjà une très vieille femme, et, si je m'absentais pendant que mon cactus rose va fleurir, je suis certaine de ne pas le voir refleurir une autre fois. »

Colette laisse éclater sa fierté d'être « la fille d'une telle femme qui penchait, tremblante, toutes ses rides éblouies entre les sabres d'un cactus sur la promesse d'une fleur, une telle femme qui ne cessa elle-même d'éclore infatigablement, pendant trois quarts de siècle».

La lettre de refus de Sido est en fait imaginaire, le document authentique est tout autre et fort banal: Sido a accepté l'invitation et dit sa joie de voir sa fille. C'est par conséquent Colette elle-même qui choisit ce subterfuge pour proclamer la valeur de la vie même après que la jeunesse s'est fanée et que ne persistent plus guère des amours que leur image et leur souvenir. Pourtant, ce deuil d'un temps révolu n'est pas pour l'écrivaine l'annonce du crépuscule, la marque d'un déclin inéluctable. Les éclosions à venir demeurent inouïes, celles des cactus roses et autres fleurs, des matins cristallins, des couchers de soleil qui flamboient, les éclosions de soi, de ses perceptions et sensations, de ses émotions, de ses talents, même. Chacun peut imaginer combien l'affirmation de Colette me touche, moi le septuagénaire amoureux fou de la beauté, celle des ancolies et des lys martagons, des élégantes nigelles mais aussi des si banales scabieuses, des sucs, des cimes et des vallons, de l'eau bouillonnante qui cascade de roc en roc au flanc de la montagne. Amoureux de l'amour. Comme la Sido fantasmée par sa fille, il m'apparaît que connaître cela justifie encore tout de la vie et l'emporte en urgence sur toute autre considération. La beauté n'est pas le bien, elle ne l'a jamais été. Pourtant, l'émotion qu'elle provoque, et qui rend beau ce que l'on éprouve tel, est de même nature que celle qu'engendre en mon âme l'aspiration au bien. La beauté existe, la question du bien ne sera jamais résolue, elle vaut la peine de continuer à se la poser, il me reste à vivre. Même un jour.

25 octobre 2020

Table

DU MÊME AUTEUR (suite)

Axel Kahn, Jean-Claude Ameisen, Patrick Berche et Yvan Brohard, *Une histoire de la médecine ou le souffle d'Hippocrate*, La Martinière, 2011.

Axel Kahn et Yvan Brohard, *Une histoire de la pharmacie : remèdes, onguents, poisons*, La Martinière, 2012.

Axel Kahn et Yvan Brohard, *Les Âges de la vie : mythes, arts, sciences*, La Martinière, 2012.

Axel Kahn, *Un chercheur en campagne*, Stock, 2012.

Axel Kahn, *L'homme, le libéralisme et le bien commun*, Stock, 2013.

Axel Kahn, *Pensées en chemin : ma France des Ardennes au Pays basque*, Stock, 2014.

Axel Kahn et Anna Alter, *Les gènes, ce qu'on ne sait pas encore*, Le Pommier, 2014.

Axel Kahn, *Entre deux mers : voyage au bout de soi*, Stock, 2015.

Axel Kahn, *Être humain, pleinement*, Stock, 2016.

Axel Kahn, *Jean, un homme hors du temps*, Stock, 2017.

Axel Kahn, *Chemins*, Stock, 2018.

Axel Kahn et Denis Lafay, *L'Éthique dans tous ses états*, L'Aube, 2019.

Cet ouvrage a été composé
par Belle Page
et achevé d'imprimer en France
par CPI BRODARD & TAUPIN (72200 La Flèche)
pour le compte des Éditions Stock
21, rue du Montparnasse, 75006 Paris
en juillet 2021

PAPIER À BASE DE FIBRES CERTIFIÉES

Stock s'engage pour l'environnement en réduisant l'empreinte carbone de ses livres. Celle de cet exemplaire est de :
550 g éq. CO_2
Rendez-vous sur www.editions-stock-durable.fr

Imprimé en France

Dépôt légal : mars 2021
N° d'édition : 08 - N° d'impression : 3044739
31-07-3820/4